KB264002

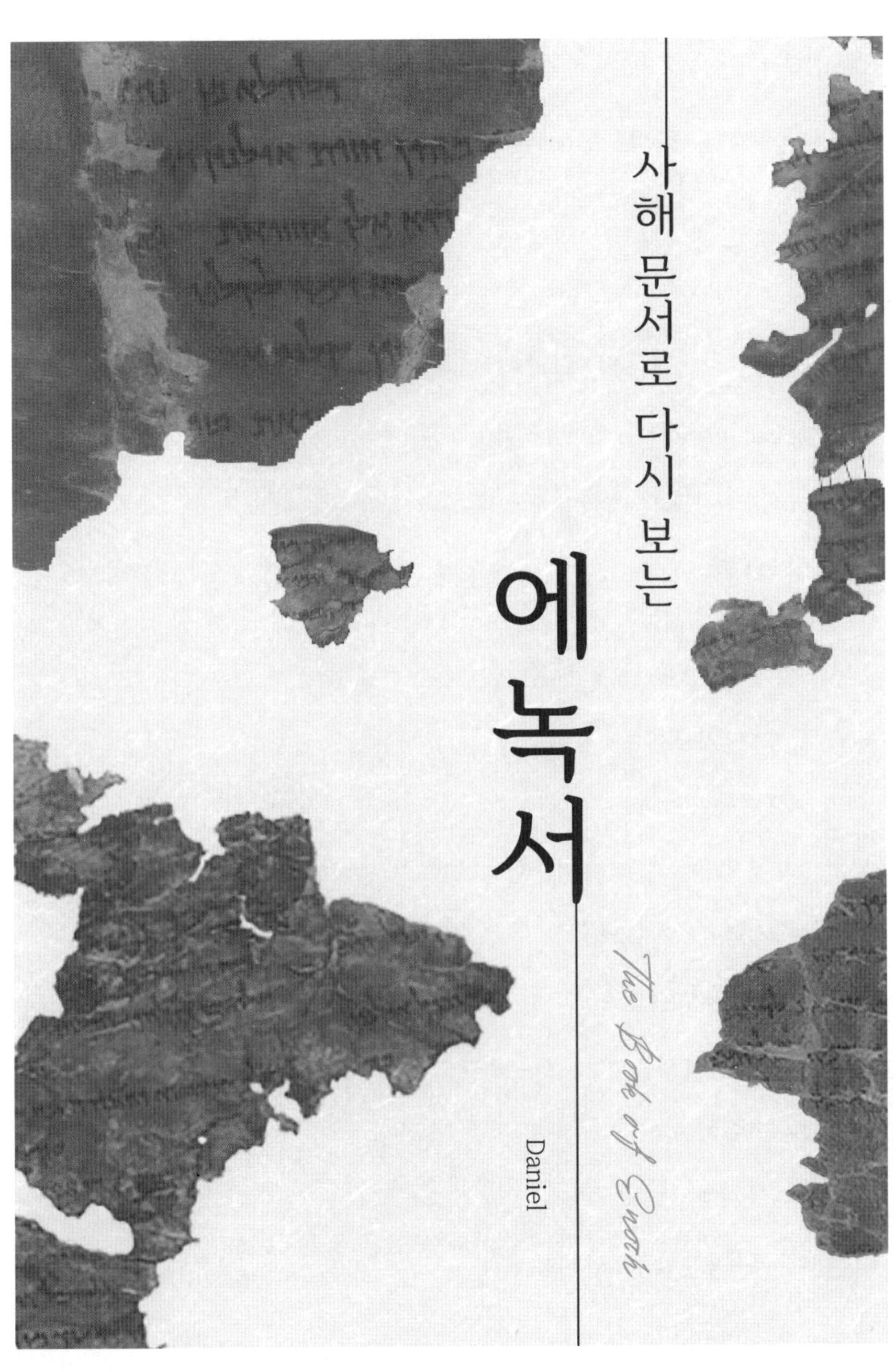

사해 문서로 다시 보는

# 에녹서

*The Book of Enoch*

Daniel

# 목차

**꿈과 환상들의 책**



**에녹의 서신**

## • 출간 취지와 번역 원칙

『에녹서』는 기독교 전통에서 가장 널리 알려진 외경이라 해도 과언이 아니다. 신약 성서의 유다서 1:14-15에 직접 인용될 뿐 아니라, 천사들에 대한 이야기를 담고 있어 오늘날까지도 많은 관심을 받아 왔다.

에녹서 연구에서 오랫동안 표준처럼 사용되어 온 영어 번역은 R. H. Charles가 1913년에 간행한 『The Apocrypha and Pseudepigrapha of the Old Testament in English(1913)』에 수록된 에녹서 번역이다. 이 번역은 18세기 말 James Bruce가 에티오피아에서 가져온 게에즈(에티오피아어) 사본들을 바탕으로 한 것으로, 이후 다수의 영어·유럽어 번역이 이 판본을 직·간접적으로 계승하였다. 그러나 에티오피아어 역본은 현존하는 에녹서 전승 가운데 비교적 후대의 번역본에 속하며, 20세기 이후 사해 문서에서 아람어 단편들이 발견되고, 그리스어 전승 자료들과 함께 비교 연구가 진행되면서, 에티오피아어 역본과 그에 의존한 번역들에서 발생한 문제점들이 여러 차례 지적되어 왔다.

## • 거인과 종족

　대표적인 예가 에녹서 7장에 나오는 거인들의 키에 관한 구절이다. Charles의 번역에서는 이들의 키를 '3,000 엘(ell)'로 옮긴다. 여기서 엘은 본래 본문 언어의 단위라기보다는, Charles가 영어 번역에서 사용한 중세·근세 유럽의 옛 길이 단위일 뿐이다. 반면, 에티오피아어 사본을 최초로 영어로 완역한 옥스포드 대학교 히브리어 교수 Richard Laurence(1821)의 번역본에서는 같은 구절을 "키가 각각 300 규빗(cubit)"이라고 옮긴다. 두 번역 모두 에티오피아어 역본을 전제로 하지만, 수치와 단위가 크게 달라지는 것이다.

　그러나 사해 문서에서 발견된 에녹서의 아람어 단편의 원본과 그보다 이른 그리스어 전승에는 거인들의 키를 나타내는 수치가 전혀 등장하지 않는다. 다수의 연구자는 이 그리스어 전승이 에녹 7:2에서 에티오피아어 역본보다 더 원형적인 모습을 보존하고 있다고 본다. Nickelsburg와 VanderKam의 그리스어 본문에 따른 번역은 대략 다음과 같다. "세 종류가 태어났으니, 첫째는 거인들이었고, 거인들에게서 네피림이 태어났으며, 네피림에게서 엘리우드(Elioud)가 태어났다."

　같은 전통은 외경 『희년서』 7:21-22에서도 반복되는데, 여기서는 네피딤(Naphidim), 네필(Naphil), 엘요(Eljo)라는 세 종족이 언급된다. 이 점을 의식한 John Baty 역시 1839년 The Book of Enoch the Prophet에서 에티오피아어 본문을 번역하면서 문제의 구절을 그리스어 전승과 일치하도록 옮겼다.

이러한 자료들을 종합하면, '3,000 엘'이든 '300 규빗'이든, 에티오피아어 역본만을 기준으로 삼아 숫자를 문자적으로 받아들이는 것은 매우 불안정한 해석이라는 점이 분명해진다. 본 역본은 그리스어·아람어 전승과 희년서의 병행 대목이 보여 주는 방향을 따라, 에녹 7장의 핵심을 '세 부류의 존재에 대한 언급'으로 이해하며, 과장된 키 수치에 신학적 무게를 두지 않는다.

## • 천체와 빛

문제는 여기서 그치지 않는다. 에녹서의 그리스어 전승은 아람어 본문을 바탕으로 하고 있지만, 아람어는 단어의 의미가 넓고 문맥에 따라 달라지는 경우가 많다는 특징을 지닌다. 이 때문에 그리스어 번역조차 언제나 그대로 신뢰하기는 어렵다. 이 문제는 특히 천체의 움직임을 다루는 장들에서 두드러지며, 전통적인 해석에서는 에녹서의 천체 묘사가 성서의 일반적인 우주관이나 현대 천문학과 상당히 다르게 보이기 때문에, 이 부분에서 에녹서 전체에 대한 거부감을 느끼는 독자들도 적지 않다. 이러한 장들은 에녹서의 핵심 메세지라기보다는 주변부에 속하는 내용이지만, 실제 독서 과정에서는 큰 장애물이 되어 온 셈이다.

에녹서에서 '해'로 번역되는 아람어 שמשא와 히브리어 שמש는 단순히 천체로서의 태양만이 아니라 태양에서 나오는 빛, 곧 햇빛이나 해의 광선을 가리키기도 한다. 같은 셈어 계통의 아카드어 šamšum 역시 태양뿐 아니라 햇빛과 낮을 가리키는 용례를 지니며, 이러한 점은 '해'가 물리적 천체 그 자체와 더불어 그로부터 나오는 빛과 관련된 의미를 함께 지니고 있음을 시사한다. 마찬가지로, '별'로 번역되는 아람어 כוכבא와 히브리어 כוכב는 시적·문학적 맥락에서 별빛을 가리킬 수 있고, 같은 어원을 가진 아카드어 kakkabum 또한 별뿐 아니라 유성이나 빛나는 형상 등을 뜻한다.

　　　　　　　　사해문서로 다시 보는 **에녹서**

이러한 점을 고려할 때, 에녹서의 해·달·별은 단순히 물리적 천체 그 자체라기보다, 그 천체들로부터 나오는 빛이나 광선으로 이해할 여지가 있다. 즉, 에녹서가 기술하는 것은 천체의 물리적 궤도라기보다 눈에 보이는 빛과 광선의 이동일 수 있으며, 이런 관점에서 읽는다면 에녹서의 우주관은 성서와 현대 과학의 우주관 모두와 불가피한 충돌을 빚는 것으로만 보지 않아도 된다. 더 나아가, 성경이 천체를 천사들과 관련된 상징으로 사용한다는 점(이사야 14:12, 요한계시록 1:20)을 고려하여, 에녹서의 이 묘사들을 천사들의 이동과 역할에 대한 상징적 기록으로 해석하는 방향도 생각해 볼 수 있을 것이다.

그럼에도 불구하고 이러한 비유적·상징적 해석 가능성은 전통적인 번역들에서 거의 고려되지 않았고, 그 결과 에녹서의 우주관은 종종 불필요하게 비합리적인 것으로 여겨져 왔다. 본 역본은 이러한 언어·문화적 배경을 충분히 반영함으로써, 에녹서의 우주관 때문에 전체 책을 오해하거나 쉽게 거부하지 않도록 돕는 것을 중요한 목표 가운데 하나로 삼았다.

### • 천사의 죄와 형벌의 문제

에녹서의 또 다른 논쟁 지점은 타락한 천사들의 죄와 형벌에 관한 표현이다. 일부 번역에서는 '영원히'를 가리키는 단어를 제한된 기간으로 이해하여, 결국 타락한 천사들의 죄가 언젠가 사함을 받는다는 식으로 옮기기도 한다. 그러나 이는 본문의 언어적 맥락과 에녹서 전체의 신학적 흐름, 그리고 주류 기독교·유대교 전통에서의 타락한 영들에 대한 이해와 조화를 이루기 어렵다. 이 역본에서는 이러한 대목들을 가능한 한 원문의 상징적 어감을 유지하면서, 섣부른 완화나 교리적 재해석을 경계하고자 한다.

## • 번역의 본문과 방법

이처럼 언뜻 보기에는 비슷해 보이지만 실제로는 전혀 다른 신학적 결론으로 이어지는 번역의 차이들이 에녹서 곳곳에 존재한다. 본 역자는 이러한 문제들을 하나하나 검토하면서, 현존하는 가장 오래된 본문 전승과 언어·문학적 배경을 함께 고려하여 번역의 방향을 잡고자 하였다. 이 책의 목적은 단순히 기존 영어 번역을 다시 옮기는 것이 아니라, 사해 문서의 아람어 단편과 그리스어 전승 등을 모두 비교하여, 추적 가능한 한도 내에서 최초 저자의 의도에 최대한 가까운 에녹서를 한국어로 소개하는 데 있다.

본 번역은 Florentino García Martínez와 Eibert J. C. Tigchelaar가 편집한 『The Dead Sea Scrolls Study Edition』에 수록된 에녹서의 아람어 단편들을 기본 텍스트로 삼았다. 사해 문서는 본질적으로 단편적인 조각들로만 남아 있기 때문에, 결손된 부분은 우선 그리스어 전승을 참고하고, 그리스어 자료가 없는 경우에는 에티오피아어 전승을 참고하였다. 널리 알려진 Charles의 『The Apocrypha and Pseudepigrapha of the Old Testament in English(1913)』와 Baty의 『The Book of Enoch the Prophet(1839)』은 이러한 본문 비교에서 참고 자료로 사용하였다.

영어 번역상의 표현이 모호하거나 오해의 소지가 있을 때는 반드시 아람어·히브리어·그리스어 본문으로 돌아가 의미를 재구성하는 것을 원칙으로 하였다. 또한, 원어 자체에서 의미가 불분명할 때는 같은 셈어 계열인 아카드어와 우가리트어의 용례를 비교하여 의미를 보완하였다.

본문 중 대괄호가 사용된 부분은 사해 문서에 직접 남아 있지 않은 내용을 가리킨다. 예컨대 '[…]'나 '[단어]'와 같이 표시된 단어나 문장은, 아람어 사본에는 결손이 있으나 그리스어·에티오피아어 전승이나 문맥을 따라 학계에서 일반적으로 추정하는 내용을 반영한 것이다. 독자는 이러한 표기를 통해, 어디까지가 확실한 본문이고 어디부터가 재구성·추정의 결과인지를



사해문서로 다시 보는 에녹서

구별하면서 에녹서를 읽을 수 있을 것이다.

## • 에녹서의 역사

들어가기에 앞서, 이 책에서 말하는 '에녹서'란 일반적으로 에녹 1서(1 Enoch)라 불리는 문서를 가리킨다는 점을 분명히 하고자 한다. 에녹 2서와 에녹 3서는 훨씬 후대에 기록된 문서들로, 에녹이 메시아라거나, 에녹을 메시아로 보거나 메타트론과 동일시하는 등 주류 기독교와 유대교 교리와 조화시키기 어려운 신비주의적 요소들을 다수 포함하고 있다. 이러한 이유로, 에녹서를 정경으로 수용하는 에티오피아 정교회조차 에녹 2서와 3서는 정경으로 인정하지 않는다. 이와 달리 에녹 1서는 에티오피아 정교회에서 정경으로 인정되는 문서이며, 그 일부가 사해 문서의 아람어 단편들에서 발견될 만큼 비교적 이른 전승을 보존하고 있다.

에녹 1서는 대체로 다음의 다섯 부분으로 구성된 것으로 이해된다.

1. 감찰자들의 책(1~36장)
2. 에녹의 비유들의 책(혹은 비유의 책, 37~71장)
3. 빛들의 책(천체의 책, 72~82장)
4. 꿈과 환상들의 책(83~90장)
5. 에녹의 서신(91~108장)

이 다섯 부분은 처음부터 하나의 책으로 쓰인 것이 아니라, 서로 다른 시기와 상황에서 기록된 전승들이 후대에 편집 및 통합된 결과물로 보는 것이 일반적인 견해이다.

꿈과 환상들의 책과 에녹의 서신은 대체로 기원전 2세기, 특히 마카비 전쟁 전후에 기록된 것으로 추정된다. 이들 문서에는 당시의 정치적 상황(헬레니즘 왕조의 지배와 유대인의 저항 등)이 비교적 노골적으로 반영되며, 다니엘서를 비롯한 이전 예언서들의 상징과 언어를 광범위하게 차용하는 모습이 뚜렷하다. 빛들의 책은 비슷한 시기의 문서로, 사해 문서에서 발견된 쿰란 공동체의 달력·천문 자료들과 긴밀히 연관되어 있다. 이 부분을 쿰란의 관련 문헌과 비교해 보면, 에녹서의 천문 전승이 단순한 자연과학적 관심을 넘어, 당시 공동체의 종교적 세계관과 밀접하게 엮여 있음을 알 수 있다.

또한, 에녹 1서 후반부에는 "비에게 금과 은을 바쳐라"와 같이 전통적인 기독교·유대교 교리와 조화시키기 쉽지 않은 표현도 등장한다. 이러한 대목은 후대의 종교적 혼합 현상이나 풍자적·반어적 수사를 반영하는 것으로 이해되기도 하고, 당시 주변 이교 문화의 흔적이 투영된 것으로 읽히기도 한다. 어느 쪽이든 이러한 본문들은 에녹서가 단일한 시기의 순수한 기록이 아니라, 여러 시대에 걸쳐 다양한 전승들이 축적·편집된 복합적 문서라는 사실을 잘 보여 준다.

에녹의 비유들의 책은 연대가 특히 논쟁적인 부분이다. 일부 연구자들은 그 핵심 전승을 기원전 1세기 무렵으로 보지만, 다른 이들은 기원전 2세기에까지 올려 보기도 하고, 또 다른 이들은 기원후 1~2세기에 걸친 장기간에 걸쳐 형성된 것으로 이해한다. 실제로 이 문서 안에는 서로 다른 연대층이 뒤섞여 있는 흔적이 보이며, 일부는 비교적 이른 전승을 반영하는 것으로, 일부는 후대에 추가·확장된 부분으로 이해된다. 특히 에녹 1서 71장은 에녹을 '인자(人子, 메시아)'로 묘사함으로써, 에녹서를 둘러싼 신학적 논쟁의 주요 쟁점 가운데 하나가 되어 왔다.

다섯 부분 가운데 가장 오래된 층으로 여겨지는 것은 감찰자들의 책이다. 많은 학자는 이 문서의 핵심 전승이 대체로 기원전 3세기 무렵에 성립한 것으로 보고 있으나, 일부 연구자들은 그 상한을 기원전 4세기 후반까지 끌어올리기도 한다(Boccaccini 2002). 이 시기는 유대 지방이 헬레니즘 왕조들의 영향권 아래 놓여 있던 때로, 감찰자들의 책 곳곳에서도 이러한 흔적을 엿볼 수 있다. 예를 들어, 헬라 신화에서 비롯된 타르타로스 개념이 타락한 천사들이 갇히는 심연을 묘사하는 데 차용되는 등, 그리스 세계의 용어가 유대 묵시 문학 속으로 흡수된 장면들이 발견된다.

감찰자들의 책 내에서도 여러 층위가 존재하지만, 어느 층이 더 오래된 것인지, 또 그 형성 과정에서 당시 주변 정황이 어느 정도 영향을 미쳤는지에 대해서는 여전히 논의가 진행 중이다. 본 역자는 그 가운데 유다서 1:14-15가 인용한 1장을 에녹 전승의 핵심으로 이해하며, 에녹의 말이 구전되었거나 신령한 영감을 받은 이가 기록한, 후대 확장 이전의 비교적 온전한 '원형 에녹서'에 가장 가까운 모습으로 본다.


### • 에녹서의 중요성

에녹서는 외경이며, 오늘날 널리 사용되는 성서 정경 목록과는 구별되는 위치를 차지한다. 이 점을 간과해서는 안 된다. 그럼에도 불구하고, 에녹서는 성경 시대 전체를 통틀어 가장 중요한 참고문헌 가운데 하나로 평가받는다. 에녹서는 창세기 6장, 다니엘서, 유다서와 요한계시록에 이르기까지, 성경 본문 곳곳에 깔려 있는 사상과 상징을 이해하는 데 결정적인 배경을 제공한다.

이 책을 번역하게 된 이유는, 여러 오해와 잘못된 번역으로 인해 덧씌워진 에녹서의 불명예와 낙인을 벗겨 주고, 가능한 한 본래 의미에 가까운 에녹서를 소개하고자 하는 데 있다. 본 역자는 최대한 오래된 전승에 가까운 의미를 추적하되, 후기 층에서 나온 대목이라 하더라도 임의로 삭제하지 않고, 통상 알려진 에녹서와 마찬가지로 108장 전체를 실을 것을 원칙으로 삼았다. 다만 각 부분이 기록된 시기와 신학적 성격을 구분하여 읽을 수 있도록, 서문과 주석에서 충분한 설명을 덧붙였다.

에녹서의 핵심 주제는 **메시아의 재림과 회개, 그리고 마지막 심판에 대한 경고**라고 할 수 있다. 유다서가 인용한 에녹 1서 1장의 내용을 보면, 에녹서가 악인들에 대한 심판과 의인들의 구원을 중심 주제로 삼고 있다는 점을 분명히 알 수 있다.

> "아담의 칠대 손 에녹이 이 사람들에 대하여도 예언하여 이르되 보라
> 주께서 그 수만의 거룩한 자와 함께 임하셨나니
> 이는 뭇 사람을 심판하사 모든 경건하지 않은 자가 경건하지 않게 행한
> 모든 경건하지 않은 일과 또 경건하지 않은 죄인들이 주를 거슬러
> 한 모든 완악한 말로 말미암아 그들을 정죄하려 하심이라 하였느니라
> (유다서 1:14-15, 개역개정)"

감찰자들과 그 자손인 거인들(아나킴)과 네피림에 대한 이야기는 이러한 주제를 극적으로 드러내는 서사이다. 성경의 서술에 따르면, 하나님께서는 아나킴과 네피림이 거주하던 가나안 족속들의 죄악을 오래 참으시며 회개의 기회를 주셨다. 그 가운데 회개하고 하나님께 나아온 기브온의 히위 족속에 대해서는, 그들과 협약을 맺었음에도 그들을 공격한 이스라엘을 하나님께서 직접 징계하셨다는 기록까지 전해진다(여호수아 9장, 사무엘하 21장). 일부 유대 전승에서 히위 족속은 르바임(아낙 족속)의 후손으로 이해

  사해문서로 다시 보는 **에녹서**

되기도 하며, 중세 유대인 학자 Nachmanides와 David Kimhi는 히위 족속을 르바임과 같은 계열로 보았다.

기브온의 아나킴인 히위 족속이 회개하고 하나님의 보호 아래 성소와 제단을 위한 봉사자가 된 것과 대조적으로, 에녹서에 등장하는 아나킴과 네피림은 회개하지 않고 끊임없이 죄를 짓는다. 여호수아서에서 기브온을 제외한 가나안 족속들이 진멸당한 것처럼, 에녹서에서도 회개하지 않은 아나킴과 네피림은 심판을 피하지 못한다. 육체가 없는 영인 천사들과 달리, 육체로 태어난 존재에게는 살아 있는 동안 모두 회개의 기회가 주어진다는 점에서, 에녹서는 회개의 중요성과 회개하지 않는 자들에게 임하는 심판을 강하게 강조한다.

또한 에녹서 80장에는 인간의 죄가 자연 질서에 미치는 결과에 대한 묘사가 등장한다. 그날들에는 씨앗이 때에 맞지 않게 자라고, 땅의 열매와 나무의 열매가 제때 맺히지 않으며, 비가 제때 내리지 않는 등, 자연 질서의 전반적인 혼란이 예언된다. 그럼에도 사람들은 회개하지 않고 죄를 더하며, 결국 징벌이 임해 많은 것이 멸망하게 될 것이라고 경고한다. 오늘날 기후 변화와 환경 파괴로 인해 농업과 생태계 전반이 불안정해지는 현실을 떠올려 보면, 이 같은 경고는 시대를 넘어 오늘의 독자에게도 깊은 울림을 준다.

이러한 이유로, 에녹서는 정경 밖에 있으면서도 정경을 비추는 거울이자, 마지막 때와 회개, 심판에 대한 진지한 성찰을 촉구하는 중요한 문서이다. 이 번역이 에녹서에 덧씌워진 불필요한 오해를 털어 내고, 그 안에 담긴 경고와 위로, 그리고 하나님 나라에 대한 소망이 오늘의 독자에게도 바르게 전달되는 데 작은 도움이 되기를 바란다.

# 감찰자들의 책

## 1~36장

<h1 style="text-align:center">에녹의 비유: 악인과 의인의 다가올 운명(1~5장)</h1>

## 제1장

4Q201 Col. i(= 1 Enoch 1:1-6)

4Q204 Col. i(= 1 Enoch 1:9; 4Q201 ii)

에녹이 선[택된 의로운 자들을 축복하며 한 축복의 말씀, 그들은 고난의 날에 참석하여 모든 원수와 악인을 제거하고, 의로운 자들은 구원을 받을 것이다. 거룩하신 분과 하늘의 환시를 계시받은 의로운 사람 에녹이] 그의 예언을 [선포하며 말]하였다: [하늘의 거룩하신 분의 환시가 내게 계시되었고, 나는] 모든 것을 [감찰자들과] 거룩한 자들의 말씀으로부터 [들었다. 그들에게서 들었기에, 나는 모든 것을 알았고 이해하였으며, 이것은 이] 세대를 위한 것이 아니라 [미]래 세[대를 위해 내가 말할 것이다. 이제 나는 선택된 자들에 대해 말하노니, 그들에 대해 내 예인을 신포하며 말하노라: 위]대한 거룩하신 분께서 [그의] 거[처를] 떠나시[고, 영원하신 하나님께서 지상으로 내려오셔서 시내산[1] 으로 걸어가시며,] [없음[2]] 큰 [군대와 함께 나타나시]고 [하늘들의 높은 곳에서 그의 힘과] 권능[으로 나타나실 것이다. 모든 감찰자들은 떨며,] 땅 [끝[3] 은밀한 곳에서 벌을 받을 것이며; 모]든 [땅] 끝이 갈[라지고, 땅끝까지 떨림과 두려움에 사로잡힐 것이다.

---

1 시내산의 위치는 지금까지도 학계의 합의가 없으나, 이 주석은 북서부 사우디의 제벨 알-라오즈를 시내산의 가장 설득력 있는 후보 가운데 하나로 본다. 이와 달리 시내산에 도달하기 전 여정에 등장하는 지명들은 상대적으로 위치가 훨씬 분명하다. ▶ Side Notes 1

2 "그리고 그분의 진영에서 나타나시리라."라는 구절은 사해 문서나 다른 초기 사본에는 나타나지 않으며, 후대에 추가된 것으로 여겨진다.

3 마태복음 12:42에서는 스바(오늘날의 예멘)를, 요나서에서는 다시스(오늘날의 스페인)를 '땅끝'으로 묘사한다. 에녹서의 '땅끝'도 현대 지구의 남극·북극 같은 개념이 아니라, 고대에 세계의 끝으로 여겨지던 지중해 서부·아라비아 남부·이란 동부 등 주변 지역을 가리키는 표현으로 이해하는 것이 자연스럽다.

그들은 갈라져 떨어지고,] 높은 곳들은 [녹아 없어지]며, [높은 언덕들은 낮아질] 것이다. [그리고 불 앞의 밀랍처럼 녹으며, 땅은 온전히 갈라지고, 지상의 모든 것은 멸망하며, 모든 사람에게 심판이 있을 것이다. 그러나 의로운 자들과는 평화를 이루시고, 선택된 자들을 보호하시며, 자비가 그들에게 임할 것이다[45]. 그들은 모두 하나님께 속하게 되며, 번영할 것이고, 모두 복을 받을 것이다. 그분은 그들 모두를 도우시고, 빛이 그들에게 나타나며, 그들과 평화를 이루실 것이다. 보라 주께서 그 수]만의 거룩한 자[와 함께 임하셨나니, 이는 뭇 사]람을 [심판하사 모든 경건하지 않은 자가 경건하지 않게 행한 모든 경건하지 않은] 일[과 또 경건하지 않은 죄인들이 주를 거슬러 한 모든] 완악한 [말로 말미암아 그들을 정죄하려 하심이라.]

---

4 종말론에 관한 여담 1: 페르시아 이전의 수메르·메소포타미아·우가리트 자료에도 이미 사후 형벌과 보상, 악의 세력에 대한 신적 심판을 암시하는 서술들이 나타난다. 유대교의 천국·지옥·최후 심판 개념이 타 종교에서 차용된 것이라는 주장은 근동 문헌 전체를 충분히 반영하지 못한 단순화로 보인다. ▶ Side Notes 4

5 종말론에 관한 여담 2: 구약 성서 내에서 마지막 때를 예언하는 대표적 문서는 다니엘서인데, 이 다니엘서를 안티오코스 4세 시대의 성전 모독 사건 이후 기록으로 보던 기존 견해와 달리, 2025년 Popović 등의 AI 필적 분석 연구는 다니엘서와 연결되는 문서가 훨씬 이전에 작성된 것임을 제시했다. 이는 다니엘서가 이미 그 이전부터 권위 있는 문서로 존재했을 가능성을 뒷받침한다. ▶ Side Notes 5

## 제2장

4Q201 Col. ii(= 1 Enoch 2:1-3; 4Q204 i)

4Q204 Col. i(= 1 Enoch 2; 4Q201 ii)

하[늘들]에서 일어나는 모든 일[들을 보라. 그 빛들이] 그 빛들의 자리에서 [그들의 길을 바꾸지 않음을 보]라. 어떻게 그들이 모두 [각각 그 순서대로 빛나며[6], 제자리에 나타나]고, 그들의 질서를 어[기지 않음을 보라.] 땅을 살[펴보라. 처음부터] 끝까지 땅의 일들을 생[각]하라. [아]무것도 변하지 않으며, 모든 것이 [너]희에게 드러나 있음을 보라. [여름]의 징조와 겨울의 징조를 살펴보라. 온 땅이 [물로 가득 차고,] 구름이 비를 쏟아내는 것을 보라.

## 제3장

4Q201 Col. ii(= 1 Enoch 3; 4Q204 i)

4Q204 Col. i(= 1 Enoch 3; 4Q201 ii)

모든 나[무들이] 함께 시들어 잎을 [모두 떨어뜨리는 것을 보라.] 그러나 열네 그루의 나무만은 잎이 남아 있으며, 두세 해가 [지나기 전]에는 [새 잎을 내지 아니하느니라.]

---

6 종종 '떠오르다'로 번역되는 사해 문서의 아람어 דנח와 זרח는 '빛나다'라는 의미를 함께 지닌다(Cook 2015, 57-59). 마찬가지로 '떠오르다'로 번역되는 אתה는 '오다', '빛나다'(Cook 2015, 73), '떠오르다', '나타나다'라는 의미 역시 지닌다. 이와 짝을 이루는 '지다'와 같은 표현은 עלל와 ערב인데, עלל는 '들어가다', '가다'라는 뜻이며(Cook 2015, 181), ערב는 '사라지다', '끝나다', '약해지다' 등의 뜻을 가지고 있다. 또한 '해가 지는 곳'으로 번역된 מעל는 '입구'로 번역될 수 있다(Cook 2015, 146).

## 제4장

4Q201 Col. ii(= 1 Enoch 4; 4Q204 i)

4Q204 Col. i(= 1 Enoch 4; 4Q201 ii)

4Q204 Col. i(= 1 Enoch 4; 4Q201 ii)

스스로 [여름]의 징조를 관찰해 보라: [태양이] 타오르고 열을 내며 너는 뜨거운 [지]구의 [표면 위에서] 그늘과 안식을 찾게 된다. 그러나 [더위] 때문에 먼지 위나 돌 위를 걸을 길을 찾지 못한다.

## 제5장

4Q201 Col. ii(= 1 Enoch 5:1-6; 4Q204 i)

4Q202 Col. ii(= 1 Enoch 5:9; 4Q201 iii; 4Q204 ii)

4Q204 Col. i(= 1 Enoch 5:1; 4Q201 ii)

모든 나무를 [관찰하고 이해하라]; 모든 나무에서 푸른 잎이 돋아나고, 초록색으로 변하며 [나무를] 덮는다. [그 모든 열매]는 [장식]과 [찬]란한 찬양을 위한 것이다. [이 모든 일을] 높이 평가[하고 숙고하라, 그리고] 영원[하신 하나님께서 이 모든 일을 만드셨음을 [깨달아라.] 해[마다 그의 일은 변하지 않고, 오히려] 모두 그의 말씀을 실행한다. 그러나 너희는 너희의 일을 바꾸었고 [그의 말씀을 실행하지 않고, 오히려 큰 악한 (말)로 그의 위대함에 대항하여] 불결한 입으로 [범]하였다. 완악한 자들이여, 너희에게는 평화가 없으리라! 이 때문에 너희는 너희의 날들을 저주할 것이며, [너희 생명의] 해(年)들이 [사라지리라. 너희 멸망의 해들은 [영원한] 저[주로 늘어날 것이다. 너희에게는 자]비도 [평화도 없으리라. 이 때문에] 너희 [이름은] (영원한) 저주가 될 것이다. [모든 의인들에게는 저주가 되며, 모든 저주받은 자를 통해 저주가 임할 것이며; 모든 죄인과 악한 자들이 너희의 이름으로 맹세할 것이다. 그리고 모든 … 가 기뻐할 것이며, 죄의 용서가 있을 것이며, 모든 자비와 평화와 인내가 있을 것이다: 그들에게는 구원이 있으리니, 아름다운 빛이 될 것이다. 그러나 모든 너희 죄인들에게는 구원이 없고, 너희 모두에게 저주가 임하리라. 그러나 택함 받은 자들에게는 빛과 기쁨과 평화가 있으며, 그들은 땅을 상속받으리라. 그리고 택함 받은 자들에게는 지혜가 주어지며, 그들은 모두 살며 다시는 죄를 짓지 않으리라, 불경건함이나 교만으로 인해서도 마찬가지이다: 그러나 지혜로운 자들은 겸손하리라. 그들은 다시 범죄하지 아니하며, 평생 죄를 짓지 아니하며, (신의) 분노나 진노로 죽지 아니하고, 생명의 날 수를 다 채우리라. 그들의 삶은 평화 가운데 늘어나고, 기쁨의 해들은 배가 되며, 영원한 기쁨과 평화 속에서 평생의 모]든 날이 [되리라.]

## 타락한 천사들과 인류의 부패, 그리고 천사들의 중보(6~11장)

### 제6장

4Q201 Col. iii(= 1 Enoch 6:4-8; 4Q202 ii; 4Q204 ii)

4Q202 Col. ii(= 1 Enoch 6:1-4 + 6:7; 4Q201 iii; 4Q204 ii)

4Q204 Col. ii(= 1 Enoch 6:7; 4Q201 iii; 4Q202 ii)

그때 [사람의 아들들이 늘어날 때,] 그들에게 예쁘고 [매력적인 딸들이 태어났다. 하늘의 아들들인 감찰자들이 그들을 보고 욕망하여 서로] 말[하였다: 사람의 딸들 가운데서 아내를 취하여 우리를 위한 아들을 낳자. 그러나 그들의 우두머리였던 세미하자는 그들에게 말하였다: 나는 너희가 이 일을 실행하지 않고 내가 홀로 큰 죄를 지을까 두렵다. 그들이 대답하였다.] 그리고 [모두] 그에게 말하였다: 우리 [모두] 맹세하자 [그리고] 우리가 이 일

         사해문서로 다시 보는 **에녹서**

을 [완수할 때까지 서로를 저주와 함께 그 맹세에 묶어 이 의논한 것을 저버리지 않도록 하자] 그리고 모두 그에게 말하였다: 우리는 맹세할 것이다. [그리고 서로를 저주와 함께 그 맹세에 묶어] 누구도 [이 의]논한 것을 [완수할 때까지] 되돌아가지 않겠다. [그 후 그들은] 모두 함께 [맹세하였고, 서로를] 저주와 함께 그 맹세에 묶었다. 그들은 200명이었으며, 모두 야렛의 날들에 [헐몬산[7] 꼭대기로 내려갔다. 그들은 그 산을 헐몬이라 불렀다.] 이는 그 [위에서] 그들이 맹세하였고, [서로를] 저주와 함께 그 맹세에 묶었기 때문이다. [그들의 우두머리들]의 이름은 다음과 같다:] 그들의 우두머리 세미하자이며, 그다음은 아르테코프이며, 그다음은 람트엘이며, 그다음은 코카벨이며, 그다음은 [⋯-엘]이며, 그다음은 라마엘이며, 그다음은 다니엘이며, 그다음은 제켈, 그다음은 바라켈이며, 그다음은 아사엘(아자젤), 그다음은 헤르모니이며, 그다음은 마타렐이며, 그다음은 아난엘이며, 그다음은 사토엘이며, 그다음은 샴시엘이며, 그다음은 사하리엘이며, 그다음은 투미엘이며, 그다음은 투리엘이며, 그다음은 요미엘이며, 그다음은 예하디엘이다. 이들은 모두 십부장들의 우두머리들이었다.

---

[7] 해발 2,814m 높이의 헐몬산(헬몬산)은 고대 레반트 지역의 사람들에 의해서 하늘에 닿는 신성한 산으로 여겨졌으며(시편 42:6, 133:3; 아가 4:8), 이사야 14:13의 '북극 집회의 산'과 연결된다.

## 제7장

4Q201 Col. iii(= 1 Enoch 7; 4Q202 ii; 4Q204 ii)

4Q202 Col. ii(= 1 Enoch 7; 4Q201 iii; 4Q204 ii)

그들[과 그들의 우두머리들은 모두 자신들을 위해] 여자들을 취하였고, 그들 중에서 선택하여, [그들에게 들어가 더럽히기 시작하였으며 점술, 주문, 나무를 뿌리째 자르는 것[8], 조상 제사를 위해 향으로 태우는 식물[9] 에 대해서 가르치기 시작하였다.] 그들은 그들로 인해 임신하였다. [그리고 그들에게 세 종류가 태어났으니[10], 첫째는 아나킴[11]이었고, 아나킴에게는 네피림이 태어났으며, 네피림에게는 엘리우드가 태어났다. 그들은 어린 [존재로서 이 땅 위에 태어났으며, 사람의 모든 아들들의] 수고한 [모든] 것들을 먹어치웠고, [사람들은 그들에게 공급해 줄 것이 없게 되었다. 아나킴은] 사람들을 죽이고 [그들을 먹으려] 계획하였다. [그들은 죄를 짓기 시작했는데,] 땅과 바다와 하늘에서 움직이는 땅 위의 모든 새와 동물들과 파충류와 바다의 물고기의 살을 먹고 피를 마셨다. [그 후 지구는] 자신 위에서 행해진 [모든 일에 대해 악인들을 고발하였다.]

---

8 이는 식물의 생장과 결실을 방해하는 행위로서, 신명기 20:19의 나무를 베지 말라는 율법과 연관된다. 열왕기하 3:25에서는 이스라엘 군대가 모압과의 전쟁에서 나무를 베어 이 율법을 어김으로써 패전하게 되었다. 따라서 뿌리를 베어 식물의 생명을 해치고, 나무를 그냥 베는 것이 아니라 뿌리째 베어 결실을 없애는 것은 단순한 기술적 행위가 아니라, 도덕적·종교적 금기를 위반하는 행위로 기록된 것이다.

9 여기서의 '풀(草)'은 제사나 종교의식에서 향을 위해 태우는 식물을 가리키는 것으로 추정된다.

10 네피림의 키가 3천 엘'이라는 표현은 에티오피아 계열 사본과 번역 과정에서 생긴 오해로, 더 오래된 그리스어 전승에는 키가 아니라 아나킴, 네피림, 엘리우드라는 세 종족의 계보만 전한다. 엘리우드가 ell로, '세 종류'가 3,000으로 바뀐 필사상의 혼동으로 보인다.

▶ Side Notes 10

11 히브리어로 '거인'은 עֲנָק이며, 이의 복수형인 '거인들'은 עֲנָקִים이다.



사해문서로 다시 보는 에녹서

## 제8장

4Q201 Col. iv(= 1 Enoch 8:3-6; 4Q202 iii)

4Q202 Col. ii(= 1 Enoch 8:1; 4Q201 iii; 4Q204 ii)

4Q202 Col. iii(= 1 Enoch 8; 4Q201 iv)

'아사엘(아자젤)[은] [사람들에게] 철[12]로 칼[13]을 만들고 구리로 흉갑[을 만드는 법을 가르쳤으며,] [없음[14]] 금을 다루어 [금으로 우상을 만드는 법[15]을] 보여 주었다. 또 은에 대해서는 무당의 팔찌[16][와 사람들에게 무당의 다른 장신구를 만드는 법을 가르쳤다. 그가 사람들에게 보여 준 것은] 무당의 화장먹과 무당의 눈화장법을, [그리고 모든 무당을 위한 보석과 무당을 위한 염료에 관한 것이었다. 그 악함이 커졌으며, 그들은 모든 길에서] 벗어나 방황하였다. 세미하자는 주문을, [그리고 나무를 뿌리째 자르는 법을 가르쳤다]; 헤르모니는 저주를 푸는 법과 저주를 거는 법, 점술과 주문을 [가르쳤다]; 바라켈[은 점성술을 가르쳤다]; 코카벨[은] 별[들]의 징조를 [가르쳤다]; 제켈은 번개의 징조를 가르쳤으며; 아]르테코프[는 땅의 징조를] 가

---

12 금속의 경우에는 중세나 르네상스 시대의 성서 명화 속 성서 인물들이 당시 유럽인이나 아랍인의 복장과 물건과 함께 등장하는 것과 비슷한 맥락으로 이해할 수 있다. 즉, 구전되던 전승이 사본에 기록되거나, 이전부터 전해 내려오던 사본이 새로운 사본으로 옮겨지는 과정에서, 시대에 맞추어 독자와 청자를 위해 적힌 것으로 볼 수 있다. 이야기의 핵심은 이들이 무기와 점술 등을 인간에게 전수했다는 것이다.

13 성막 기물과 언약궤, 솔로몬 성전의 여러 기물, 대제사장의 흉패에 사용된 보석 등에서 보듯, 성서 자체는 대장장이의 기술과 보석 사용을 긍정적으로 묘사한다. 에녹서가 비판하는 것은 이러한 기술 일반이 아니라, 사람을 죽이는 무기와 점술가·무당들의 보석·장신구 사용처럼 폭력과 주술에 결부된 사용 방식이다.

14 "땅을 파면 무엇이 나오는지"라는 구절은 사해 문서에 나타나지 않는다.

15 에녹서 91장과 99장에서는 인간의 타락을 우상을 제작한 것과 연관시킨다. 해당 구절은 금으로 무당이나 이교도 사제의 장신구를 만든 것으로 볼 수 있지만, 이 장 내에서 우상에 대한 언급이 없기에 장신구보다는 우상 상(像) 자체를 가리키는 표현으로 이해하는 편이 더 자연스럽다.

16 7장은 감찰자들이 가르친 무당적 행위들에 대한 기록이기에, 맥락상 '아사엘이 가르친 장신구와 화장법은 일반적인 것이 아니라 무당이나 이교도 사제의 것'이라 할 수 있다. 특히 안티모니를 언급한 점과 기록이 쓰이던 시대적 상황을 고려하면, 이러한 해석의 설득력이 크다.

르쳤다; [샴]시엘은 태양의 징조를 가르쳤고; 사하리엘은 달의 [징조를 가르쳤다.] 그리고 그들 모두가 [사람들에게] 비밀들을 드러내기 시작하였으며, 이러한 [행동]으로 인해 [사람들이 멸망하여] 땅에서 사라졌고, [그] 부르짖음이 [하늘에까지] 이르렀다.

## 제9장

4Q201 Col. iv(= 1 Enoch 9:1-3. 6-8; 4Q202 iii)

4Q202 Col. iii(= 1 Enoch 9:1-4; 4Q201 iv)

[그때] 미가엘, 사리[엘], 라파엘, 가브리[엘]이 하늘들의 [성소들에서 땅을 내려다보았고,] 땅 위에 많은 피가 [쏟아지는 것을] 보았다. 그리고 온 [땅이 악함과] 폭력으로 [가득] 찼다. [이것을 들은 그 네 명이 나아가] 서로에게 말하였다. [땅의 아들들의 멸망에 대한] 부르짖음과 [통곡이] 하늘의 문에까지 [이르렀다. 그리고 그들(땅의 아들들)이 하늘의] 거룩한 자들(천사들)에게 [말하였다: 이제 하늘의 거룩한 자들인 너희에게] 사람의 아들들의 [영혼이 호]소[하고 있다.] 그들이 말하기를, ["지극히 높으신 이 앞에 우리의 사정을 드러내고, 존귀의 영광 앞에, 모든 주의 주 되신 주님 앞에 우리의 멸망을 아뢰소서." 라]파엘과 미가[엘, 사리엘과 가브리엘이 나아가 세상의 주 앞에서 말하였다: 주님은] 우리의 위대한 주시며, 세상의 주[이십니다; 만왕의 왕이십니다. 하늘은] 주의 영광의 [보좌이며] 영원부터 존재하는 모든 세대의 위에 있으며, [온 땅은 주 앞에서 영원히 발등상이 되나이다. 주의 이름은 거룩하고, 영광스럽고, 모든 시대에 복되시나이다! 주께서 만물을 지으셨고, 모든 것 위에 권능을 가지셨나이다. 모든 것이 주의 눈앞에 벌거벗은 것 같이 드러나 있으며, 주께서는 모든 것을 보시며, 그 어떤 것도 주 앞에 숨을 수 없나이다. 주께서는 아자젤이 행한 일을 보셨나이다. 그는 땅 위에 모든 불의를 가르치고, 천국에 (간직된) 영원한 비



사해문서로 다시 보는 **에녹서**

밀들을 드러냈나이다. 사람들이 알기를 애쓰던 그것들을 말입니다. 또 셈야자, 그에게는 그의 동료들을 다스릴 권세를 주셨나이다. 그들은 땅의 사람의 딸들에게로 내려가 여자들과 동침하였으며, 스스로를 더럽혔고, 사람들에게는 온갖 죄악을 드러냈나이다. 그리고 그 여자들이 아나킴을 낳았으며, 그로 인해 온 땅이 피와 불의로 가득 찼나이다. 이제 보소서, 죽은 자들의 영혼들이 울부짖으며 하늘의 문으로 호소하고 있고, 그들의 탄식이 올라가고 있나이다. 그리고 그들은 멈출 수 없나이다. 이는 땅 위에서 행해진 불법한 행위들 때문이니이다. 주께서는 모든 일이 일어나기 전에 이미 아시며, 주께서는 이 일들을 보고도 그것들을 허용하십니다. 그러나 주께서는 우리에게 이것들에 대하여 그들에게 무엇을 해야 하는지 말씀하지 않고 계십니다.]

# 제10장

4Q201 Col. v(= 1 Enoch 10:3-4)

4Q201 Col. vi(= 1 Enoch 10:21)

4Q202 Col. iv(= 1 Enoch 10:8-12)

4Q204 Col. v(= 1 Enoch 10:13-19)

[지극히 높으신 분께서 말씀하시기를, 거룩하시고 위대하신 분께서 말씀하시기를, 우리엘을 라멕의 아들에게 보내어 그에게 말씀하시기를: "노아에게 가서 내 이름으로 '몸을 숨기라!'라고 전하고, 다가올 끝을 그에게 알리라. 온 땅이 멸망할 것이며, 홍수[17][18][19]가 온 땅을 덮어 그 위에 있는 모든 것을 멸할 것이다. 의]로운 사람[에게 무엇을 해야 하는지 가르치고, 라멕의 아들에게 생명을 위해 그의 영혼을] 구[원하여 영]원히 [피할 수 있도록 가르치라.] 그에게서 [한 풀이 심겨질 것이며, 세상의 모든 세대가 세워질 것이다." 그가 라파엘에게 말씀하시기를:] "가[라, 라파엘, 그리고 아자엘의 손과 발을 묶어 어둠 속]으로 [던지라. 두다엘익 광야[20]에 구멍을 만들어 그 안에 던지라. 그 위에 거칠고 뾰족한 바위들을 놓고, 어둠으로 그를 덮어 영원히 머물게 하며, 그의 얼굴을 가려 빛을 보지 못하게 하라. 큰 심판의 날에 그는 불 속에 던져질 것이다. 천사들이 더럽힌 땅을 치유하라. 땅의 치유를 선포하라. 그리하여 그들로 재앙을 치유하게 하라. 그리하여 인

---

17 창세기 여담 1: 노아 홍수는 메소포타미아 신화의 모방이 아니라, 이스라엘의 토착 전승 속에서도 자연스럽게 형성될 수 있는 이야기다. ▶ Side Notes 17

18 창세기 여담 2: 창세기의 창조 이야기는 근동의 오래된 레반트 기원 전승을 보존한 것으로 이해되며, 다른 지역 신화를 모방했다는 견해는 현대 학계에서 거의 지지되지 않는다. 유수기 이전 본문과 우가리트-이스라엘 전승의 연속성은 창세기 서사가 독자적이고 더 원형적인 창조 전승임을 뒷받침한다. ▶ Side Notes 18

19 창세기 여담 3: 홍수 이야기와 마찬가지로 바벨탑 이야기는 흔히 거론되는 수메르 신화의 직접적 차용으로 보기 어렵다. ▶ Side Notes 19

20 아람어 דודאל은 '하나님의 가마솥들/냄비들'이라는 뜻이다. 108장에서 지옥은 광야로 불리며 땅이 없는 곳으로 묘사된다.

간의 모든 자손이 감찰자들이 드러낸 비밀과 아들에게 가르친 것들 때문에 멸망하지 않게 하라. 아자젤이 가르친 행위들로 인해 온 땅이 타락하였다. 모든 죄]를 [그에게 돌리라." 가브리엘에게] 주[께서 말씀하시기를:] "[사생아와 음란한 자들의 자손에게로] 가[라. 인간의 자손 중에서] 감찰자들의 [자손을 멸하라. 그리고 그들을] 소모전[으로 보내라. 그들에게는 긴 날이 없을 것이다." 확실히, 그들을 위한 어떤 청원도 그들의 아버지들에게 허락되지 않을 것이다. 그들이 영원한] 삶을 [살기를 바라거나, 각각이 500년을 살기를 희망하기 때문이다. 미가엘에게 주께서 말씀하시기를: "가라, 미가엘, 그리고] 세미[하자]와 [사람과 교류하여 더러움을 행한] 그의 모[든 친구에게] 그들의 자손이 멸망하고 [사랑하는] 이들이 [멸망하는 것을] 보[게] 될 것임을 전하라. [그들을] 땅[의 골짜기들에] 70세[대 동안 묶어 두라. 그들의 심판과 그들의 종말의] 큰 날까지, [영원에서 영원에 이르는 심판이 마무리될 때까지 묶어 두라. 그날들에 그들은 불의 구렁으로 끌려가리니, 고]문을 받고 [영]원한 [감옥에 갇히게 될 것이다.] 그리고 정[죄된] 모든 자는 [이제로부터 멸망할 것이며; 그(정죄된 자)는 그들과 함께 쇠사슬에 묶여 그]들의 [세대가 멸망할 때까지 갇힐 것이다.] 그리고 내가 심판할 [그 심판의] 순간에 그들은 모든 [세대에 걸쳐] 멸망할 것이다. [사생아들의 영과 감찰자들의 자손들의 모든 영들을 멸하라, 그들이 사람들에게 악을 행하였기 때문이다.] 지구의 [표면에서] 불의를 근절하고, [모든 악한 행위를 사라지게 하며] 정의의 [풀이 나타나게 하라;] 그것은 [복이 될 것이며, 정의의 행위들이 영원히 즐거움 속에 심길 것이다. 그때 모든 의로운 자들이] 구원을 받을 것이며, 그들은 [씨]족<sup>21</sup>[을 이룰 때까지 자녀를 낳으며 살] 것이다. 네 [청년의] 모든 날들과 늙음의 날들이 평안 속에서 [완성될] 것이

---

21 히브리어 מִשְׁפָּחָה는 '집안, 씨족, 부족, 가족, 가문, 지파'라는 뜻을 가지며, 여호수아 22:14에서는 씨족, 사사기 6:15에서는 집안이라는 의미로 사용되었다. 일반적으로는 약 12명 정도로 구성된 씨족이나 부대를 뜻한다.

다. [그때 온 땅이 정의로 경작될] 것이며 나무가 [심기고 축복으로] 충만할 것이다. 그들이 바라는 모든 [땅의 나무들이 그곳에 심길 것이고, 그 안에 포도 넝쿨을 심을 것이다. 그 안에] 심길 [각 포도 넝쿨은 천 암포라(포도주를 담는 도자기 그릇)의 포도주를 산출할 것이며, 그 안에 뿌려진 각 씨앗은 한 세아(7.3 리터)마다 천 세아를 산출할 것이고, 올리브마다 열 배의 기름을 낼 것이다. 땅을 모든 압제와 모든 불의와 모든 죄와 모든 불경건함으로부터 씻어 내라. 그리고 땅 위에 행해진 모든 부정함을 땅에서 멸하라. 그러면 모든 인간의 자손들이] 의로워져 [모두가 나를 예배할 것이며; 모든 민족이 나를 찬양]하고 엎드려 [경배할 것이다. 온 땅이 모든 더러움과 모든 불결함으로부터 정결하게 될 것이다. 그리고] 나는 [세상의 모든 세대에게 다시는 진노나 벌을 내]리지 [않을 것이다."]

## 제11장

4Q201 Col. vi(= 1 Enoch 11:1)

[그리고] 나는 [하늘에 있는 축복의 창고들을 열어, 땅에 내려보낼 것이다. 그것들을 인간의 자녀들의 일과 수고 위로 내려줄 것이다. 그리고 진리와 평화가 세상의 모든 날들 동안, 인간의 모든 세대에 걸쳐 함께 연합할 것이다.]

# 에녹의 꿈: 아자젤과 타락한 천사들을 위한
## 중보와 그들의 심판 선언(12~16장)

## 제12장

4Q204 Col. v(= 1 Enoch 12:3)

[이 일들 이전에 에녹은 숨겨져 있었고, 인간의 자녀들 중 누구도 그가 어디에 숨었는지, 어디에 거주하는지, 그리고 그에게 무슨 일이 일어났는지 알지 못하였다. 그의 행적은 감찰자들과 관련되어 있었으며, 그의 날들은 거룩한 자들과 함께하였다. 나, 에녹은 세세의 왕, 위대하신 주님을 송축하기 시작하고 있었는데,] 보라, 감[찰]자가 [나, 곧 서기관 에녹을 불러 내게 말하였다: "의의 서기관 에녹이여, 가서 높은 하늘인 거룩하고 영원한 처소를 떠나서 여인들로 자신들을 더럽히고 땅의 자녀들처럼 행하고 그들 자신을 위하여 아내를 취한 하늘의 감찰자들에게 선포하라. '너희는 땅에 큰 멸망을 행하였느니라. 너희는 평강도, 죄 사함도 얻지 못하리라. 너희가 자녀들을 기뻐함으로 즐거워할지라도, 너희의 자녀들 곧 너희의 사랑하는 자들의 죽임당함을 보며, 자녀들의 멸망 위에 애통하며, 영원히 간구하리니, 자비와 평강은 결코 너희에게 이르지 아니하리라."]

# 제13장

4Q204 Col. vi(= 1 Enoch 13:6-10; 4Q202 vi)

[그리고 에녹이 가서 말하였다: "아자젤, 너는 평화를 얻지 못하리라. 너를 결박하기 위해 엄한 형벌이 내려졌도다. 너는 관용을 얻지도, 탄원의 승낙을 얻지도 못하리라. 이는 네가 가르친 불의와, 인간에게 보여 준 모든 불경건함과 불의, 죄들 때문이다." 그 후 나는 그들 모두에게 나아가 말을 전하였고, 그들은 모두 두려워하며 떨었다. 그들은 나에게 그들의 용서를 얻도록 탄원서를 작성하고, 그 탄원서를 하늘의 주님 앞에서 읽어 달라고 간청하였다. 그때 이후로 그들은 죄로 인해 부끄러워서 (그분과) 말할 수도, 하늘을 올려다볼 수도 없었다. 나는 그들의 탄원서와 기도를 작성하였다.] 각자의 [영과 행위, 용서를 구하고 장수함을 바라던 요청에 관한 기도를 포함하여 적었다. 나는 단 지역, 헤르모]님 [남쪽 서쪽에 있는 단의 물가에 앉아, 그들의] 요청이 [기록된 책을 읽다가 잠들었다. 보라, 꿈이 내게 찾아오고 환상이 내게 임하여, 나는] 눈꺼풀을 들어 [천국의] 왕궁의 문들을 바라보았다. 나는 [그] 형[벌의 엄중함을 환상으로 보았다. 그리고 한 목소리가 내게 말하였다: "하늘의 아들들에게 책망하여 말하라." 내가 깨어] 그들에게 [나아갔을 때,] 그들은 모두 모여 앉아 얼굴을 가린 채, [레바논과 세니르 사이에 있는 아벨-마야(눈물의 샘)에서] 울[고 있었다.] 나는 그들 앞에서 [꿈속에서 본] 모든 [환상을 이야기하며,] 정의와 환상의 말씀으로 하[늘]의 감찰자들을 책망하기 시작하였다.

## 제14장

4Q202 Col. vi(= 1 Enoch 14:4-6; 4Q204 vi)
4Q204 Col. vi(= 1 Enoch 14:1-16; 4Q202 vi)

내가 [꿈꾸었던] 꿈속에서 [위대하시고 거룩하신 분의 명령에 따라서 기록된 책, 곧 언제나 존재해 온 감찰자들을 책망하는] 진리의 말씀의 책이니라. [그 환상 속에서 나는 내 육신의 혀로, 내 입의 숨으로 지금 말하고 있는 것을 꿈에서 보았는데, 그것은] 위대하신 분께서 [사람의] 아들들에게 주[신 것이다.] 그들이 그것으로 말[할 수 있고, 그 마음으로 깨달을 수 있도록 하셨다.] 하나님께서 사람의 아들들이] 지식[의 말씀을 깨달을 수 있도록 예정하시고 창조하신 것처럼,] 그분은 또한 나를 예정하시고 만드시고 창조하시사, [하늘의 아들들인 감찰자들을] 책[망하게 하셨다. 나는 너희의 요청을 기록하였다, 감찰자들이여.] 그리고 환상 속에서 나에게 계시되[었으니, 너희의] 요청은 영원한 날들 동안 결코 허락되지 않을 것이다. 그리고] 너희에 [대하여 판결]과 선언이 내려질 것이다. [지금]부터 [너희는 결코 하늘로 돌아가거나 올라가지 못할 것이다. 그리고] 영[원한] 날들 동안 너희를 [속박하라는 판]결이 이미 선[포되었다. 그러나 그 전에 너희는 너희가 사랑한 모든 자들(아들들; 아나킴)과] 그들의 아들들(네피림)이 [모두] 멸망[하는 것을 보게 될 것이다.] 그리고 그들의 아들들[과,] 너[희가] 사랑한 자들(아들들)[과 그들의 아들들의] 소[유물들이] 파멸[의 칼날 앞에 너희 눈앞에서 쓰러질 것이니, 너희는 즐거움을 누리지 못할 것이다. 너희 자신에게 허락되지 않은 것처럼, 그들을 위한 너희의 간청도 허락되지 않을 것이다.] 너희는 [계속해서] 간청하고 애원할 것이다. 내가 기록한 이 글의 [한 마디도 너희는 말해서는 안 된다. 이것이 환상 속에서 내게 계시되었다. 보라, 그 환상 속에서 구름들이 나를 부르고, 안개들이] 나에게 외쳤으며, 천둥과 번[개가 나를 재촉하였다. 그리고 환상 속에서 바람들이 나를 날게 하였고, 나를] 높이 [들어 올려 하늘들로] 데려가 그곳에 나를 두[었다. 나는 그 안으로 들어가 우박으로 만들어진 건물의 벽에 이를 때까지 나아갔다.] 그리고 나는 불의 [혀들로] 완전히 둘러싸였고, [그것들이 나를 두렵게 하기 시작하였다. 그리고] 나는 [그 불의 혀들 안으로 들어가, 우박으로 만들어진] 거[대한] 집에 이를 [때까지 나아갔다. 그 집의 벽들은 돌판처럼 보였으며, 모두 눈으로 되어 있었다. 그리고] 바[닥도] 눈으[로 만들어져] 있었다. 지붕은 천둥과 번개 같았고, 그 사이에는 불의 그룹(케루빔)이 있었으며, 그룹의 하늘은 물과 같았다. 타오르는 불이] 모든 벽을 [둘러싸 완전히 감쌌다. 문들도 타오르는 불로 되어 있었다. 나는 불처럼 뜨겁고] 눈[처럼 차가운 이 집 안으로 들어갔다. 그 안에는 삶의 즐거움이 하나도 없었다. 두려움이 나를 뒤덮었고, 떨림이 나를 사로잡았다. 나는 떨고 몸을 떨]며 [얼굴을 땅에 대고] 엎드렸다. [그리고 환상이 내게 나타났다. 보라, 나는 내 앞에 열린 또 다른 문과 이 집보다] 더 큰 [또 다른 집을 보았다.] 그것은 모두 [불의 혀들로 지어져 있었다. 그 집의 웅장함과 영광과 위엄은 이전 집보다 훨씬 뛰어났으며, 나는 그 웅장함과 위엄을] 너에게 표현할 수 [없다. 바닥은 불로 되어 있었고, 그 위에는 번개들이 있었으며, 천사들의 길이 있었다. 천장 역시 타오르는 불로 되어 있었다. 나는 바라보았고 그 안에 높은 보좌를 보았다. 보좌의 모습은 수정 같았고, 바퀴는 빛나는 태양 같았으며, 케루빔의 환상이 있었다. 보좌 아래에서는 타오르는 불의 흐름이 나와, 나는 그것을 직접 볼 수 없었다. 위대하시고 영광이신 분께서 그 위에 앉아 계셨고, 그의 옷은 태양보다 더 밝게 빛나며, 어떤 눈보다도 희었다. 어떤 천사도 그 장엄함과 영광 때문에 그의 얼굴을 볼 수 없었고, 어떤 육체도 그를 볼 수 없었다. 불타오르는 불이 그의 주위를 둘러싸고 있었고, 앞에는 큰 불이 서 있었으며, 주위의 누구도 그에게 가까이 다가갈 수 없었다. 만만이 그의 앞에 서 있었지만, 그는 조언자를 필요로 하지 않았다. 그리고 그에게 가까이 있는 지극히 거룩한 존재들은 밤에도 떠나지 않

      사해문서로 다시 보는 **에녹서**

앞고 그에게서 멀어지지 않았다. 그때까지 나는 얼굴을 땅에 대고 엎드린 채 떨고 있었다. 주께서 친히 나를 부르며 말씀하시기를, "에녹아, 이리 오너라, 내 말씀을 들으라." 하셨다. 그리고 거룩한 자들 중에 하나가 내게 다가와 나를 깨우고, 내가 일어나 문으로 나아가게 하였다. 나는 얼굴을 아래로 숙이고 있었다.]

## 제15장

사해 문서에는 없는 내용

[그분이 내게 대답하여 말씀하셨고, 나는 그분의 음성을 들었다. "두려워하지 말라, 에녹아. 의로운 사람이며, 의의 서기관이여. 이리로 가까이 와서 내 음성을 들으라. 그리고 하늘의 감찰자들에게 가서 전하라. 그들이 너를 보내어 자신들을 위해 중보하게 하였으니, '너희가 사람들을 위해 중보해야지, 사람들이 너희를 위해 중보할 것이 아니다.' 그런데 어찌하여 너희는 높고 거룩하며 영원한 하늘을 떠나, 여인들과 동침하여 스스로를 사람의 딸들로 더럽혔느냐? 너희가 아내를 취하고, 땅의 자녀들처럼 행하여, 아나킴을 너희 아들로 낳았느냐? 너희는 본래 거룩하고 영적인 존재로, 영생을 살아왔건만, 너희는 여자의 피로 스스로를 더럽혔고, 육체의 피로 자녀들을 낳았으며, 사람의 아들들처럼, 죽고 멸망하는 자들처럼, 육체와 피를 탐하였다. 내가 사람들에게는 아내를 주어, 그들이 임신하고 자녀를 낳게 하였고, 그들에게 땅 위에서 부족함이 없게 하였노라. 그러나 너희는 원래 영적인 존재로, 영원한 생명을 살아왔고 세상의 모든 세대 동안 불멸하였다. 그러므로 나는 너희에게 아내를 정해 주지 않았다. 하늘의 영적인 존재들은 하늘이 그들의 거처이기 때문이다. 이제 영과 육체로부터 태어난 아나킴은, 땅 위에서 '악한 영들'이라 불릴 것이다. 그들의 거처는 땅 위에 있

을 것이다. 그들의 육체에서 악한 영들이 나왔으니[22], 이는 그들이 사람에게서 태어났고 거룩한 감찰자들이 그들의 시작과 근원이기 때문이다. 그들은 땅 위에서 악한 영이 될 것이며, 악한 영이라 불릴 것이다. [없음[23]] 아나킴의 영들은 땅 위에서 고통을 주고, 억압하며, 파괴하고, 공격하며, 싸움을 일으키고, 멸망을 행하며, 혼란을 일으킨다. 그들은 음식을 섭취하지 않지만, 그럼에도 배고픔과 갈증을 느끼며, 죄악을 일으킨다. 이 영들은 사람의 아들들과 여자들에게 대항하여 일어설 것이다. 이는 그들이 그들로부터 태어났기 때문이다.]

## 제16장

사해 문서에는 없는 내용

[아나킴이 살육을 당하고 멸망하며 죽임을 당하는 날들로부터, 그 육체로부터 나온 영들은 심판을 받지 않고 멸망을 행할 것이다. 이와 같이 그들은 세상의 종말의 날까지 파괴를 계속할 것이다. 그날은 시대가 완전히 끝나고, 감찰자들과 불경한 자들에게 내려지는 위대한 심판이 완전히 이루어지는 날이 될 것이다. 이제 너를 보내어 그들을 위해 중보하게 한 이전에 하늘에 있었던 감찰자들에게 전하라. '너희는 하늘에 있었으나, 모든 신비가 아직 너희에게 드러나지 않았으며, 너희가 안 것은 무가치한 것들이며,

---

**22** 성서에 따르면 하나님은 아나킴과 네피림이 살던 가나안 족속의 죄악을 400년 동안 참으시며 회개의 기회를 주셨다(창세기 15:16 참조). 여호수아서에서 하나님과 언약을 맺은 기브온의 히위 족속을 위해, 그들을 부당하게 공격한 이스라엘을 벌하시는 장면(사무엘하 21장)은, 회개한 가나안 족속에 대한 하나님의 보호를 잘 보여 준다. 유대 전통에서는 히위 족속을 르바임(아낙 족속)의 한 갈래로 이해하기도 하며, 에녹서 속 회개하지 않는 아나킴·네피림의 진멸과 기브온의 아나킴이 성소와 제단을 섬기는 이들로 편입되는 대조가 부각된다.
▶ Side Notes 22

**23** "하늘의 영들은 하늘에 거할 것이다. 그러나 땅 위에서 태어난 땅의 영들은 땅 위에 거할 것이다."라는 구절은 사해 문서나 다른 초기 사본에는 나타나지 않으며, 후대에 추가된 것으로 여겨진다.

너희는 그것들을 마음의 완고함 속에서 사람들에게 알렸다. 이 신비들을 통해 남자들과 여자들이 땅 위에서 많은 악을 행한다.' 그러므로 그들에게 말하라: '너희에게 평화는 없다.'"]

## 1차 시칠리아와 계시록의 일곱 언덕 여행(17~18장)

### 제17장

사해 문서에는 없는 내용

[그들이 나를 데리고 가니, 그곳에 있는 자들은 불타는 불과 같고, 원할 때에는 사람의 형상으로 나타났다. 그들은 나를 어두운 장소로 데리고 갔고, 정상의 꼭대기가 하늘에 닿는 산[24]으로 인도하였고, 나는 빛나는 것들의 장소들과 별 같은 것들의 빛줄기들과 천둥의 창고들을 보았다. 그리고 가장 깊은 곳을 보았는데, 그곳에는 불의 활과 화살들과 화살통과 불의 검과 모든 번개들이 있었다. 그들은 나를 살아있는 물들로 데리고 갔고, 태양으로부터 나오는 그 광선[25]이 올 때마다 그것을 받아 주는 서쪽의 불로 인도하였다. 나는 불의 강에 이르렀는데, 그 강에서 불은 물처럼 흐르며 서쪽의 대해(지중해)로 흘러 들어갔다. 나는 큰 강들을 보았고, 큰 강과 큰 어둠

---

[24] '서쪽의 큰 바다(대해)'는 보통 지중해를 가리키며, 본문의 묘사는 바다까지 흘러드는 용암과 하늘에 닿은 높은 산을 함께 언급하는 점에서 화산 지형을 연상시킨다. 이스라엘 서쪽 지중해 연안 너머에는 시칠리아의 에트나산과 캄파니아의 베수비오산처럼 바다와 인접한 고산 화산들이 있는데, 특히 에트나산(약 3,300m)은 헐몬산보다 더 높고, 주변에 바다가 위치해 본문의 이미지와 잘 어울려 유력한 후보지에 부합한다. ▶ Side Notes 30

[25] 해로 번역되는 아람어 שמשא와 히브리어 שמש는 '태양' 자체뿐 아니라 태양에서 나오는 빛·광선을 가리키기도 하며, 관련 아카드어·베르베르어 어휘에서도 '햇빛·번개'를 의미하는 용례가 확인된다. 마찬가지로 아람어 כוכבא·히브리어 כוכב도 시적·문학적 맥락에서는 '별빛'과 '광휘'를 가리킬 수 있다. 따라서 에녹서에서 해·달·별의 움직임을 묘사하는 구절은 물질적 천체 그 자체라기보다, 그들로부터 나오는 빛과 광선의 운동을 기술한 것으로 이해할 수 있으며, 이는 고대 현상 묘사를 현대 우주관과 조화시키려는 하나의 해석이다. ▶ Side Notes 25

에 이르렀다. 그리고 어떤 육체도 다니지 않는 곳으로 갔다. 나는 겨울의 어둠의 언덕[26]들과, 깊음의 물들이 모두 흘러나오는 곳을 보았다. 나는 땅 위 모든 강의 하구와 깊은 곳의 입구를 보았다.]

### 제18장

4Q204 Col. viii(= 1 Enoch 18:8-12)

[나는 모든 바람들(영들)의 창고를 보았다. 나는 그분이 그것들로 모든 창조와 땅의 견고한 기초를 어떻게 갖추셨는지 보았다. 그리고 나는 땅의 모퉁이 돌[27]을 보았다. 나는 (땅과) 하늘[28]을 품는 네 바람(영)을 보았다. 나는 바람들이 하늘의 범위를 어떻게 넓히며, 하늘과 땅 사이에 위치하는지를 보았다. [없음[29]] 나는 하늘의 바람들이 태양으로부터 나오는 그 광선과 별들로부터 나오는 그 모든 빛줄기들이 닿는 그 범위를 그들이 나아갈 곳으로 인도하고 방향을 정하는 모습을 보았다. 나는 땅 위의 바람들이 구름을 나르는 것을 보았다. 나는 천사들의 길을 보았다. 나는 땅끝에서 위의 하늘을 보았다. 나는 나아가 낮과 밤으로 타오르는 장소를 보았다. 그곳에는 장

---

26 히브리어 הר는 '산'과 '언덕'을 모두 가리키는 단어로, 성서에서도 상당수 지명이 실제 고도상으로는 언덕에 가까움에도 '산'으로 번역되곤 한다. 따라서 본문에서 '산'이라고 할 때, 반드시 현대 지리학적 기준의 고산만을 염두에 두고 있다고 보기는 어렵다.

27 이는 욥기 38:6에도 언급된다. 땅의 모퉁이 돌, 기초 등의 표현은 지구의 내부의 구조로, 지표면과 맨틀과 외핵을 지지하는 내핵을 연상시킨다. 내핵은 철, 니켈을 주성분으로 하는 단단한 고체이기에 엄청난 압력과 열을 견딜 수 있으며, 지구의 기초로서 작용한다. 욥기의 경우, 26:7과 38:5에서 지구를 허공에 매달린 형태로 묘사하였는데, 우주 공간에 떠 있는 지구의 모습에 대한 가장 오래된 기록이라 할 수 있다.

28 히브리어 רקיע는 '궁창'으로 번역되곤 하지만 '공간'이나 '하늘 그 자체'라는 뜻 역시 가졌기에 성서 사본들에서 이러한 뜻으로도 번역되기도 한다. 참고로, 궁창이라는 개념은 일반적으로 대기권 또는 대기권 밖의 우주 공간으로 해석된다. 우주 공간과 천국(사후 세계)을 나누는 구 형태의 경계막으로도 해석된다.

29 "이것들이(바람들이) 하늘의 기둥들이다."라는 구절은 사해 문서에 등장하지 않는다.

 사해문서로 다시 보는 **에녹서**

엄한 돌로 이루어진 일곱 개의 언덕[30]이 있었는데, 동쪽을 향한 세 개와 남쪽을 향한 세 개였다. 동쪽을 향한 언덕들은 색 돌로 되어 있었고, 하나는 진주[31]로, 하나는 호박으로 되어 있었다. 남쪽을 향한 언덕들은 붉은 돌로 되어 있었다. 그러나 가운데 언덕은 하나님의 보좌처럼 하늘에 닿았고, 설화석고로 되어 있었다.] 보좌의 [꼭대기는 사파이어로 되어 있었다. 나는 타오르는 불을 보았다. 그 언덕들을 넘어 큰 땅의 다른 편에는, 하늘들이] 완[성된 장소가 있었다. 그때 나는 하늘의 불기둥에 있는 거대한 심연을 보았고,] 그 안에서 [바닥까지 내려가는 불]기둥[을 보았다. 그 높이와 깊이는 헤아릴 수 없었다[32]. 그리고] 이 심[연 너머 위에는 하늘이 없고, 아래에는 견고한 땅이 없는 장소가 있었다. 그곳에는 물도, 새도 없었으며, 황폐하고 끔찍한 장소였다. 나는 그곳에서 일곱 별(천사)들을 보았는데, 마치 거대한 불타는 언덕 같았다. 내가 그것들에 대해 묻자, 천사가 내게 말했다. "이

---

30 에녹서 18장과 67장은 '일곱 언덕'과 타락한 천사가 결박된 장소를 함께 묘사하며, 이는 요한계시록 17:9의 '일곱 언덕' 전승과 비교되어 왔다. 에녹서가 그리스어 '타르타로스' 같은 용어를 사용하는 점과, 그리스 신화의 기간토마키아(거인들이 올림포스 신들과 싸웠다가 타르타로스·에트나 산 아래에 봉인되는 이야기)와의 유사성을 고려하면, 두 전승이 서로 영향을 주고받거나, 적어도 유사한 상징 공간을 공유했을 가능성을 생각해 볼 수 있다.
▶ Side Notes 30
31 『길가메시 서사시』의 Tablet IX는 낙원을 오늘날의 레바논에 위치시키며, 이야기 속 주인공 길가메시가 낙원에 당도하기 직전 관통한 마슈(Mashu)산은 헐몬산과 레바논산(Mount Lebanon)으로 해석된다(Kluger 1991, 162-163). 서사시는 레바논의 나무 잎사귀가 청금석으로 되어 있으며, 그 땅과 산이 루비, 마노, 에메랄드로 이루어져 있다고 묘사한다. 그러나 실제 레바논에는 루비나 에메랄드로 이루어진 산이나 지역이 없으며, 청금석 나무도 존재하지 않는다. 이를 고려하면, 에녹 1서의 이러한 묘사는 산이나 땅의 색채에 관한 묘사이거나 해당 지역의 특산물과 관련된 상징적 묘사로 이해할 수 있다. 실제로, 성서의 신명기 8:9에서는 가나안 땅의 돌은 철이라 묘사하고 또 산에서는 동을 캘 것이라 기록하기에 에녹서 역시 『길가메시 서사시』나 신명기와 비슷한 사례라고 볼 수 있을 것이다.
32 이는 화산 내부의 모습에 부합하는 묘사이다. 용암이 솟구치고 다시 바닥으로 내려앉는, 속이 깜깜한 분화구를 통해 화산의 깊은 내부를 들여다보는 에녹의 모습을 상상해 볼 수 있을 것이다. 또한, 화산에 대한 묘사가 이어진다는 것을 근거로 이야기의 지리적 배경은 아직 지중해 서부의 화산 지역임을 유추할 수 있다. 참고로, 이 장과 이어지는 장들에서는 이곳에서 에녹이 보았을 지옥에 대한 환상에 대한 것으로 보인다.

곳은 하늘과 땅이 없는 곳이다. 이곳은 별(천사)들과 하늘의 군대를 가두는 감옥이 되었다. 그리고 불 위를 굴러가는 별들은, 주님의 명령을 거스른 자들이다. [없음[33]] 그분은 그들에게 진노하셨고, 그들의 죄가 사라질 때까지, 심지어 영원히[34] 그들을 묶어 두셨다."]

## 제19장



[우리엘이 내게 말하였다: "여기에는 여자와 관계를 맺은 천사들이 서 있을 것이며, 그들의 영은 여러 가지 형태를 취하며 인류를 더럽히고, 사람들을 미혹하여 귀신들을 신들로 여겨 제사를 바치게 할 것이다. 그들은 큰 심판의 날이 이를 때까지, 그들이 심판받아 완전히 멸망될 때까지, (그곳에 서 있을 것이다)." [없음[3536]] 그리고 나, 에녹은 오직 홀로 이 환상, 곧 만물

---

**33** "정해진 때에 나타나지 않았기 때문이다."라는 구절은 사해 문서에 등장하지 않는다.

**34** '만 년'은 영원을 상징하는 표현으로 해석될 수 있으며, 이에 따라 이는 타락한 천사들이 영원한 지옥의 형벌을 받는 구절로 볼 수 있다.

**35** "또한 길을 잃은 천사들의 여자들도 세이렌이 되리라."라고 에티오피아 사본에는 기록되어 있으며, 사해 문서에는 없는 내용이다. 그리스 신화 속 요괴인 세이렌이 나오는 것은 그리스 신화의 영향 때문인데, 에녹 1서가 기록되던 시절은 유대 땅이 셀레우코스 제국(312-63 BC)의 지배를 받던 시절이었으며, 당시는 유대교와 그리스 다신교의 혼합 정책이 강압적으로 이루어져 문화적으로도 그리스 신화의 영향을 강하게 받았던 때이다. 해당 구절에 대해서 여자들이 천사를 유혹했다는 내용을 추가 삽입한 번역도 있는데, 이는 어떠한 사본에서도 확인되지 않는 내용이며, 천사들이 여자들을 강간했다는 성서와 에녹서의 다른 부분들과 모순된다. 에녹서 15장의 아나킴의 영들이 남자들과 여자들을 대항할 것이라는 이야기와도 모순된다. 또한, 인간이 반인반수 요괴인 세이렌이 된다는 것이나 이를 하나님이 명했다는 것 역시 교리적으로 모순되는 반성경적인 내용이자 전혀 근거가 없는 이야기이다.

**36** 에녹서는 외경이지만 성서는 정경이며, 그런 성서는 여자들을 천사들의 타락의 피해자로서 기록한다. 참고로, 천사들의 강간의 피해자인 여성들 외에 족보에서 언급되는 나아마가 성서에 기록된 이유는 초기 유대교 미드라시 창세기 랍바(23.3)에서는 나아마를 노아의 아내로 기록하고, 17세기의 신학자 존 길은 나아마를 함의 아내로 보았다는 것을 고려하면 그가 노아 또는 노아의 아들과 결혼했기 때문이었다고 할 수 있다(Gill 1746-63, note on Genesis 4:22).

의 끝들을 보았다. 그리고 누구도 내가 본 것과 같은 것을 보지 못할 것이
다.]

## 일곱 대천사의 이름과 직무(20장)

### 제20장

사해 문서에는 없는 내용

[그리고 감찰하는 거룩한 천사들의 이름은 다음과 같다. 우리엘은 거룩한 천사 중 하나로, 세상과 타르타로스(지옥)를 다스린다. 라파엘은 거룩한 천사 중 하나로, 인간의 영혼을 관장한다. 라구엘은 거룩한 천사 중 하나로, 빛의 세상에 징벌을 수행한다. 미가엘은 거룩한 천사 중 하나로, 인류의 가장 최고인 부분과 혼돈을 다스리도록 세워졌다. 사라카엘은 거룩한 천사 중 하나로, 영적으로 죄를 짓는 영들을 관장하도록 세워졌다. 가브리엘은 거룩한 천사 중 하나로, 낙원과 세라핌[37] 및 케루빔을 관장한다. 레미엘은 거룩한 천사 중 하나로, 하나님께서 부활하는 자들을 맡기셨다.]

---

37 '뱀'은 스랍 천사를 오역한 것이다. ▶ Side Notes 37

# 지옥 여행(21~22장)

## 제21장

사해 문서에는 없는 내용

[나는 혼돈스러운 곳으로 나아갔다. 그곳에서 나는 끔찍한 것을 보았다. 위에는 하늘도, 견고한 땅도 보이지 않았고, 다만 혼돈스럽고 무서운 장소가 있을 뿐이었다. 그곳에서 나는 하늘의 일곱 별(천사)들이 서로 묶여 있는 것을 보았는데, 그것들은 큰 언덕처럼 보였으며 불타고 있었다. 나는 물었다. "그들은 어떤 죄 때문에 묶였으며, 무슨 이유로 이곳에 던져진 것인가요?" 그때 나와 함께 있으며 그들을 관장하는 거룩한 천사 중 하나인 우리엘이 말하였다. "에녹아, 왜 묻느냐, 그리고 왜 진리를 알고자 하느냐? 이들은 하늘의 별(천사)들 중 하나로, 주님의 명령을 어긴 자들이다. 그들의 죄로 정해진 기간이 다할 때까지 영원토록[38] 이곳에 묶여 있을 것이다." 그후 나는 이전보다 더 끔찍한 다른 곳으로 갔고, 그곳에서 끔찍한 것을 보았다. 거대한 불이 타올라 이곳을 불태우고 있었고, 장소는 심연까지 갈라져 있었으며, 큰 불기둥이 아래로 내리꽂히고 있었다. 그 크기와 범위를 나는 볼 수도, 짐작할 수도 없었다. 나는 말하였다. "이곳이 얼마나 두렵고 보는 것만으로도 끔찍한가!" 그때 나와 함께 있던 거룩한 천사 우리엘이 내게 대답하였다. "에녹아, 왜 그렇게 두려워하고 겁내느냐?" 나는 대답하였다. "이 두려운 장소와 고통의 광경 때문입니다." 그가 내게 말했다. "이곳은 천사들의 감옥이다. 그들은 이곳에서 영원히 갇힐 것이다."]

---

38 '만 년'은 영원을 상징하는 표현으로 해석될 수 있으며, 이에 따라 이는 타락한 천사들이 영원한 지옥의 형벌을 받는 구절로 볼 수 있다.

# 제22장

4Q205 Frag. 1 col. i(= 1 Enoch 22:13)

4Q206 Frag. 2 col. ii(= 1 Enoch 22:3-7)

[그 후 나는 또 다른 곳, 단단한 바위 언덕으로 갔다. 그곳에는 네 개의 빈 장소들이 있었는데, 깊고 넓으며 매우 매끄러웠다. 그 빈 장소들은 얼마나 매끄럽고, 보기에 깊고 어두운지. 그때 나와 함께 있던 거룩한 천사 중 하나인 라파엘이 내게 대답하였다. "이 빈 장소들은 바로 이 목적을 위해 만들어졌다. 즉 죽은 자들의 영혼이 이곳에 모이도록, 모든] 인간의 [영혼이 이곳에 모이도록 하기 위함이다.] 그러므로 이곳들은 그들을 위한 감옥의 구덩이로 기능한다. 이 구덩이들은 그들이 심판받는 날까지, 즉 세상의 끝 날, 그들에게 내릴 큰 심판의 날까지 이런 식으로 만들어졌다."

그곳에서 나는 한 죽은 자의 영혼이 원망하며 하늘을 향해 울부짖는 것을 보았다. 그의 탄식이 하늘로 올라가고 있었다. [나는] 나와 [함께 있던] 감찰자이자 거룩한 천사인 [라파엘에게 물었다. "이 탄식하며 그 탄식이 하늘로 올라가는 원망하는 영혼은] 누구의 [영혼입니까?" 그는] 내게 대[답하였다. "이 영혼은 아벨의 영혼이다. 그의 형 가인이 그를 죽였고, 그는 그의 후손이 땅 위에서 멸망당하고 인간의 후손 중에서 완전히 사라질 때까지 원망을 제기한다."

나는 모든 빈 장소들에 대해 물었다. "왜 하나하나는 서로 분리되어 있습니까?" 그는 내게 대답하였다. "이 세 장소는 죽은 자들의 영혼을 분리하기 위해 만들어졌으며, 빛나는 물의 샘이 있는 이 장소는 의로운 자들의 영들을 위해 따로 구분되어져 있다. 죄인들을 위한 장소, 즉, 죽어 땅에 묻히고 생전에 심판을 받지 않은 죄인들을 위한 장소도 만들어져 있었다. 여기서 그들의 영혼은 큰 고통 속에 머물게 되며, 영원히 저주하는 자들에 대한 큰 심판과 징벌과 고문, 그리고 그들의 영혼에 대한 응징의 위대한 날까지 따로 구별되리라. 그곳에서 그들은 영원히 묶이게 된다. 호소하는 자들의 영혼을 위해 구분된 장소도 있었다. 그들은 그들이 살해당한 죄인들의 날들에 그들 자신이 어떻게 멸망했는지를 드러내며 호소한다. 불의하고 완전히 범죄한 죄인들과 범죄자들과 한패였던 자들의 영혼을 위한 장소도 있었다. 그들의 영혼들은] 심판의 날에 멸망되지도 않을 것이며, 그곳에서 [옮겨지지도 아니하리라." 그때 나는 영광의 주님을 송축하며] 말하였다. "정의의 심판을 송축할지어다. 영광[과 정의의 주님, 세계의 주님, 송축 받으십시오."]

## 2차 시칠리아, 계시록의 일곱 언덕, 그리고 낙원 여행(23~25장)

### 제23장

4Q205 Frag. 1 col. i(= 1 Enoch 23:1-4)

그곳에서 나는 또 다[른] 곳으로 옮겨졌는데, [땅끝 서쪽이었다. 그곳에서 나는 하루 낮과 밤에도 멈추거나 흐름이] 끊기지 않고 계속 일정하게 흐[르는 불[39] 을 보았다. [나는 물었다. "저것은 도대체 무엇이기에 전혀] 쉬지 [않는가?" 라우엘이 내게 대답하였다. "그 목]적은 [이것이다. 서쪽으로 흐르는] 이 불은 [하늘의 광선들의 빛들에게 방향을 준다."]

---

39 에트나산과 용암으로 보인다.



사해문서로 다시 보는 **에녹서**

# 제24장

4Q205 Frag. 1 col. i(= 1 Enoch 24:1)

[그가 나에게 언덕들을 보여 주었다: 그] 사이의 땅은 [낮과 밤으로 타오]르는 [불로 이루어져 있었다. 그리고 나는 그곳을 지나 7개의 웅장한 언덕[40]을 보았는데, 각각 서로 달랐다. 그 언덕들의 돌들은 장대하고 아름다웠으며, 전체적으로 웅장하고 영광스러운 모습과 훌륭한 외관을 가지고 있었다. 동쪽에는 3개가 있었고, 그중 하나가 다른 위에 세워졌으며, 남쪽에도 3개가 있었고, 그중 하나가 다른 위에 놓여 있었다. 깊고 거친 골짜기들이 있었는데, 어느 것도 서로 이어지지 않았다. 그리고 7번째 언덕은 이들 가운데 있었으며, 높이에서 다른 언덕들을 능가했고, 마치 보좌의 자리와 같았다. 그리고 향기로운 나무들이 그 보좌를 둘러 있었다[41][42]. 그리고 그 나

---

**40** 일곱 언덕들은 시칠리아섬과 상대적으로 인접한 이탈리아 본토 로마의 일곱 언덕, 곧 요한계시록 17:9의 일곱 언덕으로 추정된다.

**41** 낙원에 대한 여담 1: 낙원, 즉 에덴의 위치에 대한 단서 중 가장 불분명한 것은 바로 비손강일 것이다. 에덴의 네 강 중 하나인 비손강은 이집트어로 바다를 뜻하는 '파솀'에서 그 이름이 유래했을 것으로 추정된다(Kahn 2024, quoted in The Inquisitive Bible Reader, October 23, 2024). 실제로 고대 근동 지역에서는 '강'이라는 단어가 때로 바다를 가리키는 데에도 사용되었기에, 비손 강이 바다를 의미했을 가능성은 상당히 높다고 할 수 있다. 바다는 나일강과 유프라테스강, 티그리스강과 모두 연결되어 있기에, 에덴이 반드시 유프라테스강과 티그리스강이 만나는 메소포타미아 남부일 필요는 없게 된다. 성서는 낙원을 예루살렘에 위치시키는 것으로 추정되지만, 이와 달리 에녹서와 그리스 신화는 낙원을 서쪽에 위치시키며, 에녹서의 낙원에 대한 묘사는 그리스 신화의 헤스페리데스의 정원 이야기를 그대로 베꼈다고 말할 정도로 닮아 있다. 이 때문에 에녹서 역시 그리스 신화처럼 낙원을 튀니지나 리비아에 위치시킨다고 볼 수 있다. 그러나 에녹서에서 낙원을 일곱 언덕과 관련지어 언급하는 것을 고려한다면, 에녹서는 그리스 신화와 비슷하게 낙원을 레반트를 기준으로 서쪽에 위치시키지만 동시에 낙원을 튀니지나 리비아가 아니라 이탈리아나 시칠리아에 위치시키는 것으로 보인다. 이탈리아나 시칠리아 모두 그리스를 기준으로 서쪽이며, 시칠리아는 튀니지와 거의 붙어 있는 수준으로 가깝기에 에녹서와 그리스 신화 모두 사실상 거의 같은 장소를 이야기하고 있다고 할 수 있다. ▶ Side Notes 41

**42** 낙원에 대한 여담 2: 호모 사피엔스(현생 인류)의 기원지는 아프리카이지만, 인류 시작의 기준을 그보다 더 이전으로 본다면 낙원이 아프리카가 아니라 구약 성서의 배경인 중동이나 지중해 연안 지역에 위치해 있어도 크게 문제될 것으로 보이지는 않는다. ▶ Side Notes 42

무들 가운데 나는 이전에 맡아 본 적 없는 나무가 있었으며, 그 안의 어떤 나무도 또는 다른 나무들도 그것과 같지 않았다. 그 나무는 모든 향기보다 더 뛰어난 향기를 가지고 있었다. 그 잎과 꽃과 나무는 영원히 시들지 않았다. 그 열매는 아름다웠으며, 열매는 대추야자의 열매 다발과 같았다. 그때 내가 말했다: "이 나무가 얼마나 아름답고 향기로운지, 그 잎이 고우며, 꽃은 보기에도 매우 즐거움을 주는구나." 그때 나와 함께 있었고 그들을 이끄는 거룩하고 영예로운 천사 중 하나인 미가엘이 대답했다.]

## 제25장

4Q205 Frag. 1 col. ii(= 1 Enoch 25:7)

[그가 내게 말하였다. "에녹아, 너는 어찌하여 나에게 이 나무의 향기에 대해 묻느냐, 또 어찌하여 진리를 알고자 하느냐?" 그러자 내가 대답하였다. "나는 모든 것을 알고자 합니다. 그러나 특히 이 나무에 대해서 알고 싶습니다." 그가 대답하였다. "네가 본 이 높은 언덕, 그 정상이 마치 하나님의 보좌와 같은 이 언덕은 거룩하고 위대하신 분, 영광의 주님, 영원하신 왕께서 그분의 선하심으로 지구를 방문하러 내려오실 때 앉으실 그분의 보좌이다. 그리고 이 향기로운 나무에 관해서 이야기하자면, 큰 심판이 이르기 전까지는 그 어떤 필멸의 존재도 손댈 수 없나니 그분께서 모든 것에 대해서 원수 갚으시고 모든 것을 영원히 성취하시게 될 그 큰 심판의 때에 그것은 의롭고 거룩한 자들에게 주어지리라. 그것의 열매는 선택된 자들의 양식이 될 것이고, 그것은 거룩한 장소, 영원한 왕이신 주님의 성전으로 옮겨 심기리라. 그때 그들은 큰 기쁨으로 즐거워하며, 거룩한 장소에 들어가리라. 그 향기는 그들의 뼛속에 스며들고, 그들은 땅에서 오래 살리니, 이는 너의 조상들이 살던 것과 같으리라. 그들의 날들에는 슬픔이나 재앙, 고통이나 재난이 그들을 건드리지 않으리라." 그가] 그의 앞에서 [일어나자,]



사해문서로 다시 보는 **에녹서**

나는 영광의 하나님, 영원한 왕을 송축하였다. 그분은 [이러한 것들을 인간, 곧 의로운 자들을 위해] 준비[하시기 때문이다. 그가 창조하시고 그들에게 주기로 약속하신 것들은] 이러한 것[들이다.]


## 예루살렘 여행(26~27장)

### 제26장[43]

4Q205 Frag. 1 col. ii(= 1 Enoch 26:1-6)

[나는] 땅의 [중]심(예루살렘)[44][으로 옮겨졌고, 그곳에서 가지마다 계속 꽃이 피는] 나[무들이 있는 복된 장소를 보았다. 그곳에서 나는 거룩한 언덕을 보았고, 동쪽에서 그 언덕] 밑에서 [물이 솟아나 남쪽으로 흘러내려갔다. 그리고 나는 동쪽에서] 이 언덕보다 [훨씬 높은 또 다른 언덕을 보았]고, 그 사이에는 [폭이 없는 깊]은 골짜기 있었는데, [언덕 아래에서 나온 물이 흘러가는 곳이었더라. 그리고] 그 [서쪽에는] 이 [언]덕보다 [훨씬 낮은 또] 다[른 언덕이 있었으며, 그 아래와 언덕들] 사이에는 [깊]고 [마른 골짜기가 있었고, 세 언덕 사이에는 또 하나의] 골[짜기가 있었다. 모든 골짜기는 깊고 단단한 암석으로 되어 있었으며, 그 안에는 나무가 심겨 있지 않았다.] 나는 언덕들을 보고 [놀]랐[고, 골짜기들을 보고 놀랐으며, 완전히 놀라지 않을 수 없었다.]

---

43 이 장의 이름은 '예루살렘과 언덕들과 골짜기들, 그리고 시내들'이며, 이 장은 예루살렘 지역에 대해 묘사한다.
44 '땅의 중심' 또는 '땅의 가운데'라는 표현은 예루살렘을 가리키는 표현이다.

# 제27장

4Q205 Frag. 1 col. ii(= 1 Enoch 27:1)

[그때 내가 말하였다. "어찌하여 이 땅은] 복을 받아 [나무로 가득] 차 [있으나, 그 사이에는 저 저주받은 골짜기[45]가 있는 것인가요?" 그러자 나와 함께 있던 거룩한 천사 중 하나인 우리엘이 대답하여 말했다. "이 저주받은 골짜기는 영원히 저주받은 자들을 위함이니라. 여기에는 주님을 향하여 입으로 부당한 말을 하고, 그 영광에 대하여 거친 말을 하는 모든 저주받은 자들이 모일 것이다. 그들은 여기 모일 것이고, 이곳은 그들의 심판의 장소가 될 것이다. 마지막 날들에 그들 위에는 의로운 심판의 광경이 의로운 자들의 앞에서 영원히 임할 것이다. 여기서 자비로운 자들은 영광의 주, 영원한 왕을 송축하리라. 그들에 대한 심판의 날들에, 그들은 주님의 자비로 말미암아, 주께서 그들에게 정해 주신 몫에 따라 주님을 송축할 것이다. 그때 나는 영광의 주를 송축하며, 그분의 영광을 드러내고 영화롭게 찬양하였다."]

---

45 27장은 26장에 이어서 예루살렘 지역을 묘사하는데, 여기서 이 저주받은 골짜기는 '힌놈의 골짜기'로 식별된다.

 사해문서로 다시 보는 **에녹서**

# 1차 인도 여행(28~31장)

## 제28장

4Q206 Frag. 3(= 1 Enoch 28:3; 4Q204 xii)

[그리고 그곳에서 나는 동쪽으로, 사막의 언덕 한가운데로 나아갔다. 그리고 나는 광야를 보았는데, 외롭고 나무와 풀로 가득 차 있었다. 그리고 위로 물이 솟아났다. 그것은 북동쪽으로 흐르는 풍부]한 [물줄기처럼 급류를 이루어, 물과 이슬을 사방으로 흘려보냈다.]

## 제29장

4Q206 Frag. 3(= 1 Enoch 29:1-2; 4Q204 xii)

[그곳에서] 나는 [사막의 또 다른] 장[소로] 가서, [이] 지[역의 동]쪽으로 [상당히 멀리 나아갔다. 그곳에서 나는 경작되지 않은 나무들을 보았는데, 그것들은 향과 몰약의 향기를] 풍겼다. [그리고 그 나무들은 또한 아몬드 나무와 비슷하였다.]

## 제30장

4Q204 Col. xii(= 1 Enoch 30; 4Q206 3)

[그리고] 그 [너]머로 나는 멀리 [동쪽으로] 나아갔다. [그곳에서 나는 또 다른 거대한 지역을 보았는데, 물이 풍부한 골짜기들이 있었다. 그 골짜기 안]에는 향기로운 갈대들이 있었는데, [그것들은 마스틱[46]과 비할 만했다. 그리고 이 골짜기들의 가장자리에는] 향기로운 계피 나무[47]가 [자라고 있는 것을 보았다. 나는 이] 골짜기[들]을 지나 [더욱 멀리 동쪽으로 나아갔다.]

## 제31장

4Q204 Col. xii(= 1 Enoch 31; 4Q206 3)<br>4Q206 Frag. 3(= 1 Enoch 31:2-3; 4Q204 xii)

[나는] 또 다른 [언덕들을 보았고, 그곳에서도 스토락스[48]와 갈바]넘[이라 불리는 수지(樹脂)가] 나오는 나무들을 보았다. [그리고] 이 언덕들을 [지]나, 땅끝 동쪽에 있는 또 다른 언덕]이 내게 보여졌으며, 그 [언덕의] 모든 나무들은 [스탁테[49]로] 가득 차 [있었는데, 그것은] 아[몬드 나무] 껍질과 비슷하였다. 이 나[무들로부터는] 향기로운 [냄]새가 나왔으며, 그 껍질을 가루로 만들면 [어떤 향기보다 뛰어났다.]

---

46 마스틱은 수지(樹脂)이다.

47 계피는 인도가 원산지인 향신료로, 고대부터 인도로부터 수입된 귀한 무역 상품으로 인식되었기 때문에 이 장은 에녹의 인도 여행에 관한 것으로 보아야 할 것이다. 인도는 고대 근동인들에게 신비와 호기심의 대상이자, 유향과 계피, 나드, 카다멈, 후추 등 29-32장에서 언급되는 여러 향신료들의 산지로 여겨졌다. 실제로 이러한 향신료들은 인도와 그 인근 동남아시아 지역에서만 생산되었기에, 이러한 인식은 어느 정도 자연스러운 것이었다. 또한, 에스더 1:1에서 알 수 있듯, 당시 사람들은 인도를 동쪽 끝으로 인식하고 있었다.

48 스토락스는 상처 난 나무껍질에서 채취한 천연 향 수지이다. 갈바넘은 출애굽기 30장 34절에 '풍자향'으로 언급되며, 수지이다.

49 스탁테는 수지이다.

  사해문서로 다시 보는 **에녹서**

# 3차 계시록의 일곱 언덕 여행 – 낙원(32장)

## 제32장

4Q204 Col. xii(= 1 Enoch 32:1; 4Q206 3)

4Q206 Frag. 3(= 1 Enoch 32:1-3; 4Q204 xii)

4Q206 Frag. 4(= 1 Enoch 32:3-6)

이 [언덕들을 지]나 그들의 북동쪽으로, 나는 또 다른 언덕들을 [보]았는데, 그곳에는 귀한 나드[50]와 마스틱, 카다멈, [그리고 후]추[51]가 [가득하였다.] 거기에서 나는 모든 언덕들의 [동]쪽, 멀리 떨어진 땅의 동쪽으로 나아갔다. [나는] 홍[해[52] 위]를 지나 매우 멀리까지 이동하였다. 나는 저 멀리 검은 장소를 지나 정의의 낙원을 지나갔다[53]. 그리고 나는 [멀리서, 그 안에 있는 수많고 큰 나무들을] 보았는데, [각각이 서로] 달랐다. [그곳에서 나는 다른 모든 나무들과는 다른, 매우 크]고 [아름답고 찬란한 나무 하나를 보았다. 그것은 지식의 나무로서, 그 거룩한 열매를 먹은 자들이 큰 지혜를 알게 되는 나무였다. 그 나무의 키는 전나무와 같고, 잎은 캐럽 나무의 잎과 같았다. 그 열매는 포도송이와 같으며 매우 아름다웠고, 그 나무의 향기는 멀리까지 퍼졌다. 그때 내가 말하였다. "이 나무는 얼마나 아름답고, 그 모습이 얼마나 매혹적인가!" 그러자 나와 함께 있던 거룩한 천사 라파엘이

---

**50** 히브리어의 נֵרְדְּ를 뜻하는 단어는 산스크리트어 'nálada'에서 유래했으며, 나드는 고대부터 인도로부터 수입된 귀한 무역 상품으로 인식되었다. 이에 따라 이 구절까지는 에녹의 인도 여행을 다루고 있는 것으로 볼 수 있다.

**51** 카다멈과 후추는 고대부터 인도로부터 수입된 귀한 무역 상품으로 인식되었으며, 특별히 히브리어의 פִּלְפֵּל는 산스크리트어 'pippali'에서 유래했다. 이에 따라 이 구절까지는 에녹의 인도 여행을 다루고 있는 것으로 볼 수 있다.

**52** 일반적으로 알려진 에녹서의 번역본에서는 '에리트레아 해'로 되어 있으나, 사해 문서에서는 '홍해'로 기록되어 있으므로, 여기서는 '홍해'로 표기하도록 한다.

**53** 여기서 에녹은 인도 지역을 지나 인도양과 에리트레아 해(또는 홍해)를 거쳐 다시 낙원에 이른다. 이 과정에서 그가 지나간 '검은 장소(또는 어두움의 장소)'는 사우디아라비아의 화산재가 있는 지역 또는 이탈리아 에트나산 지역을 가리키며, 이러한 표현은 이 지역의 지형적 특성을 나타내는 것으로 추정된다.

내게 대답하여 말했다. "이것이 지혜의 나무이니,] 옛날에 네 조상, 네 [아버지[54]와] 어머니[55]가 [그것의 열매를 먹고 지혜를] 깨[달으며, 그들의 눈이 열려] 자신들이 벌거벗었음을 [알게 되었고, 그로 인해 동산에서 쫓겨났느니라."]

---

54 창조에 관한 여담 1: 아담의 아내 하와는 아담의 갈빗대를 빼내 만든 존재로 해석되지만, 아담을 반으로 잘라 만든 존재로도 해석된다. 미드라시 창세기 랍바 8:1(Midrash Bereshit Rabbah 8:1)에서는 창조주가 태초의 인간을 반으로 갈라 한쪽은 아담이, 다른 한쪽은 하와가 되게 하였다고 이야기한다(Eichler 2015). ▶ Side Notes 54

55 창조에 관한 여담 2: 창세기의 하와와 관련한 구절에는 여러 번역 오류들이 존재한다. 신약 성서에서 사도 바울은 에베소서 5:21에서 남성의 순종을 포함하여 피차 서로 순종할 것을 강권했음에도 불구하고, 안타깝게도 바울의 여성의 순종에 대한 기록과 번역 오류들이 있는 해당 창세기 구절들을 근거로 여성의 목회 직을 반대하는 이들이 있다.
▶ Side Notes 55

            사해문서로 다시 보는 **에녹서**

## 제33장

4Q206 Frag. 4(= 1 Enoch 33:3-4)

[그리고 그곳에서 나는 땅끝들로 갔고, 그곳에서 큰 동물들을 보았는데, 각각이 서로 다르게 생겼다. 그리고 나는 모양과 아름다움과 소리가 서로 다른 새들도 보았다[56]. 그 동물들의 동쪽에는 하늘이 머물러 있는 땅의 끝들이 있었다. 그리고 하늘의 문들이 열려 있었다. 그리고 나는 하늘의 별들에서 나오는 광선이 어떻게 오는지를 보았다. 그리고 나는 그 광선들이 나아가는 문들의 수를 세었다. 그리고 나는 각 별에서 나오는 모든 광선의 출구를, 그 수와 이름에 따라 모두 기록했다. 그들의 길과 위치, 그리고 그들의 시기와 월들도 기록했다. 나와 함께 있었던] 감찰자 중 [하나인 우리엘이 내게] 보[여 준 대로였다. 그리고 그는 나를 위해 모든 것을 기록했으며, 그들의 이름까지도] 시기에 따라 [써 주었다.]

---

56  이는 인도를 가리키는 것으로 추정된다. 고대에는 서아시아 사람들이 자신들의 지역에서는 본 적 없는 동아시아의 동물들을 볼 수 있는 유일한 곳이었으며, 인도의 동물들은 근동인들에게 신비와 호기심의 대상이었다. 에스더 1:1에서 알 수 있듯, 당시 사람들은 인도를 동쪽 끝으로 인식하고 있었다.

## 아라랏 여행(34장)

### 제34장

4Q206 Frag. 4(= 1 Enoch 34:1)

[그곳에서 나는 북쪽[57] 땅의 끝들로 옮겨졌다.] 그리고 나는 위[대한] 일들을 보았다. [그리고 여기서 나는 하늘에 세 개의 하늘의 문이 열려 있는 것을 보았다. 그 문들 각각을 통해 북풍이 나왔다. 그것들이 불 때에는 추위와 우박, 서리, 눈, 이슬, 그리고 비가 내린다. 그리고 그 문들 중 하나로부터는 선(善)을 위해 바람이 분다. 그러나 나머지 두 문을 통해 불 때에는, 그것은 폭력과 재앙으로 땅에 가져온다. 그리고 그 바람들은 맹렬하게 분다.]

## 4차 계시록의 일곱 언덕 여행(35장)

### 제35장

4Q204 Col. xiii(= 1 Enoch 35(?) + 36:1-4)

[그리고 그곳에서 나는 땅의 끝들 서쪽으로 향하여 갔다. 그리고 그곳에서 하늘의 세 개의] 문이 열[려 있는 것을 보았다. 내가 동쪽에서 보았던 것과 같은 문들이었다. 문들의] 수[와 출구들의 수도 동일하였다.]

---

57 이는 아라랏 지역으로 식별된다. 고대 바빌로니아인들은 세상의 북쪽 끝을 오늘날의 튀르키예 동부, 아르메니아, 이란 서북부에 해당하는 우라르투, 곧 아라랏으로 보았는데, 그들의 홍수 신화인 『아트라하시스 서사시』에서는 아트라하시스의 방주가 북쪽 땅끝 아라랏 지역에 안착했다고 기록한다(The British Museum 2024). 성서 역시 아라랏 지역에 방주가 안착했다고 기록한다.



사해문서로 다시 보는 **에녹서**

<h1 style="text-align:center">스바 여행(36장)</h1>

## 제36장

4Q204 Col. xiii(= 1 Enoch 36:1-4)

그곳에서 나는 [땅의 끝들] 남쪽[58]으로 옮겨졌고, [그곳에서] 남풍과 이슬과 비를 위한 [세 개의 열린 문을 보았다. 그곳에서 나는 다시 땅의 끝들 동쪽으로 옮겨졌고, 그곳에서 세 개의] 문을 보았는데, [그 문들은 동쪽을 향해 열려 있었고, 그 위에는 작은 창들이 있었다. 이 작은 창들 각각을 통해] 하늘 [별들로부터 나오는 그 광선들이 지나가며, 그것들은 자신들에게 정해진 길을 따라 서쪽으로 달린다. 그리고 내가 볼 때마다 나는 영광의 주님을 언제나 송축하였다. 그분께서 그분의 업적의 위대함을 천사들과 영들과 사람들에게 보이시사 그들로 그분이 행하시는 일과 그분의 모든 창조를 찬미하게 하셨으며, 그들로 그분의 권능의 일을 보고 그분의 손으로 이루신 위대한 업적을 찬양하고 그분을 영원히 송축하게 하셨으니, 나는 위대하고 영광스러운 이적들을 행하신 영광의 주님을 계속해서 송축하였다.]

---

58 마태복음 12:42에서 '땅끝 남쪽'은 오늘날의 예멘인 스바 지역으로 식별된다.

# 에녹의 비유의 책

## 37~71장

## 제37장



[그가 본 두 번째 환상, 즉 지혜의 환상—아담의 아들, 셋의 아들, 에노스의 아들, 카이난의 아들, 마할랄렐의 아들, 야렛의 아들 에녹이 본 환상이다. 이것이 내가 땅에 거하는 자들에게 말하기 위하여 목소리를 높여 전하려 한 지혜의 말씀의 시작이다. 너희 옛 사람들아, 들으라, 너희 후에 올 자들아, 내가 영들의 주님 앞에서 말할 거룩한 자의 말씀을 보라. 이 말씀을 옛 사람들에게만 전하는 것이 더 나을지라도, 이후에 올 자들에게도 지혜의 시작을 감추지 아니하리라. 오늘날까지 영들의 주님께서는 그러한 지혜를 주신 적이 없으니, 이는 내가 나의 통찰력에 따라, 내게 영생의 몫을 주신 영들의 주님의 기쁘신 뜻에 따라 받은 지혜이다. 이제 세 가지 비유가 내게 주어졌으며, 나는 목소리를 높여 땅에 거하는 자들에게 그것들을 이야기하였다.]

# 악인들의 임박한 심판(38장)

## 제38장



[첫 번째 비유. 의인들의 회중이 나타날 때, 죄인들은 그들의 죄로 심판을 받고, 지면에서 쫓겨나리라. 그리고 의로우신 분께서 의인들, 곧 그들의 택함 받은 행위가 영들의 주님께 달려 있는 의인들의 눈앞에 나타나실 때, 빛이 땅에 거하는 의인들과 택함 받은 자들에게 나타날 것이다. 그때 죄인들의 거처는 어디 있겠으며, 영들의 주님을 부인한 자들의 안식처는 어디 있겠는가? 그들에게는 태어나지 않는 것이 더 좋았으리라. 의인들의 비밀이 드러나고 죄인들이 심판을 받을 때, 경건치 못한 자들은 의인들과 택함 받은 자들의 면전에서 쫓겨나리라. 그때부터 땅을 소유한 자들은 더 이상 강력하고 높임을 받지 못하리라. 그들은 거룩한 자의 얼굴을 볼 수 없으리니, 영들의 주님께서 거룩한 자들과 의로운 자들과 택함 받은 자들의 얼굴에 자신의 빛이 나타나게 하셨기 때문이다. 그때 왕들과 강한 자들은 멸망하고, 의인들과 거룩한 자들의 손에 넘겨지리라. 그 후로는 누구도 영들의 주님께 자신을 위한 자비를 구하지 못하리니, 이는 그들의 생명이 끝났기 때문이다.]

# 의인과 택한 자의 거처, 찬양의 노래(39장)

## 제39장

사해 문서에는 없는 내용

[그날들, 곧 택함 받은 거룩한 자녀들이 높은 하늘에서 내려오고, 그들의 씨가 인간의 자녀들과 하나가 되는 그날들에 에녹은 열정과 진노의 책과 불안과 추방의 책을 받았다[59]. 자비는 그들에게 주어지지 아니할 것이라고 영들의 주님께서 말씀하셨다. 그날들에 회오리바람이 나를 땅에서 들어올려, 하늘들의 끝(하늘들의 가장 높은 곳)에 내려놓았다. 거기서 나는 또 다른 환상을 보았으니, 거룩한 자들의 거처와 의인들의 안식처였다. 내 눈은 그의 의로운 천사들과 함께 있는 그들의 거처를 보았고, 거룩한 자들과 함께 있는 그들의 안식처를 보았다. 그들은 사람의 자녀들을 위해 간구하고 중보하며 기도하였다. 의로움은 그들 앞에서 물같이 흐르고, 자비는 땅 위의 이슬같이 내렸다. 이와 같이 의와 자비는 영원토록 그들 가운데 있다. 그곳에서 내 눈은 의와 믿음의 택함 받은 분을 보았으며, 그분의 거처가 영들의 주님의 날개 아래 있음을 보았다. 그분의 날들에는 의가 승리할 것이며, 의롭고 택함 받은 자들은 그의 앞에서 셀 수 없이 많을 것이니, 영원토록 그러하리라. 그의 앞에 있는 모든 의롭고 택함 받은 자들은 불빛처럼 강할 것이며, 그들의 입은 축복으로 가득하며, 그들의 입술은 영들의 주님의 이름을 찬양하리라. 그의 앞에서 의로움은 결코 사라지지 않으며, (정직함 또한 그의 앞에서 결코 사라지지 아니하리라.) 나는 그곳에 거하고자 했으며, 내 영혼은 그 거처를 갈망하였다. 내가 받을 몫이 이전부터 정해져 있었으니, 영들의 주님 앞에서 나에 대해 그렇게 정해졌음이라. 그날들에 나는 축복과 찬양으로 영들의 주님의 이름을 찬양하였으니, 이는 영들의 주

---

[59] 이는 에녹서에서 언급되는 천사들의 타락에 대한 이야기이며, 천사들이 지상으로 내려와 인간들과 관계를 맺은 일에 대한 것이다.

 사해문서로 다시 보는 **에녹서**

님께서 그분의 기쁘신 뜻에 따라 축복과 영광을 위해 나를 예정하셨기 때문이다. 오랫동안 내 눈은 그곳을 바라보며, 나는 주님을 송축하고 찬양하며 말하였다: "그분은 송축 받으소서. 그분은 태초부터 영원까지 송축 받으소서."

그분의 앞에는 끝이 없으며, 그분께서는 세상을 창조하시기 전부터 영원한 것과 세대에서 세대로 올 것을 알고 계신다. 잠들지 않는 자들이 주님을 축복하니, 그들은 주님의 영광 앞에 서서 송축하고 찬양하며 높여 말하되, "거룩하시다, 거룩하시다, 거룩하시다, 영들의 주님께서 땅을 영으로 채우셨다."라고 하느니라. 여기서 내 눈은 모든 잠들지 않는 자들을 보았으니, 그들은 그의 앞에 서서 송축하며 말하였다: "주님은 송축 받으소서. 주님의 이름은 영원 무궁토록 송축 받으소서." 내 얼굴이 변하였으니, 이는 더 이상 바라볼 수 없었기 때문이다.]

# 네 대천사(40장)

## 제40장

사해 문서에는 없는 내용

[그 후에 나는 수천의 천과 수만의 만을 보았고, 셀 수도 헤아릴 수도 없는 무리가 영들의 주님 앞에 서 있는 것을 보았다. 그리고 나는 영들의 주님의 사방에, 잠들지 않는 자들과는 다른 네 존재를 보았으며, 그들의 이름을 알게 되었다. 이는 나와 함께 가던 천사가 그들의 이름을 내게 알려 주었고, 감추어진 모든 것들을 보여 주었기 때문이다. 나는 그 네 존재가 영광의 주님 앞에서 찬양을 드리는 소리를 들었다. 첫째 음성은 영들의 주님을 영원무궁토록 송축하였다. 둘째 음성은 택함 받은 분과 영들의 주님을 의지하는 택함 받은 자들을 축복하는 소리였다. 셋째 음성은 땅에 거하는 자들을 위하여 기도하고 중보하며, 영들의 주님의 이름으로 간구하는 소리였다. 넷째 음성은 사탄들을 물리치며, 사탄들이 땅에 거하는 자들을 비난하려고 영들의 주님 앞에 나아 오는 것을 막고 오지 못하게 금하는 소리였다. 그 후에 나는 나와 함께하며 감추어진 모든 것을 보여 준 평화의 천사에게 물었다. "내가 보고, 그 말들을 듣고 기록한 이 네 존재는 누구입니까?" 그가 내게 이르되, "첫째는 자비롭고 오래 참는 미가엘이라. 둘째는 사람의 모든 병과 상처를 맡은 라파엘이라. 셋째는 모든 능력을 맡은 가브리엘이라. 넷째는 영생을 상속받는 자들의 회개와 소망을 맡은 파누엘이라." 이들은 영들의 주님의 네 천사이며, 내가 그날들에 들은 네 음성이었다.]



사해문서로 다시 보는 에녹서

## 제41장

사해 문서에는 없는 내용

[그 후에 나는 하늘의 모든 비밀과, 왕국이 어떻게 나뉘어 있는지, 그리고 인간의 행위가 어떻게 저울로 재어지는지를 보았다. 거기서 나는 택함 받은 자들의 거처와 거룩한 자들의 거처를 보았으며, 내 눈은 거기서 영들의 주님의 이름을 부인하는 모든 죄인들이 쫓겨나 끌려가는 것을 보았다. 그들은 영들의 주님께로부터 나아가는 징벌 때문에 그곳에 머물러 있을 수가 없었다. 거기서 내 눈은 번개와 천둥의 비밀과 바람들(영들)의 비밀을 보았으며, 바람들이 땅 위로 불도록 어떻게 나뉘는지를 보았고, 구름과 이슬의 비밀도 보았다. 그리고 그것들이 어디서부터 나가는지와 어떻게 그곳에서부터 먼지 많은 땅을 적시는지를 보았다. 거기서 나는 바람들이 나뉘어 나오는 닫힌 창고, 바람들의 창고, 우박의 영(천사)의 창고, 안개와 구름의 영들의 창고, 그리고 태초부터 땅 위에 떠다니는 구름의 영을 보았다. 나는 태양으로부터 나오는 그 광선을 담당하는 영과 달로부터 나오는 그 광선을 담당하는 영의 방들을 보았으니, 그 영들이 어디서 나오고 어디로 돌아오는지, 그 영광스러운 귀환과 서로가 어떻게 우위를 가지는지, 장엄한 길과 길을 벗어나지 않음, 길에 더하거나 빼지 않음, 서로에 대한 신의를 지키며 그들이 맺은 맹세에 따라 함께 묶여 있음을 보았다. 먼저 태양으로부터 나오는 그 광선의 영이 나아가며 영들의 주님의 명령에 따라 길을 따라가니, 그분의 이름은 영원토록 위대하시다. 그 후 나는 달로부터 나오는 그 광선의 영의 감추어진 길과 드러난 길을 보았으며, 그곳에서 달에서 나온 광선의 영은 낮과 밤에 그 경로의 과정을 완수한다. 낮과 밤의 경로는 영들의 주님 앞에서 서로 마주하는 위치를 유지한다. 그 영들은 감사와 찬양을 드

리며 쉬지 아니하니, 그들에게 감사가 곧 안식이 되기 때문이다. 주님의 이름으로 태양으로부터 나오는 그 광선을 담당하는 영은 종종 축복이나 저주로 변하고, 달로부터 나오는 그 광선을 담당하는 영의 길은 의인들에게는 빛이 되고, 죄인들에게는 어둠이 되나니, 이는 빛과 어둠을 나누셨고 사람의 영들을 나누셨으며 의인들의 영들을 강하게 하신 그분의 의의 이름으로 이루어진 일이라. 어떤 천사도 방해할 수 없고, 어떤 권세도 방해할 수 없으니, 이는 그분께서 그들 모두를 위해 심판자를 정하시고, 그들 모두를 그의 앞에서 심판하시기 때문이다.]


## 지혜와 불의의 거처(42장)

### 제42장

사해 문서에는 없는 내용

[지혜는 자신이 거할 곳을 찾지 못했다. 그때 하늘들에 그녀(지혜)를 위한 거처가 마련되었다. 지혜는 사람들 가운데 거처를 삼고자 나아갔다. 그러나 거할 곳을 찾지 못했다. 지혜는 자신의 자리로 돌아갔다. 그리고 천사들 사이에 자리를 잡았다. 불의가 그녀(불의)의 방에서 나왔다. 그녀가 찾지 않았던 자들을 발견하였다. 그리고 그들과 함께 거주하였다. 마치 사막의 비처럼 그리고 갈라진 땅 위의 이슬처럼.]

# 별들로부터 나오는 광선들과 번개들의 비유(43~44장)

## 제43장



[나는 다른 번개들과 하늘의 별들로부터 나오는 광선들을 보았고, 어떻게 그분께서 그 모든 것들을 그것들의 이름들로 부르셨고, 그것들이 그분의 부르심에 귀를 기울이는 것을 보았다. 나는 또한 그것들이 각자의 빛의 비율에 따라 의로운 저울에 달려 있음을 보았다. 그것들의 영역의 넓이와 그것들이 나타나는 날을 보았다. 그것들의 변화가 어떻게 번개를 만들어 내는지를 보았다. 그리고 천사들의 수에 따라 이루어지는 그것들의 변화를 보았다. 그리고 서로 간에 신의를 지키는 모습을 보았다. 나는 나와 함께 가며 숨겨진 것을 보여 준 천사에게 물었다. "이것들은 무엇입니까?" 그는 나에게 말했다. "영들의 주님께서 너에게 그것들의 비유적인 의미를 보여 주셨다. 이것들은 땅에 거하며 영들의 주님의 이름을 영원히 믿는 거룩한 자들의 이름들이다."]

## 제44장



[또한 내가 번개에 관하여 본 다른 현상이 있다. 나는 어떻게 별들로부터 나오는 그 광선들 중 일부가 번개와 같이 되지만 그 새 형태를 잃어버리지 않을 수 있는지를 보았다.]

# 배교자들의 운명과 새 하늘과 새 땅(45장)

## 제45장

사해 문서에는 없는 내용

[이것은 거룩한 자들의 처소의 이름과 영들의 주님의 이름을 부인하는 자들에 관한 두 번째 비유이다. 그들은 하늘로 올라가지 못할 것이고 땅으로 내려오지도 못할 것이니, 이것이 곧 영들의 주님의 이름을 부인하여 고난과 환난의 날을 위하여 보존된 죄인들의 운명이라. 그날에 나의 택하신 자가 영광의 보좌에 앉아 그들의 행위를 살피리라. 그들의 안식처는 셀 수 없으리라. 그들이 내가 택한 자들과 나의 영광스러운 이름을 부른 자들을 볼 때 그들의 영혼은 강하게 되리라. 그때 내가 나의 택한 자를 그들 가운데 거하게 하리라. 나는 하늘을 변화시켜 그것을 영원한 복과 빛이 되게 하고 나는 땅을 변화시켜 복이 되게 할 것이다. 그리고 내가 나의 택함 받은 자들이 그 위에 거하게 하리라. 그러나 죄인들과 악을 행하는 자들은 그 위에 발을 들이지 못하리라. 이는 내가 나의 의인들을 평화로 공급하고 만족하게 하였으며 그들을 내 앞에 거하게 하였기 때문이다. 그러나 죄인들에게는 내로부터 임박한 심판이 있으니, 나는 그들을 지면에서 멸하리라.]

 사해문서로 다시 보는 에녹서

# 옛적의 주와 인자(46장)

## 제46장

사해 문서에는 없는 내용

[거기서 나는 날들의 머리(첫날)를 가진 분을 보았다. 그의 머리는 양털처럼 희었다. 그리고 사람과 같은 용모를 가진 다른 분이 그분과 함께 있었는데, 그의 얼굴은 은혜로 충만하였으며, 거룩한 천사들 중 하나와 같았다. 나는 나와 함께 가며 모든 숨겨진 것을 보여 준 천사에게 물었다. "인자(사람의 아들)는 누구이며, 어디서 왔고, 왜 날들의 머리와 함께 있습니까?" 그가 내게 대답하여 말했다. "인자께서는 의를 가지고 계시며, 의가 그와 함께 거한다. 그리고 그분께서는 숨겨져 있는 모든 보물들을 드러내 보이실 것이다. 이는 영들의 주님께서 그분을 택하셨기 때문이다. 정직함으로 인하여 영들의 주님 앞에서 그분의 받을 몫은 모든 다른 자들의 것보다 영원히 뛰어날 것이다. 네가 본 인자는 왕들과 권세 있는 자들을 그들의 자리에서 일으킬 것이며, [없음[60]] 강한 자들의 고삐를 풀고, 죄인들의 이빨을 부술 것이다. [없음[61]] 이는 그들이 그를 찬양하지 않고 그들에게 왕국이 어디서부터 주어졌는지를 겸손히 인정하지 않았기 때문이다. 그는 강한 자들의 얼굴을 낮추게 하고, 그들을 부끄러움으로 채울 것이다. 어둠이 그들의 거처가 되고, 구더기들이 그들의 침상에 있을 것이며, 그들은 침상에서 일어날 희망이 없을 것이니, 이는 그들이 영들의 주님의 이름을 찬양하지 않았기 때문이요, [없음[62]] 땅을 짓밟고 그 위에 거하려 했기 때문이니라. 그들

---

60 "강한 자들을 그들의 보좌에서 일으킬 것이고"라는 구절은 사해 문서나 다른 초기 사본에는 나타나지 않으며, 후대에 추가된 것으로 여겨진다.

61 "왕들을 그들의 보좌와 왕국들에서 끌어내릴 것이다."라는 구절은 사해 문서나 다른 초기 사본에는 나타나지 않으며, 후대에 추가된 것으로 여겨진다.

62 "지극히 높으신 분께 손을 들지 않으며"라는 구절은 사해 문서나 다른 초기 사본에는 나타나지 않으며, 후대에 추가된 것으로 여겨진다.

의 모든 행위가 불의를 드러내며, 그들의 권세는 재물에 기반하며, 그들의 믿음은 자신들의 손으로 만든 신들에게 있다. 그들은 영들의 주님의 이름을 부인하며, 그들은 그의 회중의 집들을 박해하고, 그리고 영들의 주님의 이름에 의지하는 신실한 자들을 핍박한다.]

## 의인들의 보복을 위한 기도와 그 성취의 기쁨(47장)

### 제47장

사해 문서에는 없는 내용

[그날들에 의인들의 기도가 올라가리라, 그리고 의인들의 피가 땅에서 영들의 주님 앞으로 올라갈 것이다. 그날들에 하늘들 위에 거하는 거룩한 자들이 흘려진 의인들의 피를 위해, 의인들의 기도가 영들의 주님 앞에서 헛되지 않도록, 그들을 위해 심판이 집행되도록, 그리고 그들이 영원히 고통받지 않도록 한목소리로 합쳐 간구하며 기도하고, 찬양하며 감사하고, 영들의 주님의 이름을 송축할 것이다. 그날들에 나는 '날들의 머리'께서 영광의 보좌에 앉으시는 것을 보았다. 그리고 생명의 책들이 그분 앞에 펴졌다. 하늘 위에 있는 그분의 모든 군대와 고문들이 그분 앞에 섰다. 거룩한 자들의 마음은 기쁨으로 충만하였다. 이는 의인들의 수가 바쳐졌으며 의인들의 기도가 들려졌고 의인들의 피가 영들의 주님 앞에 요구되었기 때문이다.]

## 제48장

사해 문서에는 없는 내용

[그곳에서 나는 마르지 않는(고갈되지 않는) 의의 샘을 보았다. 그 주위에는 많은 지혜의 샘들이 있었다. 모든 목마른 자들이 그것을 마셨고, 지혜로 충만하게 되었다. 그들의 거처는 의인들과 거룩한 자들, 택함 받은 자들과 함께 있었다. 그 시간에 인자께서는 영들의 주님 앞에서 호명되었고 그의 이름은 날들의 머리 앞에서 불려졌다. 참으로, 해와 징조가 창조되기 전, 하늘의 별들이 만들어지기 전에도, 그의 이름은 영들의 주님 앞에서 불려졌다. 그분께서는 의인들이 의지하여 쓰러지지 않게 하는 지팡이가 되실 것이다. 그분께서는 이방인들의 빛이 되실 것이며, 마음이 괴로운 자들의 소망이 되실 것이다. 땅에 거하는 모든 자들이 그분 앞에 엎드려 경배하고, 영들의 주님을 찬양하고 축복하며 노래로 기념할 것이다. 이 때문에 그분께서는 그분 앞에서 택함 받고 숨겨지셨다. 세상이 창조되기 전부터 영원토록 말이다. 영들의 주님의 지혜가 그분을 거룩하고 의로운 자들에게 드러내었다. 이는 그분께서 의인들의 몫을 지키셨기 때문이다. 그들은 불의의 세상을 미워하고 경멸했으며, 영들의 주님의 이름으로 그 모든 행위와 길을 미워하였다. 그들의 구원이 그분의 이름 안에서 이루어졌고, 그들의 생명에 관해서도 그분의 선하신 뜻에 따라 이루어졌느니라. 그날들에 땅의 왕들은 얼굴을 숙이게 될 것이며, 그들의 손으로 얻은 땅을 가진 강한 자들도 마찬가지이다. 그들의 고난과 환난의 날에 그들은 스스로를 구할 수 없으리라. 나는 그들을 나의 택한 자의 손에 넘기리라. 그들은 불 속의 짚처럼 거룩한 자들의 앞에서 타리라. 물속의 납처럼 의로운 자들의 앞에서 가라앉으리라. 그들의 흔적은 더 이상 찾아볼 수 없으리라. 그들의 환난의 날

에 땅에는 안식이 있으리라. 그들 앞에서 그들은 쓰러지고 다시 일어나지 못하리라. 그들을 손으로 들어 올릴 자도 없으리라. 그들이 영들의 주님과 그의 기름 부음 받은 자(메시아)를 부인했기 때문이다. 영들의 주님의 이름은 송축 받으소서.]

## 택한 자의 능력과 지혜(49장)

### 제49장

사해 문서에는 없는 내용

[지혜는 물처럼 쏟아지며, 영광은 그분 앞에서 영원히 사라지지 않는다. 그는 모든 의의 비밀 속에서 강력하며, 불의는 그림자처럼 사라지고, 계속됨이 없으리라. 이는 택함 받은 자가 영들의 주님 앞에 서 있으시기 때문이다. 그분의 영광은 영원토록 지속되며, 그분의 권능은 모든 세대에 미치리라. 그분 안에 지혜의 영이 거하며, 통찰의 영이 거하며, 이해와 능력의 영이 거하며, 의 안에서 잠든 자들의 영이 거한다. 그분은 은밀한 일들을 심판하시며, 그분 앞에서 거짓말을 할 자는 없으리라. 그분은 영들의 주님 앞에서 그분의 선한 뜻에 따라 택함 받은 자이시다.]

# 의인들의 영광과 승리, 이방인의 회개(50장)

## 제50장

사해 문서에는 없는 내용

[그날들에 거룩하고 택함 받은 자들에게 변화가 일어나리라. 날들의 빛이 그들 위에 머물 것이며, 영광과 영예가 거룩한 자들에게로 향하리라. 환난의 날에 죄인들을 향해서는 악이 쌓이겠지만, 의인들은 영들의 주님의 이름으로 승리하리라. 그분은 다른 이들로 이것을 보게 하시사 그들로 회개하고 그들의 손의 행위를 버리게 하시리라. 그들은 영들의 주님의 이름으로 영예를 얻지는 못하겠지만, 그분의 이름으로는 구원을 얻을 것이고, 영들의 주님께서는 그들에게 긍휼을 베푸시리라. 이는 그분의 자비는 위대하기 때문이다. 그분은 또한 심판에 있어서 의로우시며, 그분의 영광 앞에서 불의는 결코 서 있을 수 없을 것이다. 그분의 심판에서 회개하지 않는 자들은 그분 앞에서 멸망하리라. 그때 이후로 나는 더 이상 그들에게 자비를 베풀지 않을 것이라고 영들의 주님께서 말씀하신다.]

# 죽은 자들의 부활과 의인과 악인의 분리(51장)

## 제51장

사해 문서에는 없는 내용

[그날들에 땅도 자신에게 맡겨진 것을 돌려주리라. 스올도 자신이 받은 것을 돌려주리라. 지옥도 빚진 것을 돌려주리라. 그날들에 택함 받은 자가 일어나리라. 그분께서는 그 가운데서 의롭고 거룩한 자들을 선택하리라. 이는 그들이 구원을 받을 날이 가까워졌기 때문이다. 그날들에 택함 받은 자가 내 보좌에 앉으리라. 그분의 입은 모든 지혜와 조언의 비밀을 쏟아 내리라. 이는 영들의 주님께서 그것들을 그분에게 주시고 그분을 영화롭게 하셨기 때문이다. 그 날들에 산들은 숫양처럼 뛰리라. 언덕들도 젖에 만족한 새끼 양처럼 뛰놀리라. 하늘의 천사들의 얼굴은 기쁨으로 빛나리라. 땅은 즐거워하리라. 의인들이 그 위에 거하리라. 택함 받은 자들이 그 위를 걸으리라."]

# 5차 계시록의 일곱 언덕 여행(52장)

## 제52장

사해 문서에는 없는 내용

[그날들 이후, 내가 모든 숨겨진 것들의 환상을 보았던 그곳에서—나는 회오리바람에 휘말려 서쪽으로 옮겨졌었다—내 눈은 장차 하늘에 있을 모든 비밀을 보았다. 철[63]의 언덕[64], 구리의 언덕, 은의 언덕, 금의 언덕, 연한 금속의 언덕, 납의 언덕이었다.

나는 나와 함께 간 천사에게 물었다. "내가 은밀히 본 이것들은 무엇입니까?" 그가 내게 말했다. "네가 본 이 모든 것들은 그분의 기름 부음을 받은 자(메시아)의 주권을 섬기리니, 그가 땅 위에서 강하고 위엄 있게 되게 하려 함이니라." 평화의 천사가 내게 대답하여 말했다. "잠시 기다리라, 그러면 영들의 주님을 둘러싼 모든 비밀이 너에게 드러날 것이다. 그리고 네 눈이 본 이 언덕들, 철의 언덕, 구리의 언덕, 은의 언덕, 금의 언덕, 연한 금속의 언덕, 납의 언덕, 이 모든 것들은 택함 받은 자 앞에서 불 앞에서의 밀랍처럼, (그 언덕들) 위에서 내려오는 물처럼 될 것이며, 그들은 그의 발 앞에서 힘을 잃으리라. 그날들에 아무도 구원받지 못하리니, 금이나 은으로도 구원받지 못하리라. 그 누구도 피할 수 없으리라. 전쟁을 위한 철도 없으며, 흉갑을 입는 자도 없으리라. 청동은 쓸모없고, 주석도 쓸모없어 돌아보지도 않을 것이고, 납도 필요로 하지 않을 것이다. 이 모든 것들은 택함 받은 자가 영들의 주님 앞에 나타날 때, 지면으로부터 파멸될 것이다."]

---

63  이 언덕들은 시칠리아섬과 상대적으로 인접한 이탈리아 본토 로마의 일곱 언덕, 곧 요한계시록 17:9의 일곱 언덕으로 추정된다.

64  41p, 각주 31번 참고

## 제53장

사해 문서에는 없는 내용

[내 눈은 입을 벌린 깊은 골짜기[65]를 보았다. 땅과 바다와 섬에 사는 모든 자들이 그에게 예물과 선물과 경배의 표식을 바칠 것이지만, 그 깊은 골짜기는 결코 가득 차지 않을 것이다. 그들의 손은 불법을 행하며, 죄인들은 자신들이 불법으로 억압한 모든 자들을 삼킨다. 그러나 죄인들은 영들의 주님 앞에서 멸망하리라. 그들은 그분의 땅에서 쫓겨나며, 영원히, 끝없이 멸망하리라. 나는 그곳에서 징벌의 모든 천사들이 머무르며 사탄의 모든 도구들을 준비하는 것을 보았다. 나는 나와 함께 있던 평화의 천사에게 물었다. "그들은 이 도구들을 누구를 위해 준비하는 것입니까?" 그가 내게 말했다. "그들은 이 도구들을 땅의 왕들과 권세자들을 멸망시키기 위해 준비하고 있다. 그 후에, 의롭고 택함 받은 분께서 그분의 회중의 집을 나타나게 하실 것이다. 그때부터 그들은 영들의 주님의 이름 안에서 더 이상 방해 받지 않으리라. 이 언덕들은 그분의 의로움 앞에서 땅처럼 서 있지 못할 것이다. 이 언덕들은 물의 샘처럼 될 것이다. 그리고 의인들은 죄인들의 압제에서 쉼을 얻으리라."]

---

65 67장 등 에녹 1서에서의 전반적인 묘사를 고려할 때 이는 화산으로 보인다.
▶ Side Notes 30

# 노아 전승: 첫 세상 심판(54~55장)

## 제54장

사해 문서에는 없는 내용

[나는 바라보고 다른 곳으로 시선을 돌렸다. 그곳에서 불타는 깊은 골짜기를 보았다. 그들은 왕들과 권세 있는 자들을 끌고 와 이 깊은 골짜기에 던지기 시작했다. 그곳에서 내 눈은 그들이 어떻게 그들의 고문 도구들과 잴 수도 없는 무게의 쇠사슬들을 만들었는지 보았다. 나는 나와 함께 있던 평화의 천사에게 물었다. "이 사슬들은 누구를 위해 준비되는 것입니까?" 그가 내게 말했다. "이 사슬들은 아자젤의 군대를 위해 준비되는 것이다. 그들이 이를 잡아 완전한 심판의 깊음에 던지기 위해서이며, 영들의 주께서 명하신 대로 그들의 턱을 거친 돌로 막으리라. 그리고 미가엘, 가브리엘, 라파엘, 파누엘이 그 큰 날에 그들을 붙잡을 것이며, 그날에 그들을 불타는 용광로에 던지리라. 이는 영들의 주님께서 그들이 사탄에게 복종하고 땅에 거하는 자들을 미혹한 불의에 대해 그들에게 보복하실 것이기 때문이다. 그날들에 영들의 주님께서 형벌을 내리시리라[66]."]

---

[66] "그분은 하늘 위에 있는 모든 물의 방들을 열고, 땅 아래에 있는 샘들도 열리라. 모든 물들이 물과 합쳐지리라: 하늘 위의 물은 남성적이며, 땅 아래의 물은 여성적이다. 그들은 땅에 거하는 모든 자들과 하늘 아래 거하는 자들을 멸하리라. 그들이 땅에서 행한 불의를 깨닫는 날, 그때 이 물들로 인해 그들은 멸망하리라."라는 구절은 사해 문서에 등장하지 않으며, 54장 자체가 원래 사해 문서에 없는 내용이다. 물을 두 가지로 나누고 성별을 부여하는 것은, 메소포타미아 신화의 압주(남신)와 티아마트(여신)의 사례에서도 알 수 있듯이, 성경적이지 않은 이교도적 관습이다.

## 제55장

사해 문서에는 없는 내용

[그 후에 날들의 머리께서 뉘우치시며 말씀하셨다. "나는 땅에 사는 모든 자들을 헛되이 멸망시켰도다." 그분은 자신의 위대한 이름으로 맹세하셨다. "이제부터는 땅 위에 사는 모든 자들에게 다시는 그렇게 하지 않으리라. 그리고 내가 하늘에 한 징표를 두리니, 이것은 나와 그들 사이의 영원한 신실함의 표징이 되리라. 하늘이 땅 위에 있는 한 그리하리라. 이것은 나의 명령에 따른 것이다. 내가 환난과 고통의 날에 천사들의 손으로 그들을 붙잡고자 할 때, 나의 징벌과 진노가 그들 위에 머물게 하리라." 주 곧 영들의 하나님께서 말씀하신다. "땅에 거하는 권세 있는 왕들아, 너희는 나의 택한 자를 보게 되리라. 그가 영광의 보좌에 앉아, 영들의 주님의 이름으로 아자젤과 그의 모든 동료들, 그의 모든 군대를 심판하는 것을 보게 되리라."]

# 제56장



[나는 그곳에서 형벌의 천사들의 무리들이 가는 것을 보았다. 그들은 쇠와 청동으로 된 채찍과 사슬을 들고 있었다. 나는 나와 함께 가던 평화의 천사에게 물었다. "이 채찍을 든 자들은 누구에게 가는 것입니까?" 그가 내게 이르되, "그들은 그들의 택함 받은 자들과 사랑받는 자들에게 가서, 그들을 골짜기의 깊은 심연의 틈에 던지려 함이라. 그리하여 그 골짜기는 그들의 택함 받은 자들과 사랑받는 자들로 가득 차게 될 것이다. 그들의 생명의 날들이 끝나게 될 것이며, 그들이 사람들을 미혹하던 날들은 그 후로 더 이상 헤아려지지 않을 것이다. 그날들에 천사들이 돌아올 것이며, 동쪽으로, 파르티아인들과 메대인들에게 던져질 것이다. 그들은 왕들을 선동하여, 불안의 영이 그들에게 임하게 할 것이며, 그들을 그들의 보좌에서 일으켜 세울 것이다. 그들이 굴에서 나오는 사자들처럼 터져 나오게 하려 함이라. 또한 그들의 양 떼 가운데 있는 굶주린 이리들처럼 될 것이다. 그들은 올라가서 그분의 택함 받은 자들의 땅을 밟을 것이다. [없음[67]] 하지만, 나의 의인들의 성읍은 그들의 말들에게 장애가 될 것이다. 그리고 그들은 서로 싸우기 시작할 것이다. 그들의 오른손은 자기들끼리 맞서 강하게 될 것이며, 한 사람이 자기 형제를 알지 못하게 될 것이고, 아들도 자기 아버지나 어머니를 알지 못하게 될 것이다. 그들의 살육으로 시체의 수를 셀 수 없게 될 때까지, 그들의 형벌이 헛되지 않게 될 것이다. 그날들에 스올이 그 입을 벌릴 것이며, 그들은 그 안에 삼켜질 것이다. 그리고 그들의 멸망이 끝나게 될 것이다. 스올이 택함 받은 자들 앞에서 죄인들을 삼킬 것이다."

---

67 "그분의 택함 받은 자들의 땅은 그들 앞에서 타작마당과 대로가 될 것이다."라는 구절은 사해 문서나 다른 초기 사본에는 나타나지 않으며, 후대에 추가된 것으로 여겨진다.

<h2 style="text-align:center">흩어진 자들의 귀환(57장)</h2>

### 제57장

사해 문서에는 없는 내용

[이 일 후에 또 다른 수레들의 무리와, 그 위에 탄 사람들을 보았으며, 그들이 동쪽과 서쪽으로부터 바람을 타고 남쪽으로 오는 것을 보았다. 그들의 수레 소리가 들렸고, 이 소란이 일어났을 때, 하늘의 거룩한 자들이 그것을 알아차렸다. 그리고 땅의 기둥들이 제자리를 떠나 흔들렸으며, 그 소리가 하늘의 이 끝에서 저 끝까지, 하루 동안 들려 퍼졌다. 그들이 모두 엎드려 영들의 주님께 경배할 것이다. 이것이 두 번째 비유의 끝이다.]


<h2 style="text-align:center">성도들의 복됨(58장)</h2>

### 제58장

사해 문서에는 없는 내용

[나는 의인들과 택함 받은 자들에 관한 세 번째 비유를 말하기 시작하였다. "복이 있도다, 너희 의인들이여, 너희 택함 받은 자들이여, 너희의 분깃이 영화로울 것이기 때문이다. 의인들은 태양의 빛 가운데 거하리라. 택함 받은 자들은 영원한 생명의 빛 가운데 거하리라. 그들의 생명의 날들은 끝이 없을 것이며, 거룩한 자들의 날들도 셀 수 없을 것이다. 그들은 빛을 구하여 영들의 주님 안에서 의를 발견할 것이다. 영원하신 주님의 이름 안에서 의인들에게 평화가 있으리라." 그 후에 하늘의 거룩한 자들에게 이렇게 말해질 것이다. "너희는 의의 비밀과 믿음의 유산을 찾으라. 이는 그것이 땅 위에서 햇빛처럼 밝아졌기 때문이라. 그리고 어둠은 지나갔느니라. 그



사해문서로 다시 보는 에녹서

리하여 사라지지 않는 빛이 있으리라. 그들은 날들의 끝에 이르지 아니하리라. 이는 먼저 어둠이 멸망하였기 때문이라. [없음[68]] 정직함의 빛이 영원히 영들의 주님 앞에 세워질 것이니라."]

## 빛들과 천둥(59장)

### 제59장[69]

사해 문서에는 없는 내용

[그날들에 나의 눈이 번개와 빛의 비밀과, 그들이 행하는 심판의 비밀을 보았다. 그들은 영들의 주님께서 뜻하시는 대로 복을 위하여, 혹은 저주를 위하여 번개를 발하였다. 그리고 그곳에서 나는 우레의 비밀을 보았다. 하늘 위에서 그것이 울릴 때, 그 소리가 들려 퍼지는 것을 보았다. 그리고 그분은 나로 하여금 땅 위에서 이루어지는 심판들을 보게 하셨다. 그것이 평안과 복을 위한 것이든, 혹은 영들의 주님의 말씀에 따라 저주를 위한 것이든 간에 말이다. 그 후에 모든 빛들과 번개의 비밀들이 내게 보이게 되었으며, 그들은 복과 충만함을 위하여 빛을 발하였다.]

---

68 "그리고 빛이 영들의 주님 앞에 세워졌기 때문이라."라는 구절은 사해 문서나 다른 초기 사본에는 나타나지 않으며, 후대에 추가된 것으로 여겨진다.
69 이 장은 사해 문서나 다른 초기 사본에는 나타나지 않으며, 후대에 추가된 것으로 여겨진다.

# 하늘의 진동, 리워야단과 짐승들[70], 원소들(60장)

## 제60장

사해 문서에는 없는 내용

[그의 생애 500년에, 일곱째 달, 그달의 열넷째 날에. 그 비유에서 나는 거대한 진동이 하늘들의 하늘을 흔드는 것을 보았다. 지극히 높으신 분의 군대와 천사들, 천천만과 만만이 큰 혼란으로 동요하였다. 날들의 주께서 그 영광의 보좌에 앉으시고, 천사들과 의인들이 그 주위를 둘러섰다. 나는 큰 떨림에 사로잡혔다. 두려움이 나를 덮쳤으며, 내 허리도 무너졌고, 내 심장이 흔들리고 힘이 빠졌다.

나는 얼굴을 땅에 대고 엎드렸다. 미가엘이 거룩한 자들 중 또 다른 천사를 보내어 나를 일으켰다. 그가 나를 일으키자 내 영이 돌아왔다. 나는 이 군대의 광경과 하늘의 소란과 진동을 견딜 수 없었다. 미가엘이 내게 이르되, "너는 어찌하여 이런 환상으로 혼란스러워하느냐? 오늘까지가 그분의 자비의 날이었고, 땅에 사는 이들에게 그분은 자비롭고 오래 참으셨다. 그리고 날과 권능과 형벌과 심판이 임할 때, 영들의 주님께서 의로운 법을 경배하지 아니하는 자들과 의로운 심판을 부인하는 자들, 그리고 그분의 이름을 헛되이 부르는 자들을 위하여 준비하신 날이 임하리라. 그날은 택함받은 자들에게는 언약이, 죄인들에게는 심판이 준비된 날이다. 영들의 주님의 형벌이 그들에게 임할 때, 그것은 헛되지 않도록 임할 것이며, 그 형벌은 자녀들을 어머니와 함께, 자녀들을 아버지와 함께 죽일 것이다. 그 후 심판은 그분의 자비와 인내에 따라 이루어질 것이다." 그날에 두 악령들이 나뉘었는데, 하나는 리워야단[71]이라 불리며, 물들의 근원들 위의 바다의 깊

---

70 베헤못 ▶ Side Notes 70

71 욥기의 리워야단은 시편 104:26의 리워야단과 마찬가지로 자연의 동물이지만, 에녹 1서의 리워야단은 영적 존재로서 악령에 해당한다. 성서에서 뱀이 실제 동물을 가리킬 때도 있지



사해문서로 다시 보는 에녹서

음들에 거하게 되었다. 그러나 다른 하나는 '짐승들'이라 불리며, 그 가슴으로 두다인[72]이라 불리는 광야를 차지하고 있었다. 그곳은 택함 받은 자들과 의인들이 거하는 동산의 동편에 위치하였으며, 영들의 주님께서 창조하신 첫 사람 아담의 칠대손인 내 조부가 들어 올려진 곳이었다.

나는 다른 천사에게 청하여 그 악령들의 힘을 보여 달라고 간청하였다. 그것들이 어떻게 하루 만에 나뉘어 하나는 바다의 심연으로, 다른 하나는 마른 광야로 던져졌는지를 보여 달라고 하였다. 그가 내게 이르되, "인자여, 너는 여기에서 숨겨진 것을 알기를 구하는구나." 그리고 나와 함께 간 다른 천사는 높이 있는 저 하늘에서부터 땅속 깊은 곳과 하늘 가장 높은 곳들과 하늘 공간에 이르기까지 처음과 마지막이 무엇인지를 내게 보여 주었다. 바람들의 창고들과 바람들이 어떻게 나뉘는지와 그것들의 무게가 어떻게 측량되는지와 바람의 힘에 따라 각 바람의 문들이 어떻게 계수되는지와 그 적합한 힘에 따른 달빛의 힘과 별들로부터 나오는 그 광선들의 이름에 따른 구분들과 그 모든 구분이 어떻게 이루어지는지 보여 주었다. 천둥이 떨어지는 각 장소에 따라 분류되는 것, 번개가 번쩍일 수 있도록 나누어지는 것 그리고 그 무리가 한순간에 복종하는 것을 보여 주었다. 천둥에게는 천둥의 울림을 기다리는 동안 머무를 장소들이 할당되어 있다. 천둥과 번개는 떼어 낼 수 없으며, 하나가 아니지만 분리되지 않는다. 그들은 영(바람)을 통해 함께 가고 갈라지지 않는다. 번개가 번쩍일 때 천둥이 그 소

---

만, 민수기 21장에서는 예수 그리스도의 상징으로 사용된 것과 유사하다. 이는 베헤못도 마찬가지이다. ▶ Side Notes 71

**72** 10장의 아자젤이 갇힌 두다엘과 동일한 곳으로 추정된다. 아람어 דודין은 '가마솥들/냄비들'이라는 뜻이며, דודיאל은 '하나님의 가마솥들/냄비들'이라는 뜻이다. 108장과 10장에서 모두 지옥은 광야이자 땅이 없는 곳으로 기록되기에 60장의 두다인(dūdīn) 광야는 지옥으로 볼 수 있다. 이어지는 문장에서 천국과 대조된다는 것을 보면 이곳이 지옥임을 알 수 있다. 참고로, 에트나산과 에트나산이 있는 시칠리아 모두 일곱 언덕이 있는 로마를 기준으로 동쪽에 위치하였다.

리를 내며, 그 울리는 동안 영이 잠시 멈춤을 주고, 그 사이를 공평하게 나눈다. 그 울림의 창고는 모래와 같으며, 각각의 천둥과 번개는 울릴 때 고삐로 붙들려 있고, 영의 힘에 의해 뒤로 밀려나기도 하며 지구의 여러 방향을 따라 앞으로 밀려 나가기도 한다. 바다의 영은 강력하다. 그는 자신의 힘에 따라 고삐로 그것을 끌어당겨 뒤로 물러나게도 하며 앞으로 보내기도 하고 땅의 모든 산들 사이로 흩어진다. 흰 서리의 영은 그 자신만의 천사이며, 우박의 영은 선한 천사이다. 눈의 영은 그의 힘 때문에 자기 방을 떠났으며, 그 안에는 연기와 같이 올라가는 특별한 영이 있는데 이름은 서리이다. 안개의 영은 창고 안에 있는 다른 영들과 합쳐져 있지 않고, 특별한 창고를 가지고 있다. 그 경로는 빛과 어둠 속에서도, 겨울과 여름에도 영광스럽다. 그리고 그 창고 안에는 한 천사가 있다. 이슬의 영은 하늘 높은 곳에 거처를 두며, 비의 창고들과 연결되어 있고, 그 경로는 겨울과 여름에 있다. 이슬의 구름과 안개의 구름은 연결되어 있으며, 서로 주고받는다. 비의 영이 자기 창고에서 나갈 때, 천사들이 와서 창고을 열고 그를 데리고 나온다. 그가 온 지구에 퍼질 때, 지상의 물과 합쳐진다. 그리고 그것이 지상의 물과 합쳐질 때마다 …… 물은 땅에 사는 자들을 위한 것이다. 이는 하늘에 계신 지극히 높으신 분으로부터 땅에 주어지는 양식이기 때문이다. 그러므로 비에는 정해진 양이 있으며, 천사들이 그것을 맡아 관리한다. 그리고 나는 의인들의 동산을 향하여 보았다. 나와 함께 있던 평화의 천사가 내게 이르되, "이 두 악령은 하나님의 위대함에 맞게 준비된 것으로, …… 먹으리라 ……"]

　　　　　　　　　　　　사해문서로 다시 보는 **에녹서**

## 천사들이 낙원을 측량하러 가다: 택한 자에 의한 의인들의 심판(61장)

## 제61장

사해 문서에는 없는 내용

[나는 그날들에 천사들에게 긴 줄들이 주어지는 것을 보았다. 그들은 날개를 붙이고 날아 북쪽으로 갔다. 나는 천사에게 물었다. "저 천사들이 왜 그 줄들을 가져가고 떠났습니까?" 그가 내게 이르되, "그들은 측량하러 간 것이다." 그리고 나와 함께 간 천사가 내게 말하였다. "이들은 의인들을 위한 측량 도구들을 가져오리라. 의인들의 줄을 의인들에게 가져오며, 그들이 영들의 주님의 이름 안에서 영원히 머무르도록 하기 위함이라. 택함 받은 자들은 택함 받은 자들과 함께 거하기 시작하리라. 이것이 믿음에게 주어질 측량들이며, 또한 의를 강하게 할 것이다. 이 측량들은 깊음의 모든 비밀을 드러낼 것이며, 사막에서 멸망한 자들을, 짐승에게 삼켜진 자들을, 바다의 물고기에게 삼켜진 자들을 드러낼 것이고, 그들로 돌아와 택함 받은 자의 날에 머무르도록 하게 하기 위함이라. 영들의 주님 앞에서 멸망할 자는 없으며, 또한 누구도 멸망할 수 없다. 하늘에 거하는 모든 자들은 명령과 권능을 받았으며, 하나의 목소리와 불과 같은 한 빛을 받았다. 그들은 첫 말로 주님을 송축하였으며, 지혜롭게 찬미하고 칭송하였으며, 말과 생명의 영 안에서 지혜로웠다. 영들의 주님께서 택함 받으신 분을 영광의 보좌에 앉히셨다. 그분은 하늘 위에 있는 거룩한 자들의 모든 행위를 심판하실 것이다. 그들의 행위는 저울에 달릴 것이며, 그분은 영들의 주님의 이름의 말씀에 따라 그들의 은밀한 길을 심판하시기 위해 얼굴을 드실 때, 그들의 길은 영들의 주님의 의로운 심판의 길에 따라 심판될 것이며, 그때 그들은 모두 한목소리로 말하고 송축하며, 영들의 주님의 이름을 영화롭게 하고 찬양하며 거룩하게 하리라. 그분은 하늘의 모든 군대와 위에 있는 모든

거룩한 자들을 부르실 것이다. 그리고 하나님의 군대, 곧 그룹, 스랍, 바퀴[73]를 부르시며, 권능의 모든 천사들과 주권의 모든 천사들을, 택함 받으신 분과 땅과 물 위에 있는 다른 권세들을 부르실 것이다. 그날에 모두 한목소리를 높여 축복하고 영화롭게 하며 높이 찬양할 것이다. 믿음의 영 안에서, 지혜의 영 안에서, 인내의 영 안에서, 자비의 영 안에서, 심판과 평화의 영 안에서, 선함의 영 안에서, 모두 한목소리로 말하리라. '그분은 복되시며, 영들의 주님의 이름이 영원히 찬송받으시길. 하늘 위에서 잠들지 않는 모든 자들이 그분을 찬송하리라. 하늘에 있는 모든 거룩한 자들이 그분을 찬송하며, 생명의 동산에 거하는 모든 택함 받은 자들도 그분을 찬송하리라. 축복하고 영화롭게 하며 높이고 거룩하게 할 수 있는 모든 빛의 영들도 그분의 복되신 이름을 찬송하리라. 모든 육체가 그분의 이름을 영원히 측량할 수 없을 만큼 영화롭게 하고 찬송하리라. 영들의 주님의 자비는 크시며, 그분은 오래 참으신다. 그분의 모든 행위와 창조하신 모든 것들을 의인들과 택함 받은 자들에게 영들의 주님의 이름으로 드러내셨다.'"]

---

73 에스겔 1:15의 천사

 사해문서로 다시 보는 **에녹서**

# 왕들과 권세자들의 심판과 의인들의 복됨(62장)

## 제62장

사해 문서에는 없는 내용

[그리하여 주님께서 왕들과 권세 있는 자들과 높임 받은 자들, 그리고 땅에 사는 자들에게 명령하시며, 말씀하시되, "너희가 택함 받은 자를 알아볼 수 있다면 눈을 열고 뿔을 들어라." 영들의 주님께서 그를 그분의 영광의 보좌에 앉히셨다. 그에게 의의 영이 부어졌다. 그의 입의 말씀이 모든 죄인을 죽이며, 모든 불의한 자들이 그의 얼굴 앞에서 멸망하였다. 그날에 모든 왕들과 권세 있는 자들이 일어서며, 높임 받은 자들과 땅을 다스리는 자들도 일어설 것이다. 그들은 그가 영광의 보좌에 앉아 있는 것을 보고 알게 될 것이다. 의(의인들)는 그의 앞에서 심판받을 것이며, 그의 앞에서는 거짓된 말이 없을 것이다. 그때 그들에게 산고를 겪는 여인과 같은 고통이 임하며, 그녀가 아이가 태어나려 할 때 겪는 산고와 같은 고통을 그들이 겪으리라. 그들 중 한 무리가 다른 무리를 바라보고, 그들은 두려움에 사로잡히며, 얼굴빛이 어두워지며, 그들이 인자께서 영광의 보좌에 앉아 있으신 것을 볼 때 고통이 그들을 사로잡으리라. 모든 왕들과 권세 있는 자들, 그리고 땅을 가진 자들이 숨겨졌던 만유의 통치자를 축복하고 영화롭게 하며 찬양하리라. 인자는 태초부터 숨겨졌기 때문에 지극히 높으신 분께서 그를 자신의 권능 앞에서 지켜 주셨으며, 택함 받은 자들에게 그를 드러내셨다. 택함 받은 자들과 거룩한 자들의 회중이 심어질 것이며, 그날 모든 택함 받은 자가 그의 앞에 설 것이다. 모든 왕들과 권세 있는 자들, 높임 받은 자들, 그리고 땅을 다스리는 자들이 그의 앞에 얼굴을 땅에 대고 엎드릴 것이다. 그들은 예배하며, 인자에게 그들의 소망을 두리라. 그에게 간구하며, 그의 손에서 자비를 구하리라. 그러나 영들의 주님께서 그들을 엄하게

압박하셔서, 그들이 급히 그분의 면전에서 나가게 하실 것이다. 그들의 얼굴은 수치로 가득 차며, 그들의 얼굴 위에 어둠이 더욱 깊어지리라. 그분은 그들을 천사들에게 형벌을 위해 넘기시며, 그들이 하나님의 자녀들과 택함 받은 자들을 억압했기 때문에 복수를 시행하게 하리라. 그들은 의인들과 하나님의 택함 받은 자들에게 구경거리가 될 것이며, 의인들은 그들을 보고 기뻐할 것이니, 이는 영들의 주님의 진노가 그들에게 임했기 때문이다. 그분의 칼은 그들의 피로 흠뻑 젖어 있을 것이다. 그날에 의인들과 택함 받은 자들은 구원을 받을 것이며, 그들은 이후로 다시는 죄인과 불의한 자들의 얼굴을 보지 않으리라. 영들의 주님께서 그들 위에 머무르시며, 인자와 함께 그들은 먹고 누우며 일어나 영원히 살아가리라. 의인들과 택함 받은 자들은 땅에서 일어나, 얼굴빛이 어두웠던 것이 사라질 것이다. 그들은 영광의 옷을 입게 될 것이며, 이 옷은 영들의 주님께로부터 오는 생명의 옷이 될 것이다. 너희의 옷은 낡지 않을 것이며, 너희의 영광도 영들의 주님 앞에서 사라지지 않을 것이다.]

## 왕들과 권세자들의 헛된 회개(63장)

### 제63장

사해 문서에는 없는 내용

[그날들에 땅을 가진 권세 있는 자들과 왕들이, 자신들이 넘겨진 형벌의 천사들에게서 잠시라도 안식을 허락해 달라고 간청하리라. 그들이 영들의 주님 앞에 엎드려 경배하고, 그분 앞에서 자신들의 죄를 고백할 수 있도록 하기 위함이라. 그들은 영들의 주님을 송축하고 영화롭게 하며, 이렇게 말하리라. "영들의 주님과 모든 왕의 주님께서는 송축 받으소서. 권세 있는

자들의 주님과 부자들의 주님도, 영광의 주님과 지혜의 주님도, 모든 비밀 속에서 찬란히 나타나는 주님의 권능은 대대로 이어지며, 주님의 영광은 영원히 계속되나이다. 주님의 모든 비밀은 깊고 셀 수 없으며, 주님의 의는 헤아릴 수 없나이다. 이제 우리는 모든 왕의 왕이신 주님을 영화롭게 하고 송축해야 함을 깨달았나이다.” 그들은 이렇게 말하리라. “주님의 영광 앞에서 영화롭게 하고 감사하며, 믿음을 고백할 수 있는 안식이 있기를 바라나이다! 지금 우리는 잠시라도 안식을 바라지만 찾지 못하나이다. 우리는 간절히 구하나 얻지 못하나이다. 우리의 앞에서 빛은 사라졌고, 어둠이 영원히 우리의 거처가 되었나이다. 우리는 주님 앞에서 믿지 않았으며, 영들의 주님의 이름을 영화롭게 하지도 않았나이다. 우리의 희망은 왕국의 홀과 우리의 영광에 있었나이다. 고난과 재난의 날에 그분은 우리를 구하지 아니하시고, 우리는 ‘주님께서 그분의 모든 행위와 심판, 정의 안에서 참되시다’라고 고백할 안식을 얻지 못하였나이다. 그분의 심판은 사람을 차별하지 아니하시나이다. 우리는 우리의 행위 때문에 그분 앞에서 떠나가며, 모든 죄가 의로움 안에서 헤아려지나이다.” 이제 그들은 스스로 말하리라: “우리의 영혼은 불의한 탐욕으로 가득하지만, 그것이 우리로 하여금 그 속에서 내려가 스올의 집 속으로 들어가는 것을 막지 못하리라.” 그 후 그들의 얼굴은 어둠과 수치로 가득 차 인자 앞에 서게 되리라. 그들은 그의 면전에서 쫓겨나리라. 그들 가운데 칼이 그의 얼굴 앞에 머물러 있으리라. 영들의 주님께서 말씀하시되, “이것이 영들의 주님 앞에서 권세 있는 자들과 왕들, 높임 받은 자들, 그리고 땅을 가진 자들에 대한 법령과 심판이니라.”]

# 형벌의 장소에서 본 타락한 천사들의 환상(64장)

## 제64장

사해 문서에는 없는 내용

[또 그곳에 숨겨진 다른 형체들을 내가 보았노라. 나는 천사의 음성을 들었는데, 그가 이르되, "이들은 땅에 내려와 사람의 자녀들에게 숨겨진 것들을 드러내고, 사람의 자녀들을 꾀어 죄를 짓게 한 천사들이니라."]

# 에녹이 노아에게 홍수와 구원을 예언함(65장)

## 제65장

사해 문서에는 없는 내용

[그날들에 노아는 땅이 가라앉고 멸망이 임박한 것을 보았노라. 그는 그곳에서 일어나 땅 끝까지 가서, 외쳐 그의 조부 에녹에게 부르짖었노라. 노아는 세 번 쓰라린 소리로 말하였다. "들으소서, 들으소서, 들으소서." 내가 그에게 말하였다. "땅에서 무슨 일이 일어나 땅이 이처럼 악한 상태로 흔들리는 것입니까? 내가 혹시 그와 함께 멸망할까 두렵습니다. 알려 주소서." 그 즉시 땅에 큰 소동이 일어났고, 하늘에서 음성이 들려, 내가 얼굴을 땅에 대고 엎드렸노라. 나의 조부 에녹이 와서 내 곁에 서며 말하였다. "왜 너는 쓰라린 울음과 눈물로 내게 부르짖었느냐?" 땅에 거하는 자들에 관한 명령이 주님 앞에서 나갔노라. 그들의 멸망은 이미 정해졌는데, 이는 그들이 천사들의 모든 비밀과 사탄들의 모든 폭력과 그들의 권능, 특히 가장 비밀스러운 권능까지 배웠으며, 점술을 행하는 자들의 모든 권능, 점술의 권능, 온 땅을 위하여 부어 만든 우상들을 만드는 자들의 권능까지 배웠기 때



사해문서로 다시 보는 에녹서

문이다. [없음[74]] 그 후 나의 조부 에녹이 내 손을 잡아 일으키며 말하였다. "가거라. 내가 땅의 이 소동에 관해 영들의 주님께 물어보았노라." 그분께서 내게 말씀하시되, "그들의 불의 때문에 그들의 심판은 이미 결정되었으며, 내가 영원히 지체하지 아니하리라. 그들이 추구하고 배운 점술 때문에, 땅과 그 위에 거하는 자들이 멸망할 것이다. 그들에게는 회개의 여지가 영원히 없나니, 이는 그들이 감추인 것들을 그들(인간들)에게 보여 줌으로 저주를 받았기 때문이니라. 그러나 내 아들아, 너에 대하여 영들의 주님께서는 네가 깨끗하며, 이 비밀들과 관련한 책망에 있어서 순전하고 무죄함을 아신다. 그분께서는 네 이름을 거룩한 자들 중에 두셨으며, 땅에 거하는 자들 가운데 너를 지켜 주시리라. 그분께서는 네 의로운 후손들을 왕권과 큰 영예를 위하여 예정하셨으며, 네 후손으로부터 무수히 많은 의롭고 거룩한 자들의 샘이 영원히 나리라."]

---

74 "또한 은과 연한 금속이 땅이 생성한 생산물이라는 것과 땅이 그것들을 어떻게 생성하는지를 알게 되었음이라. 하지만, 납과 주석은 이들처럼 땅에서 생성되지 아니하나니, 이는 그것을 생산하는 샘이 있으며, 그 안에는 천사가 서 있는데, 그 천사는 뛰어난 자라."라는 구절은 사해 문서에 등장하지 않으며, 65장 자체가 원래 사해 문서에 없는 내용이다.

## 물의 천사들이 억제 명령을 받음(66장)

### 제66장

사해 문서에는 없는 내용

[그 후 그는 내게 형벌의 천사들을 보여 주었으니, 그들은 땅 아래에 있는 모든 물의 권능을 풀어 땅에 거하는 모든 자에게 심판과 멸망을 내리도록 준비되어 있었노라. 영들의 주님께서 나아가는 천사들에게 명령하시되, 물이 솟아오르게 하지 말고 억제하라 하셨도다. 이는 그 천사들이 물의 권능을 관장하고 있었기 때문이라. 나는 에녹의 면전에서 떠났노라.]


## 노아에게 주어진 하나님의 약속과 천사들과 왕들의 벌(67장)

### 제67장

사해 문서에는 없는 내용

[그날들에 하나님의 말씀이 내게 임하시사 이르시되, "노아야, 네 몫이 내 앞에 이르렀도다. 흠이 없는 몫, 사랑과 정직의 몫이로다. 이제 천사들이 나무로 된 구조물을 만들고 있나니, 그 일을 마치면 내가 그 위에 내 손을 얹어 그것을 보존하리라. 그 안에서 생명의 씨가 나오리라. 그리고 변화가 일어나리니, 땅이 다시는 거주자 없는 상태로 남지 아니하리라. 내가 네씨를 내 앞에서 영원히 굳게 세우리라. 또 너와 함께 거하는 자들을 온 세상에 흩으리라. 그들은 땅 위에서 열매 맺지 못하지 아니하고, 주의 이름으로 복을 받아 땅 위에 번성하리라." 그리고 그분은 불의함을 드러낸 그 천사들을 서쪽의 불타는 골짜기[75]에 가두시리니, 그것은 내 조부 에녹이 전에

---

75 에녹 1서의 불타는 서쪽의 골짜기는 이탈리아 시칠리아섬의 에트나산을 가리켰을 것으로 추정되며, 이 장은 이곳에서 에녹이 보았을 지옥에 대한 환상에 대한 것으로 보인다.

　　　　　　　　　　　　　사해문서로 다시 보는 **에녹서**

내게 보여 준 금과 은과 철과 연하고 주석 같은 언덕들[76] 인근[77]에 있던 골짜기라. 나는 그 골짜기를 보았는데, 그 안에는 큰 요동과 물의 격변이 있었노라. 이 모든 일이 일어날 때, 그 불타는 용융된 금속과 그곳의 격변으로부터 유황의 냄새가 피어올랐도다. 그리고 그것이 그 물들과 서로 섞였다. 사람들을 미혹시켰던 천사들의 그 골짜기는 그 땅 밑에서 불타고 있었다. 그 골짜기들 사이로 불의 시내가 흘러나오며, 그 속에서 땅 위의 사람들을 미혹시킨 천사들이 형벌을 받았다. 그러나 그날들에 그 물들은 왕들과 권세자들과 높임 받은 자들과 땅에 거하는 자들에게 육체의 치료를 위하여 쓰이게 될 것이지만, 또한 영들의 형벌을 위해서도 쓰이게 될 것이다. 그들의 영은 욕망으로 가득 차서, 그들이 그 육체로 형벌을 받게 되었노라. 이는 그들이 영들의 주님을 부인하였고, 날마다 자기들의 형벌을 보면서도 그분의 이름을 믿지 아니하였기 때문이니라. 그들의 육체가 불타는 정도에 따라, 그들의 영에도 영원토록 상응하는 변화가 일어나리라. 이는 영들의 주님 앞에서 누구도 헛된 말을 하지 못하기 때문이니라. 그들에게 심판이 임하리니, 이는 그들이 육체의 욕망을 믿고 주님의 영을 부인하였기 때문이라. 그날들에 그 물들도 변화할 것이니라. 천사들이 이 물속에서 형벌을 받을 때, 그 샘들의 물의 온도도 변화하리라. 그리고 천사들이 올라갈 때, 그 샘물은 변하여 차게 되리라. 내가 미가엘이 대답하며 말하는 소리를 들었노라. "천사들이 심판받는 이 형벌은, 땅을 가진 왕들과 권세 있는 자들을 위한 증거니라." 이 심판의 물들이 왕들의 몸을 치유하고 그들의 육체의 욕망을 위하여 쓰이기 때문에 그들은 이 물들이 변화하여 영원히 불타는 불이 될 것을 보려고도 하지 않고 믿으려고도 하지 않을 것이라.]

---

76 일곱 언덕들은 시칠리아섬과 상대적으로 인접한 이탈리아 본토 로마의 일곱 언덕, 곧 요한계시록 17:9의 일곱 언덕으로 추정된다.
77 시칠리아섬은 로마의 일곱 언덕이 있는 이탈리아 본토와 비교적 가까운 편이다.

# 미가엘과 라파엘이 심판의 엄함에 놀라다(68장)

## 제68장

사해 문서에는 없는 내용

[그 후, 내 조부 에녹이 나에게 그에게 주어진 비유의 책의 모든 비밀들의 가르침을 전해 주시고, 그것들을 비유의 책의 말로 나를 위하여 정리해 주셨노라. 그날, 미가엘이 라파엘에게 대답하여 말하되, "영의 권능이 나를 떨게 하도다. 이는 비밀의 심판과 천사들의 심판이 너무나 엄중함이라. 누가 이미 시행된 이 엄한 심판을 견디며, 그 앞에서 녹지 않으리오?" 미가엘이 다시 라파엘에게 대답하여 말하되, "이를 두고 마음이 굳어지지 아니하고, 이 심판의 말씀이 그들에게 임한 것을 두고 허리가 흔들리지 않는 자가 누구인가? 이는 그들을 이렇게 이끈 자들 때문이라." 그가 영들의 주님 앞에 섰을 때, 미가엘이 라파엘에게 이르되, "나는 주님의 눈앞에서 그들의 편에 서지 아니하리라. 이는 그들이 주님인 양 행하였기에 영들의 주님께서 진노하셨음이라. 그러므로 감추어진 모든 것이 그들에게 영원히 임하리라. 천사도 사람도 (그 안에서) 자기의 분깃을 얻지 못하고, 오직 그들만이 영원무궁토록 그들의 심판을 받았느니라."]

## (타락한 천사들과) 사탄들의 이름과 직무, 비밀스러운 맹세(69장)

### 제69장



[그리고 이 심판 이후에, 그들은 지상에 거하는 사람들에게 이것을 보여 주었기 때문에 두려워하고 떨게 될 것이다. 그리고 보라, 그 천사들의 이름이다. [없음[78]] 첫 번째 천사의 이름은 제쿤이다. 그는 하나님의 아들들을 잘못 인도하여 지상으로 내려오게 했으며, 그들이 사람의 딸들과 몸을 더럽히게 하여 잘못 인도했다. 두 번째 천사의 이름은 아스벨이다. 그는 거룩한 하나님의 아들들에게 악한 충고를 주어 그들이 사람의 딸들과 몸을 더럽히게 하여 잘못 인도했다. 세 번째 천사의 이름은 가드리엘이다. 그는 사람들에게 죽음의 모든 고통을 보여 주었고, 하와를 속였으며, 방패와 갑옷, 전투용 검, 그리고 사람의 자손들에게 모든 죽음의 무기를 보여 주었다. [없음[79]] 그리고 그날부터 영원토록, 그의 손에서 나온 그것들은 지상에 거하는 자들을 대적하여 나아갔다. [없음[80]] 네 번째 천사의 이름은 카스데야

---

78 "그리고 이들의 이름은 이러하니라. 그 첫째는 셈야자요, 둘째는 아라키바요, 셋째는 라메엘이요, 넷째는 코카비엘이요, 다섯째는 투렐이요, 여섯째는 라미엘이요, 일곱째는 단엘이요, 여덟째는 에제케엘이요, 아홉째는 바라키잘이요, 열째는 아자젤이요, 열한째는 아르마로스이요, 열두째는 바타렐이요, 열셋째는 삼사펠이요, 열넷째는 아나넬이요, 열다섯째는 투렐이요, 열여섯째는 사미파스엘이요, 열일곱째는 제트렐이요, 열여덟째는 투마엘이요, 열아홉째는 투렐이요, 스무째는 라미엘이요, 스물한째는 아자젤이니라. 또한 이들은 그들의 천사들의 우두머리들이며, 백부장과 오십부장과 십부장들도 함께 있느니라."라는 구절은 사해 문서나 다른 초기 사본에는 나타나지 않으며, 후대에 추가된 것으로 여겨진다.

79 "그리고 사람의 아들들에게 죽음의 무기들을 보여 주었다."라는 구절은 사해 문서나 다른 초기 사본에는 나타나지 않으며, 후대에 추가된 것으로 여겨진다.

80 "천사의 이름은 페네무에이다. 그는 사람의 자손들에게 쓴맛과 단맛이 무엇인지를 가르쳤으며, 그들의 지혜의 모든 비밀을 가르쳤다. 그는 사람들에게 먹과 종이로 글을 쓰는 법을 가르쳤고, 그로 인해 많은 이들이 영원에서 영원까지, 그리고 오늘에 이르기까지 죄를 지었다. 왜냐하면 사람은 붓과 먹으로 그들의 신실함을 증명하도록 창조된 존재가 아니기 때문이다. 사람은 천사들과 마찬가지로 순결하고 의롭게 살아가도록 창조되었기 때문이다. 그리고 모든 것을 파괴하는 죽음은 그들을 붙잡을 수 없었을 것이다. 그러나 그들의 지식으로 인해 그들은

이다. 그는 사람의 자손들에게 영들과 악마들의 모든 사악한 공격 곧 태중의 태아가 죽게 하는 공격, 영적인 공격, 독사가 사람을 무는 공격, 한낮의 열이 내리쬐는 공격을 보여 주었다. 타바에트는 스랍의 자식이다. 그리고 이것이 카스비엘의 임무이다. 그는 영광 속 높은 곳에 거할 때 거룩한 자들에게 보여 준 맹세의 우두머리이며, 그 맹세의 이름은 베카[81]이다. 이 천사는 미가엘에게 숨겨진 이름을 보여 달라고 요청하여, 맹세할 때 그것을 선언하게 하고, 사람들에게 모든 비밀을 드러낸 자들이 그 이름과 맹세 앞에서 떨게 하였다. 이것이 이 맹세의 힘이다. 그것은 강력하고 견고하며, 그는 이 맹세 아카에[82]를 미가엘의 손에 맡겼다. 이것이 이 맹세의 비밀들이다… 그리고 그것들은 그의 맹세를 통해 강력하다. 세상이 창조되기 전에 하늘이 저 위에 있었고, 영원토록 그러하다. [없음[83]] 그리고 산의 은밀한 곳에서 아름다운 물들이 솟아 나오니, 세상의 창조 때부터 영원토록 그러하다. 그리고 그 맹세를 통해 바다와 바다의 기초가 창조되었다. 그리고 분노의 때를 대비하여 바다의 경계로 모래를 놓으셨고, 바다는 세상 창조 때부터 영원토록 그 경계를 넘지 못한다. 그리고 그 맹세를 통해 깊은 곳이 견고하게 되었으며, 영원토록 제자리를 벗어나지 않는다. 그리고 그 맹세를 통해 태양으로부터 나오는 그 광선과 달로부터 나오는 그 광선이 그 길을 완성하며, 영원토록 그 정한 질서에서 벗어나지 않는다. 그리고 그 맹세를 통해 별들로부터 나오는 그 광선들이 그 길을 완성하며, 하나님은 그들

---

멸망하고 있으며, 이 힘으로 인해 나 또한 소멸되고 있다."라는 구절은 사해 문서에 등장하지 않으며, 69장 자체가 원래 사해 문서에 없는 내용이다. 이 내용은 기록의 중요함과 에녹이 서기관이라는 것을 강조하는 에녹 1서의 주제와 하나님께서 글을 기록하는 것을 명하시는 성서의 출애굽기 34:27과 신명기 27:8과 직접적으로 모순된다. 아마도 사본이 전승되는 과정에서 기록보다는 구전을 중시하는 파벌이나 편집자에 의해 추가되었을 것이다.

**81** קרב는 '네 안에', '당신 안에', '네 가운데', '너희 중에'라는 뜻으로, 이사야 26:13과 신명기 15:4에 나온다.

**82** 히브리어 ארבע로 추정된다.

**83** "그리고 그것을 통해 땅이 물 위에 세워졌다."라는 구절은 사해 문서에 등장하지 않으며, 69장 자체가 원래 사해 문서에 없는 내용이다.

     사해문서로 다시 보는 **에녹서**

을 이름으로 부르시고, 그들은 영원토록 그분께 응답한다. [없음84] 그리고
이 맹세는 그들 위에 강력하여, 이를 통해 그들의 길이 보존되며, [없음85]
그들의 행로는 파괴되지 않는다. 그들 사이에는 큰 기쁨이 있었으며, 그들
은 축복하고 영화롭게 하며 찬양하였다. 그 이유는 인자의 이름이 그들에
게 나타났기 때문이다. 그분은 자신의 영광의 보좌에 앉으셨고, 심판의 권
세가 인자에게 주어졌다. 그분은 죄인들과 세상을 그릇 인도한 자들을 땅
위에서 사라지게 하시고 멸망하게 하셨다. 그들은 사슬에 묶이고, 파멸의
집결지에 갇히며, 그들의 모든 행위는 땅 위에서 사라진다. 이제부터는 부
패할 것이 아무것도 없으리라. 그 이유는 인자가 나타나 자신의 영광의 보
좌에 앉으셨기 때문이다. 모든 악은 그의 얼굴 앞에서 사라지고, 인자의 말
씀이 나아가 영들의 주님 앞에서 강력하게 될 것이다.]


## 에녹의 최종 승천(70장)

### 제70장

사해 문서에는 없는 내용

[그 후, 그가 살아 있는 동안에 그의 이름이 땅에 거하는 자들 가운데서
인자와 영들의 주님께 높이 올려졌다. 그는 영의 병거 위로 들려 올라갔고,

---

84 "마찬가지로, 물의 영들과 바람의 영들, 그리고 모든 산들바람(zephyrs)의 영들과 바람의
모든 방향에서 그들의 길이 있다. 그리고 천둥의 소리와 번개의 빛이 보존되어 있다. 또 우박
의 방들과 서리의 방들, 안개와 비와 이슬의 방들이 보존되어 있다. 그리고 이 모든 것들이 영
들의 주님 앞에서 믿음을 가지고 감사하며, 그들의 모든 힘으로 그분을 영화롭게 한다. 그리고
그들의 양식은 모든 감사의 행위 속에 있다. 그들은 영원토록 감사하고, 영화롭게 하며, 영들
의 주님의 이름을 높인다."라는 구절은 사해 문서나 다른 초기 사본에는 나타나지 않으며, 후
대에 추가된 것으로 여겨진다.
85 "그들은 보존되고"라는 구절은 사해 문서나 다른 초기 사본에는 나타나지 않으며, 후대에
추가된 것으로 여겨진다.

그의 이름은 그들 가운데서 사라졌다. 그날 이후로 나는 더 이상 그들 중에 있는 것으로 여겨지지 않았다. 그는 나를 두 바람 사이, 북쪽과 서쪽 사이에 데려다 놓았는데, 그곳에서 천사들이 나를 위해 택하신 자들과 의인들의 거할 장소를 측량할 줄을 가져갔다. 거기서 나는 오래전부터 그곳에 거하고 있는 처음 조상들과 의인들을 보았다.]


## 에녹의 초기 환상(71장)

### 제71장

사해 문서에는 없는 내용

[그 후에 내 영이 옮겨졌고, 하늘로 올라갔다. 내가 하나님의 거룩한 아들들을 보았노라. 그들은 불의 화염들 위를 밟고 있었다. 그들의 옷은 희었고, 그들의 얼굴은 눈같이 빛났다. 또 나는 두 개의 불의 강들을 보았는데, 그 불의 빛은 자색 보석과도 같았다. 나는 영들의 주님 앞에 엎드렸다. 그때 천사 미가엘이 내 오른손을 붙잡고, 나를 들어 올려 모든 비밀들로 이끌었다. 그는 내게 의의 모든 비밀을 보여 주었다. 또 하늘 높은 곳들에 있는 모든 비밀을, 별들로부터 나오는 그 광선들을 담당하는 모든 천사들과 모든 빛들의 천사들의 모든 방들을 보여 주었다. 나는 그 천사들이 거룩한 자들 앞에서 어떻게 나아가는지를 보았다. 그리고 그는 내 영을 하늘들의 하늘로 옮겼다.

그곳에서 나는 수정으로 세워진 듯한 한 구조물을 보았는데, 그 수정들 사이에는 살아 있는 불의 혀들이 있었다. 내 영은 그 불의 집을 둘러싸고 있는 불의 고리를 보았다. 그 사방에는 살아 있는 불의 강이 있었으며, 그 불들이 그 집을 둘러싸고 있었다. 그 주위에는 스랍들과 그룹들, 그리고 오



사해문서로 다시 보는 에녹서

파님들이 있었다. 그들은 잠들지 아니하고, 주님의 영광의 보좌를 지키는 자들이다. 나는 셀 수 없이 많은 천사들을 보았다. 천천과 만만이 그 집을 둘러싸고 있었다. 미가엘과 라파엘과 가브리엘과 파누엘, 그리고 하늘 위에 있는 거룩한 천사들이, 그 집을 드나들었다. 그들은 그 집에서 나왔다. 미가엘과 가브리엘, 라파엘과 파누엘이, 그리고 셀 수 없는 많은 거룩한 천사들이 함께 있었다. 그들과 함께 계신 이는 날들의 머리시니,

그분의 머리는 양털같이 희고 순결하였다. 그분의 옷은 말로 다 형언할 수 없었다[86].]

---

86 여기서부터 이어지는 71장의 나머지 부분은 이제까지 설명해 오고 이야기한 인자가 사실 에녹이며, 하늘로 올라간 에녹이 변화하여 자신의 진짜 정체가 인자임을 알게 되는 것에 대한 내용이다: "나는 엎드렸고, 내 온몸이 풀어졌다. 그리고 내 영은 변화되었다. 나는 큰 소리로 외쳤으며, 능력의 영으로 외쳤다. 그리고 송축하며, 영화롭게 하며, (주님을) 높여 드렸다. 내 입에서 흘러나온 그 송축함은 날들의 머리 앞에 기쁘게 받아들여졌다. 그리고 그날들의 머리 께서 미가엘과 가브리엘, 라파엘과 파누엘과, 수천 천사와 수만 천사와 함께 오셨다. 그때 그 (곧 천사)가 내게 와서 그의 음성으로 나를 맞이하며 이르되, '너(에녹)가 바로 그 의를 위하여 태어난 인자이니, 의가 네 위에 거하며, 날들의 머리의 의가 너를 결코 떠나지 아니하느니라.' 하였다. 그리고 그가 내게 말하여 이르되, '그분은 장차 올 세상의 이름으로 너에게 평안을 선 포하느니라. 세상이 창조된 때로부터 평안이 이곳에서 나왔으니, 그 평안이 영원무궁토록 너 와 함께하리라. 모든 자들이 너의 길을 따르리니, 네게서는 의가 결코 떠나지 않음이라. 그들 의 거처는 너와 함께 있으며, 그들의 기업은 너와 함께 있으리라. 그들은 영원무궁토록 너로부 터 분리되지 아니하리라. 그리하여 인자인 너와 함께 오랜 날들을 지내게 될 것이니, 의인들은 영들의 주님의 이름 안에서 영원무궁토록 평안과 올바른 길을 누리리라.' 하였다." 이 부분은 당연히 사해 문서에 등장하지 않으며, 71장 자체가 원래 사해 문서에 없는 내용이다. 에녹이 사실 신이었으며 그가 세상을 구원할 메시아이자 인자였다고 주장하는 해당 부분은 에녹서를 악명 높게 만든 가장 큰 원흉 중 하나이다. 에녹이 인자라는 이러한 내용은 완전히 반성경적인 내용이자 전혀 근거가 없는 이야기이다. 에녹은 신이 아니며 인간이라는 사실을 잊지 말기를 바란다.

# 빛들의 책

## 72~82장

<h2 style="text-align:center">태양으로부터 나오는 광선(72장)</h2>

## 제72장

사해 문서에는 없는 내용

[하늘의 빛들의 운행, 각 빛들의 관계, 그들의 종류와 지배권, 계절에 따른 운행, 이름과 근원, 그리고 월들에 따른 운행을 기록한 책을, 나와 함께 있었고 그들의 안내자인 거룩한 천사 우리엘이 내게 보여 주었다. 그는 또한 모든 법칙을 있는 그대로 보여 주었으며, 세상의 모든 해(年)와 영원에 이르기까지의 운행, 즉 영원히 지속될 새 창조가 이루어질 때까지의 법칙을 보여 주었다. 이것이 빛들의 첫 번째 법칙이다. 빛, 곧 태양으로부터 나오는 그 광선은 하늘의 동쪽 문으로 오고[87], 서쪽 문으로 간다. 나는 태양으로부터 나오는 그 광선이 오는 여섯 개의 문과, 그 광선이 가는 여섯 개의 문을 보았고, 달로부터 나오는 그 광선이 이 문들에서 오고 가는 것도 보았다. 또한 별들로부터 나오는 그 광선을 이끄는 지도자들과 그들이 인도하는 것들을 보았는데, 동쪽 여섯 개, 서쪽 여섯 개로 정확히 순서를 맞추어 이어져 있었다. 이 문들의 좌우에는 많은 창이 있었다. 먼저 큰 광선이 나아가는데, 이것을 태양의 광선이라고 부르며, 그 광선이 미치는 범위는 하늘과 같고, 그 광선은 빛나고 뜨거운 불로 가득 차 있는 광선이었다. 그 광선의 영이 오르는 병거는 바람에 의해 움직이며, 태양으로부터 나오는 그 광선은 하늘에서 가고 북쪽을 거쳐 동쪽으로 돌아오며, 적절한 문에 이르러 하늘 앞에 빛나도록 인도된다. 이렇게 해서 그 광선은 첫 달에 큰 문, 즉 네 번째 문에서 온다. 첫 달에 태양으로부터 나오는 그 광선이 오는 그 네 번째 문에는 열두 개의 창구가 있는데, 그것들이 그것들의 계절에 따라 열릴 때 화염이 나온다. 태양으로부터 나오는 그 광선이 하늘에서 오면, 그

---

[87] 22p, 각주 6번 참고

 　　　　　　　　　사해문서로 다시 보는 **에녹서**

광선은 그 네 번째 문을 통해 연속으로 30일 동안 아침에 나오며, 정확히 하늘 서쪽의 네 번째 문으로 간다. 이 기간에 낮은 매일 길어지고, 밤은 매일 짧아져 30일째 아침에 이른다. 그날 낮은 밤보다 1/9만큼 길어지고, 낮은 정확히 10 부분, 밤은 8 부분이 된다. 태양으로부터 나오는 그 광선은 그 네 번째 문에서 와서 네 번째 문으로 가고, 동쪽의 다섯 번째 문으로 돌아가기를 30 아침 동안 반복하며, 그 문에서 와서 다섯 번째 문으로 간다. 그러면 낮은 2 부분 더 길어져 11 부분이 되고, 밤은 짧아져 7 부분이 된다. 그리고 그 광선은 동쪽으로 돌아가 여섯 번째 문에 들어가, 징조에 따라 30일과 1일 아침에 여섯 번째 문에서 오고 간다. 그날 낮은 밤보다 길어지고, 낮이 밤의 두 배가 되며, 낮은 12 부분이 되고 밤은 짧아져 6 부분이 된다. 태양으로부터 나오는 그 광선은 낮을 짧게 하고 밤을 길게 만들기 위해 오며, 그 광선은 다시 동쪽으로 돌아와 여섯 번째 문에 들어가 30 아침 동안 그 문에서 오고 간다. 30 아침이 지나면 낮은 정확히 1 부분 줄어 11 부분이 되고, 밤은 7 부분이 된다. 태양으로부터 나오는 그 광선은 서쪽의 여섯 번째 문에서 나와 동쪽으로 가서 다섯 번째 문에서 30 아침 동안 오고, 그 광선은 다시 서쪽 다섯 번째 문으로 간다. 그날 낮은 2 부분 줄어 10 부분이 되고, 밤은 8 부분이 된다. 태양으로부터 나오는 그 광선은 다섯 번째 문에서 나와 서쪽 다섯 번째 문으로 가고, 그 광선은 징조에 따라 네 번째 문에서 30일과 1일 아침에 와서 서쪽으로 간다. 그날 낮과 밤이 같아져, 밤은 9 부분, 낮도 9 부분이 된다. 태양으로부터 나오는 그 광선은 그 문에서 와서 서쪽으로 가고, 그 광선은 동쪽으로 돌아가 세 번째 문에서 30 아침 동안 와서 서쪽 세 번째 문으로 간다. 그날 밤은 낮보다 길어지고, 밤이 길어져 낮은 짧아져 30일째 아침까지 계속되며, 밤은 정확히 10 부분, 낮은 8 부분이 된다. 태양으로부터 나오는 그 광선은 세 번째 문에서 와서 서쪽 세 번째 문으로 가고, 그 광선은 동쪽으로 돌아가 30 아침 동안 두 번째 문에서 오며, 같은 방식으로 하늘 서쪽 두 번째 문으로 간다. 그날 밤은 11

부분, 낮은 7 부분이 된다. 그날 태양으로부터 나오는 그 광선은 두 번째 문에서 와서 서쪽 두 번째 문으로 가고, 그 광선은 동쪽으로 돌아가 첫 번째 문에서 30일과 1일 아침 동안 와서 하늘 서쪽 첫 번째 문으로 간다. 그날 밤은 낮보다 길어져 낮의 두 배가 되고, 밤은 정확히 12 부분, 낮은 6 부분이 된다. 태양으로부터 나오는 그 광선은 그 길의 구간을 모두 지나 그 길 위의 구간을 따라 돌아와 그 문에 들어가 그 광선이 30 아침 동안 오고, 반대편 서쪽으로 간다. 그날 밤에는 길이가 1/9만큼 줄어, 밤은 11 부분, 낮은 7 부분이 된다. 태양으로부터 나오는 그 광선은 돌아와 동쪽 두 번째 문에 들어가, 그 길의 구간을 따라 그 광선이 30 아침 동안 오고 가기를 반복한다. 그날 밤은 길이가 줄어, 밤은 10 부분, 낮은 8 부분이 된다. 그날 태양으로부터 나오는 그 광선은 그 문에서 와서 서쪽으로 가고, 그 광선은 동쪽으로 돌아가 세 번째 문에서 30일과 1일 아침에 와서 하늘 서쪽으로 간다. 그날 밤은 줄어 9 부분이 되고, 낮도 9 부분이 되어 밤과 낮이 같으며, 1년의 날 수는 정확히 364일이 된다. 낮과 밤의 길고 짧음은 모두 태양으로부터 나오는 그 광선이 움직이는 길의 운행으로 인해 생겨나는 것이다. 이렇게 해서 태양으로부터 나오는 그 광선의 운행은 낮 동안 점점 길어지고, 밤 동안 점점 짧아진다. 이것이 태양으로부터 나오는 그 광선의 법칙과 운행이며, 그 광선은 60번 오고 가는 것을 반복하며, 곧 태양으로부터 나오는 광선이라 불리는 위대한 광선이 영원히 그렇게 운행한다. 이렇게 오는 것은 위대한 광선이며, 주께서 명하신 대로 그 모습에 따라 그렇게 이름 붙여졌다. 오는 대로 가고, 줄어들지 않으며, 쉬지 않고 낮과 밤을 달리며 운행한다. 태양으로부터 나오는 광선의 빛은 달로부터 나오는 광선의 빛보다 일곱 배 밝지만, 그 광선의 크기는 둘 다 같다.]

# 달로부터 나오는 광선과 그 단계들(73장)

## 제73장

사해 문서에는 없는 내용

[이 법칙 후에 나는 작은 광선, 곧 달로부터 나오는 그 광선에 관한 또 다른 법칙을 보았다. 달로부터 나오는 그 광선이 미치는 범위는 하늘과 같고, 그 광선의 영이 오르는 병거는 바람에 의해 움직이며, 그 광선에는 정해진 양의 빛이 주어진다. 달로부터 나오는 그 광선의 오고 가는 시각은 매달 변하며, 그날들은 태양으로부터 나오는 광선의 날과 같고, 그 광선의 빛이 일정할 때에는 태양으로부터 나오는 광선의 빛의 1/7에 해당한다. 이렇게 달로부터 나오는 그 광선은 온다. 그 광선의 첫 번째 단계는 동쪽에서 30일째 아침에 나타나며, 그날 보이게 되고, 태양으로부터 나오는 광선이 오는 문에서 태양으로부터 나오는 광선과 함께 30일째에 달로부터 나오는 그 광선이 첫 단계를 이루게 된다. 달로부터 나오는 그 광선의 절반은 1/7 부분으로 나아가며, 그 광선이 뻗은 전체 범위는 공허하고 밝지 않다. 그러나 그 광선 밝기의 1/7과 14분의 1 부분만은 그렇지 아니하다. 그 광선이 (태양으로부터 나오는 그 광선의) 빛의 절반 중 1/7을 받을 때, 광선의 밝기는 1/7과 그 절반이 된다. 달로부터 나오는 그 광선은 태양으로부터 나오는 광선과 함께 가며, 태양으로부터 나오는 광선이 올 때 달로부터 나오는 그 광선도 함께 오고, 1 부분의 절반만큼의 빛을 받는다. 그리고 그날 밤, 그 아침 초에 달로부터 나오는 그 광선은 태양으로부터 나오는 그 광선과 함께 가며, 14 부분과 그중 절반과 함께 그 밤에는 보이지 않는다. 그날 달로부터 나오는 그 광선은 정확히 1/7 부분과 함께 나타나며, 태양으로부터 나오는 그 광선이 비추기 시작할 때 나와서 물러가고, 남은 날들 동안에는 나머지 13 부분이 밝게 된다.]

## 제74장

사해 문서에는 없는 내용

[나는 또 다른 운행, 즉 달로부터 나오는 그 광선의 운행 법칙과 그 법칙에 따라 그 광선이 매달 움직이는 방식을 보았다. 이 모든 것을, 즉 그들의 위치를 모두 지휘하는 거룩한 천사 우리엘이 내게 보여 주었고, 나는 그가 보여 준 대로 위치를 기록하였으며, 그들의 매월들을 그대로 기록하였고, 15일이 다 찰 때까지 그 빛들의 모습을 기록하였다. 달로부터 나오는 그 광선은 동쪽에서 모든 빛을 1/7 부분씩 완성하고, 서쪽에서는 1/7 부분씩 어둠을 완성한다. 어떤 달에는 그 광선의 운행이 바뀌고, 어떤 달에는 독자적인 운행 경로를 따른다. 두 달 동안 달로부터 나오는 그 광선은 태양으로부터 나오는 그 광선과 함께 이동하는데, 그때는 중간 두 문, 즉 세 번째와 네 번째 문에서 이루어진다. 달로부터 나오는 그 광선은 7일 동안 나아가고, 돌아서 태양으로부터 나오는 광선이 들어오는 문을 통해 다시 돌아와 모든 빛을 완성하며, 태양으로부터 나오는 광선에서 멀어져 8일 동안 태양으로부터 나오는 광선이 오는 여섯 번째 문으로 들어간다. 태양으로부터 나오는 광선이 네 번째 문에서 오면, 달로부터 나오는 그 광선은 7일 동안 나아가고, 다섯 번째 문에서 나아간 후 다시 7일 동안 네 번째 문으로 돌아와 모든 빛남을 완성하며, 물러서고, 8일 동안 첫 번째 문으로 들어간다. 그리고 달로부터 나오는 그 광선은 7일 동안 다시 태양으로부터 나오는 광선이 오는 네 번째 문으로 돌아온다. 이렇게 나는 달로부터 나오는 그 광선이 오고 태양으로부터 나오는 광선이 그날들 동안 어떻게 이동하는지 그 위치를 보았다. 만약 5년을 합치면, 태양으로부터 나오는 광선은 30일의 여분을 갖게 되고, 그 5년 중 한 해에 해당하는 모든 날이 채워지면 정확히 364일이

된다. 태양으로부터 나오는 광선과 별들로부터 나오는 광선의 여분은 6일이 되며, 5년 동안 매년 6일씩 합하면 30일이 된다. 달로부터 나오는 그 광선은 태양과 별에서 나오는 광선보다 30일 뒤처진다. 태양으로부터 나오는 광선과 별들로부터 나오는 광선은 모든 해를 정확하게 운행하여, 단 하루도 앞서거나 늦어지지 않고, 364일 동안 완벽하게 한 해를 마친다. 3년에는 1,092일이 되고, 5년에는 1,820일이 되며, 따라서 8년에는 2,912일이 된다. 달로부터 나오는 그 광선만을 보면, 3년 동안 1,062일이 되며, 5년 동안은 50일 뒤처진다. 5년 동안 1,770일이 되고, 달의 광선 기준으로 8년 동안의 날은 2,832일이 되며, 8년 동안 총 80일이 뒤처진다. 그리고 1년은 그 광선들의 세계 위치와 태양으로부터 나오는 광선의 위치에 따라 정확하게 완성되며, 태양으로부터 나오는 광선은 30일 동안 출입하는 문을 통해 운행한다.]

## 제75장

[모든 피조물과 모든 별에서 나오는 광선을 다스리는 천 명의 장수의 우두머리들은 1년의 계산에 따라 그 직무와 떼려야 뗄 수 없는 네 개의 보정일과도 관련이 있으며, 이들은 1년의 계산에 포함되지 않은 네 날 동안 봉사한다. 이로 인해 사람들은 그 계산에서 혼란을 겪지만, 그 광선들은 정말로 세계 위치에서 봉사하고 있다. 하나는 첫 번째 문에서, 하나는 하늘의 세 번째 문에서, 하나는 네 번째 문에서, 하나는 여섯 번째 문에서 봉사하며, 364개의 개별 위치를 통해 1년의 정확성이 완성된다. 표징과 시간과 해와 날들을, 영광의 주께서 하늘과 세상의 모든 빛 위에 영원히 두신 천사 우리엘이 내게 보여 주었으니, 이들, 곧 태양으로부터 나오는 광선의 빛의 영, 달로부터 나오는 광선의 빛의 영, 별들로부터 나오는 광선의 빛의 영, 그리고 하늘의 모든 병거 안에서 움직이는 모든 섬기는 창조물들(영들)은 하늘 위에서 다스리고 지상에서도 보이게 하며, 낮과 밤을 인도하는 자가 된다.

마찬가지로, 우리엘이 내게 열두 개의 문을 보여 주었는데, 그것들은 하늘에 있는 병거 주위에 열려 있었고, 태양으로부터 나오는 그 광선이 통과하는 문이었다. 태양으로부터 나오는 그 광선의 빛이 문을 통해 나와, 정해진 계절에 문이 열릴 때 지상에 열기가 퍼진다. [없음[88]] 땅끝에 있는 하늘의 열두 문에 관해서는, 태양으로부터 나오는 광선, 달로부터 나오는 광선, 별들로부터 나오는 그 광선과, 동쪽과 서쪽에서 하늘의 모든 운행이 이 문에서 나온다. 이 문들의 좌우에는 많은 창문이 열려 있으며, 정해진 계절에 하나의 창문이 열리면 열기를 내뿜는데, 이는 별들의 광선이 나오는 문

---

88 "바람과 이슬의 영이 열릴 때, 땅끝의 하늘에서 열려 서 있는 것에 대하여"라는 구절은 사해 문서나 다른 초기 사본에는 나타나지 않으며, 후대에 추가된 것으로 여겨진다.

과 그 수에 따라 움직이는 것과 일치한다. 나는 하늘에서 병거들이 운행하는 것을 보았는데, 이는 결코 사라지지 않는 별들로부터 나오는 그 광선들의 영들이 움직이는 문 위에서 세상 위를 달리는 것이었다. 그중 하나는 나머지 모두보다 크며, 그것이 전 세계를 가로지르며 운행하는 것이다.]

## 열두 바람과 그 문들(76장)

### 제76장

4Q209, Frag. 23(cf. 1 Enoch 76:13)

4Q210, Frag. 1, col. ii(cf. 1 Enoch 76:3-10)

[그리고 땅끝에서 나는 하늘의 모든 방향으로 열린 열두 개의 문들을 보았는데, 그 문들로부터 바람이 나와 온 땅 위로 불어 갔다. 그중 세 개는 하늘의 앞면(즉, 동쪽)에 열려 있고, 세 개는 서쪽에, 세 개는 오른편(즉, 남쪽)에, 그리고 세 개는 왼편(즉, 북쪽)에 열려 있다. 처음 세 개는 동쪽의 것이며,] 세 개는 북쪽의 것, [세 개는 남쪽의 것, 세 개는 서쪽의 것이다. 그중 네 개의 문에서는] 땅을 치유하고 소생시키는 바람이 [불어 나온다.] 그리고 [여덟 개의 문에서는 해로운 바람이 나와, 그것들이 보내질 때 온 땅]과 물, 그 안에 있는 모든 것—자라나는 것, 피는 것, 기어 다니는 것들—[물속과 육지 위의 모든 생물을 파괴한다. 첫째로, 동쪽의] 첫 번째 문으로부터 동풍이 나와 [남쪽으로 방향을 튼다. 그 바람으로부터는 파멸과 가뭄, 열기와 황폐함이 일어난다.] 두 번째 문, 즉 가운데 문에서는 '동-동[풍]'이 불어오는데, 그것은 비와 열매, 생명의 회복, 그리고 이슬을 가져온다. 세 번째 문에서는] 북동[풍이 불어오는데,] 이는 북풍에 가까운 바람으로서, [추위와 건조함을 일으킨다. 그 후, 하늘의 남쪽에 있는 세 개의 문들로부터 바람이 나오는데,] 첫 번째 문에서는 [남쪽에서 동쪽으로 향하는 뜨거운 남

풍이 분다. 두 번째 문에서는] '네게브'라 불리는 [남풍이 불어오는데, 그것
은] 이슬과 [비, 평안과 생명의 회복을 가져온다. 세 번째 문에서는 남동풍
이 불어오는데, 이슬과 비, 메뚜기, 그리고 파괴가 온다. 그] 후에는 북[쪽]
에서 바람이 분다. [동쪽의 일곱 번째 문에서는 이슬과 비, 메뚜기, 그리고
황폐함이 온다. 그리고 가운데 문에서는 곧바로 건강과 비, 이슬, 번영이
온다. 그리고 서쪽의 세 번째 문에서는 구름과 서리, 눈과 비, 이슬과 메뚜
기가 온다. 이들 다음은 서풍들이다. 북쪽과 인접한 첫 번째 문으로부터는
이슬과 서리, 추위와 눈, 얼음이 나온다. 가운데 문으로부터는 이슬과 비,
풍요와 축복이 나온다. 그리고 남쪽과 인접한 마지막 문으로부터는 가뭄과
파]괴, 죽음[과 폭력,] 그리고 황폐함이 온다. 하늘의 네 방향에 있는 열두
개의 문이 이로써 [완성된다. 므두셀라, 내 아들아, 나는] 그 전체와 그 의
미를 [너에게] 보여 [주었다.]

## 세계의 네 방향: 일곱 언덕, 일곱 강, 일곱 큰 섬(77장)

### 77장

4Q209, Frag. 23(cf. 1 Enoch 77:1-4)

4Q210, Frag. 1, col. ii(cf. 1 Enoch 76:3-10)

[동쪽을 동쪽이라고 부르는 것은 그것이] 처음[이기 때문이다.] 남쪽을 남
쪽이라고 부르는 것은 위대하신 분께서 그곳에 거하시며, 영원토록 [송축
받으시는 그분]이 거하시기 때문이다. 위대한 방향을 서쪽이라고 부르는
것은 [별에서 나오는 광선이] 그곳으로 가기 때문이다; 별에서 나오는 광선
이 또 가고 오기 때문에, 그래서 그것을 서쪽이라고 부른다. [북쪽을 북쪽
이라고 부르는 것은] 하늘의 모든 것들[89]이 그 방향으로 숨고 모여 돌아가

---

**89** 광선들 또는 천사들(영들)을 가리킨다.

     사해문서로 다시 보는 **에녹서**

며, 하늘의 동쪽을 향하기 때문이다. [동방을 동방이라고 부르는 것은] 하늘의 이로운 것들이 그 방향에서 나타나기 때문이다[90]; 또한 달로부터 나오는 그 광선들의 빛들이 그곳에서 날[마다] 점점 더 밝아져 [지상] 위에 나타나기 때문에 그것을 레반트라고도 부른다. [나는] 지구의 [세 구역을 보았다:] 하나는 사람의 아들들이 거주하는 곳, 다른 [하나는 모든 바다와 강을 위한 곳, 또 다른 하나는] 사막과 일[곱과] 정의의 [낙]원을 위한 곳이다. [나는 또한 지구의 다른 모]든 언덕[보다 뛰어난 일]곱 언덕[을 보았다;] 눈이 [그것들을 덮]고, [날과 계절과 해(年)가 지나간다. 나는 지구의 모든 강보다 뛰어난 일곱 강을 보았는데, 그중 하나는 서쪽에서 흘러와 거대한 바다로 물을 흘려보낸다. 그리고 이 둘은 북쪽에서 바다로 흘러가 동쪽의 홍해(또는 에리트레아 해)로 물을 흘려보낸다. 나머지 네 개는 북쪽에서 자기 바다로 흘러가는데, 그중 둘은 홍해(또는 에리트레아 해)로, 둘은 대해(지중해)로 흘러들어가 거기서 물을 내보낸다. 나는 바다와 육지에서 일곱 개의 큰 섬을 보았는데, 육지에는 두 개, 대해에는 다섯 개가 있다.]

---

90  아람어 מאן는 유용한 것, 이로운 것, 도구, 그릇, 주방 도구, 의복 등을 뜻한다 (Cook 2015, 131). 이 구절에서는 이로운 천체의 광선들이나 천사들(영들)을 가리키는 것으로 보인다.

# 태양으로부터 나오는 광선과 달로부터 나오는 광선:
## 달에서 나오는 광선의 빛의 밝기의 증감(78장)

## 제78장

4Q209 Frag. 25(cf. 1 Enoch 74:1-2 or 78:9-12 ?)

4Q210 Frag. 1 col. iii(cf. 1 Enoch 78:6-8)

[태양으로부터 나오는 그 광선의 빛의 이름들은 다음과 같다: 첫 번째는 오르하레스, 두 번째는 토마스이다. 달로부터 나오는 그 광선의 빛에는 네 개의 이름이 있다: 첫 번째는 아소냐, 두 번째 에블라, 세 번째 베나세, 네 번째 에라이이다. 이것이 두 위대한 광선이다: 그 범위는 하늘의 범위와 같으며, 두 광선의 범위 크기도 서로 같다. 태양으로부터 나오는 그 광선의 빛의 범위 안에는 일곱 부분의 빛이 있으며, 이는 달로부터 나오는 광선의 빛보다 더해진다. 정해진 단위로 전달되어, 태양으로부터 나오는 그 광선의 빛의 일곱 번째 부분이 다할 때까지 이어진다. 그리고 그 광선들은 서쪽의 문으로 들어가고, 북쪽을 따라 이동하며, 하늘의 동쪽 문을 통해 다시 나온다. 달로부터 나오는 그 광선이 올 때, 그 광선의 빛의 1/7 중 절반이 하늘에서 빛]나며, 지구 위에 나타[난다. 그리고 그 광선의 밝기는] 날마다 [완]전해지며, 14일째가 되면 [모든 밝기가] 완[전해진다. 그 광선의 밝기는 15분의 1씩 증가하며, 날마다 완전해져,] 15[일째에] 모든 밝기가 완전해진다. 그리고 그 단계들은 일곱 부분의 절반 단위로 완성된다. [달로부터 나오는 그 광선의 빛의 밝기가 줄어드는 단계에서 첫째 날에는 14]분의 [1이,] 둘째 날에는 1[3분의] 1이, [셋째 날에는 12분의 1이, 넷]째 [날에는] 11[분]의 1이 [줄어든다. 다섯째 날에는 10분의 1, 여섯째 날에는 9분의 1, 일곱째 날에는 8분의 1, 여덟째 날에는 7분의 1, 아홉째 날에는 6분의 1, 열째 날에는 5분의 1, 열한째 날에는 4분의 1, 열두째 날에는 3분의 1, 열셋째 날에는 2분의 1, 열넷째 날에는 7분의 1의 절반이 줄어든다. 열다섯



사해문서로 다시 보는 에녹서

째 날에는 모든 남아 있는 밝기가 완전히 사라진다. 어떤 달에는 29일이 있고, 한 번은 28일인 경우도 있다. 그리고 우리엘은 나에게 또 다른 법칙을 보여 주었다: 빛이 달로부터 나오는 그 광선으로 옮겨질 때와, 그 빛이 태양으로부터 나오는 그 광선에 의해 어느 편으로부터 달에서 나오는 그 광선으로 옮겨지는가에 대한 법칙이다. 달로부터 나오는 그 광선의 빛의 밝기가 그 광선의 빛 안에서 점점 증가하는 모든 기간, 14일 동안 그 광선은 태양으로부터 나온 그 광선 맞은편에 있을 때 그 빛을 스스로에게 전달한다. [없음[91]] 그 광선이 완전히 비춰질 때에는 그 광선의 빛의 밝기가 하늘에서 완전해진다. 첫째 날에는 초]승달의 광선[이라고 부르니, 그날에 그 빛이 그 광선 위에 나타나기 때문이다. 태양으로부터 나오는 그 광선이 서쪽으로 가는 바로 그날에, 그 광선은 보름달의 광선이 되며, 동쪽에서 밤에 나타나고, 달로부터 나오는 그 광선은 태양으로부터 나오는 그 광선이 반대편으로 올 때까지, 달로부터 나오는 그 광선이 태양으로부터 나오는 그 광선의 반대편 위에 보일 때까지 밤새도록 빛을 비춘다. 달로부터 나오는 그 광선이 나오는 쪽에서는, 그 밝기가 다시 줄어들어 모든 빛이 사라지고 한 달의 날들이 끝나며, 그 광선 주위는 빛이 없는 상태가 된다. 그 광선은 세 달 동안 각각 30일을 이루고, 제때가 되면 세 달 동안 각각 29일을 이루는데, 이 기간 광선은 첫 번째 단계에서 그 광선의 밝기가 약해지며, 첫 번째 문에서 177일 동안 그 과정을 거친다. 밝기가 사라지는 시기에는, 그 광선은 세 달 동안 각각 30일 동안 나타나고, 또 다른 세 달 동안 각각 29일 동안 나타난다. 밤에는 그 광선이 매번 20일 동안 사람처럼 나타나고, 낮에는 그 광선이 하늘처럼 나타나며, 그 광선 안에는 오직 빛 외에는 아무것도 없다.]

---

91 "하늘에서 그 광선의 빛의 밝기가 완전해진다."라는 구절은 사해 문서나 다른 초기 사본에는 나타나지 않으며, 후대에 추가된 것으로 여겨진다.

# 자연의 법칙들의 요약(79장)

## 제79장

4Q209, Frag. 26(cf. 1 Enoch 79:2-5)

[이제, 내 아들아, 내가 네게 모든 것을 보여 주었고, 하늘의 별에서 나오는 광선의 모든 빛의 법칙이 완성되었느니라. 그리고 그는 나에게 이것들이 날마다, 다스림의 모든 계절마다, 해마다, 그 운행의 때마다, 그리고 매달과 매주 정해진 질서에 따라 어떻게 되는지를 모두 보여 주었다. 그리고 달에서 나오는 광선의 빛이] 여섯 번째 문을 통과하며 [줄어드는 현상—그때 그 밝기가 완전해지고, 그 후에 밝기가 줄어드는 것이 시작된다. (그 줄어드는 것은) 그 계절에 첫 번째 문에서 일어나며, 177일이 지나기까지 계속된다. 주 단위로 계산하면 25주와] 2일이다. 그리고 그것은 한 주기의 운행에서 태양에서 나오는 광선의 움직임과 [별에서 나오는 광선의 질서보다 정확히 5일 짧다. 그리고 네가 보고 있는 이 구역이 지나가면, 이것이 그들의 지도자인 대천사 우리엘이 나에게 보여 준 모든 빛의 모습과 그 도식이니라. 밤에는] 그 환상이 부분적으로 사람의 형상처럼 보이고, 낮에는 [하늘의 태양에서 나오는 광선의 형상처럼 보인다. 그 안에는 오직] 그 [빛]만 [있을 뿐, 다른 것은 아무것도 없다.] 그리고 이제, 내 아들아, 내가 너에게 보여 주리라.

## 인간의 죄로 인한 자연의 훼손(80장)

## 제80장

사해 문서에는 없는 내용

[그날들에 천사 우리엘이 내게 대답하여 이르되, "보라, 에녹아, 내가 네게 모든 것을 보여 주었느니라. 그리고 네가 이 태양으로부터 나오는 그 광선과 달로부터 나오는 그 광선을 볼 수 있도록, 내가 모든 것을 네게 드러내었느니라. 또 하늘의 별에서 나오는 그 광선들을 다스리는 자들과, 그것들을 움직이게 하는 모든 자들—그들의 임무와 때와 운행까지도 네게 알게 하였느니라. 그러나 죄인들의 날들에는 세월이 짧아질 것이며, 그들의 씨앗이 그들의 땅과 밭에서 늦게 자라며, 땅 위의 모든 것이 변하게 되고, 그 정해진 때에 나타나지 않으리라. 비가 그치게 되고, 하늘이 비를 붙잡고 있을 것이니라. 그때에는 땅의 열매들이 더디 자라며, 제때에 자라지 못할 것이며, 나무의 열매들도 그때에 맺히지 않으리라. 달에서 나오는 그 광선도 그 질서를 바꿀 것이며, 제때에 나타나지 않으리라. [없음[92]] 그리고 정해진 질서보다 더 밝게 빛나리라. 또한 많은 별로부터 나오는 광선들의 주관자들이 그들에게 정해진 질서를 어길 것이며, 그들의 길과 임무를 바꾸게 될 것이며, 그들에게 정해진 때에 나타나지 않으리라. 그리고 별에서 나오는 광선들의 모든 질서가 죄인들에게는 숨겨지리라. 땅 위에 있는 자들의 생각이 그것들에 대하여 잘못되며, [없음[93]] 참으로 그들은 그것들을 신으로 여기며 잘못을 범하리라. 그들 위에 악이 더욱 많아지고, 징벌이 그들에게 임하여, 모든 것을 멸망케 하리라."]

---

92 "그날들에는 태양에서 나오는 그 광선의 영이 보이리라. 그리고 저녁에는 서쪽의 큰 전차 끝에서 그 영이 여행할 것이니라."라는 구절은 사해 문서나 다른 초기 사본에는 나타나지 않으며, 후대에 추가된 것으로 여겨진다.

93 "그리고 그들은 그들의 모든 길에서 변하게 되리라."라는 구절은 사해 문서나 다른 초기 사본에는 나타나지 않으며, 후대에 추가된 것으로 여겨진다.

## 제81장

사해 문서에는 없는 내용

[그가 내게 이르되, "에녹아, 이 하늘의 석판들을 주목하라, 그 위에 기록된 것을 읽으라, 그리고 각 사실을 하나하나 주의 깊게 살펴라." 나는 그 하늘의 석판들을 주목하고, 거기에 기록된 모든 것을 읽고 이해하였다. 또한 인류의 모든 행위와, 땅 위에 있을 육체의 모든 자손들―가장 먼 세대에 이르기까지―의 기록을 읽었다. 곧바로 나는 세상의 모든 일을 창조하신 영광의 왕이신 위대한 주님을 영원히 찬양하였다. 그분의 인내로 인해 주님을 높였고, 또한 인류를 위해 그분을 축복하였다. 그리고 그 후 나는 말하였다. "의와 선함 가운데 죽는 자는 복이 있도다. 불의의 책이 그에 대해 기록되지 않은 자, 심판의 날이 그를 향해 찾아오지 않는 자로다." 그 일곱 거룩한 자들이 나를 데리고 와서, 나를 내 집 문 앞 땅에 두며, 내게 말하였다. "네 아들 므두셀라에게 모든 것을 전하라. 또한 모든 자녀들에게 보여주어라. 주님의 눈에는 어떤 육체도 의롭지 못하니, 주님이 그들을 창조하신 분이심을 알게 하라. 우리는 1년 동안 너를 네 아들과 함께 두리니, 그동안 네 마지막 명령을 내려 네 자녀들을 가르치고 기록하게 하며, 모든 자녀들에게 증언하게 하리라. 그리고 두 번째 해(年)에 그들은 너를 그들 가운데서 데려가리라. 너의 마음을 강하게 하라. 선한 자들은 선한 자에게 의를 알릴 것이며, 의로운 자들은 의로운 자들과 함께 기뻐하며, 서로에게 축하를 전하리라. 그러나 죄인들은 죄인들과 함께 죽고, 배교자들은 배교자들과 함께 내려가리라. 의를 실천하는 자들도 사람들의 행위 때문에 죽게 되며, 경건치 못한 자들의 행위 때문에 옮겨지리라." 그날들에 그들은 내게 더 이상 말하지 않았다. 나는 내 백성에게 돌아가며, 세상의 주님을 찬양하

였다.]

## 에녹에게 주어진 명령: 윤년의 네 날과 계절과
## 달을 인도하는 별들로부터 나오는 광선들(82장)

### 제82장

4Q209 Frag. 28(cf. 1 Enoch 82:9-13)

[이제, 내 아들 므두셀라여, 내가 이 모든 것을 너에게 전하며, 너를 위해 기록하고 있노라! 내가 너에게 모든 것을 드러내었고, 이 모든 것에 관한 책들을 네게 주었느니라. 그러므로 내 아들 므두셀라여, 네 아버지의 손으로부터 받은 이 책들을 보존하라. 그리고 그것들을 세상의 후대들에게 전하도록 하라. 내가 너와 네 자손들, 그리고 앞으로 네게 태어날 자손들에게 지혜를 주었으니, 그들이 또한 그들의 자손들에게 대대로 전하게 하려 함이라. 이 지혜는 인간의 생각을 뛰어넘는 것이니라. 이 지혜를 깨닫는 자들은 잠들지 아니하며, 귀를 기울여 이 지혜를 배우리라. 그리고 그것을 받아들이는 자들은 좋은 음식을 먹는 것보다 더 기뻐하리라. 복되도다 모든 의로운 자들이여, 복되도다 의의 길을 걷는 모든 자들이여, 죄인들처럼 죄 짓지 않는 자들이여, 태양에서 나오는 그 광선이 하늘을 지나 운행하는 모든 날의 수를 셈할 때에, 그것이 30일 동안 문들로 들어가고 나올 때에, 별에서 나오는 그 광선들의 질서의 수천 명의 우두머리들과 함께하며, 해(年)의 네 부분을 나누는 네 개의 삽입된 날들과 함께하며, 그것들이 그들을 인도하고 네 날 동안 함께 들어가리라. 그러나 사람들은 이날들을 제대로 계산하지 못하여, 해(年)의 총 계산에서 빠뜨리리라. 그렇다, 사람들은 잘못 계산하며, 이를 정확히 알지 못하리라. 이는 그날들이 해(年)의 계산에 속한 것이며, 영원히 정확히 기록되어 있기 때문이니라. 첫 번째 문에 하나, 세

번째 문에 하나, 네 번째 문에 하나, 여섯 번째 문에 하나가 있도다. 그리고 그리하여 한 해는 364일로 완성되느니라. 그 계산은 정확하고, 그 기록된 수치는 정밀하도다. 이는 빛들과 월들과 절기들과 해(年)와 날들에 관하여, 우리엘이 나에게 보여 주고 드러내었기 때문이니, 그에게 세상 모든 창조물의 주께서 하늘의 군대를 맡기셨느니라. 그가 하늘에서 밤과 낮을 다스리며, 태양으로부터 나오는 그 광선과 달로부터 나오는 그 광선과 별들로부터 나오는 그 광선이 사람들에게 빛을 비추게 하는 권세와 그 전차들 위에서 움직이는 하늘의 모든 권능들(영들/천사들)의 권세를 가졌느니라. 이것들은 별로부터 나오는 그 광선들의 질서이며,] 그것들의 위치, 월삭, 징조와 [관련된 것들이니라. 또 이것들은 그것들을 다스리는 자들의 이름이니, 그들은 그 광선들이 제때, 제 질서, 제 계절, 제 월, 지배 기간에 따라 들어오도록 감시하며,] 모든 자리와 관련된 [권]위에 [따라 다스리느니라.] 한 해(年)를 네 부분으로 나누는 네 명의 지도자가 먼저 들어가며, 그 뒤를 이어 한 해의 달들을 나누는 열두 지도자가 들어가느니라. 360일 동안, [날들을 나누]는 [수천의 우두머리들이 있느니라. 그리고 네 개의 삽입일에는, 한 해의 네 부분을 나누는 지도자들이 있느니라. 이 수천의 우두머리들은 한 우두머리와 다른 우두머리 사이에 삽입되어 있으며, 각각 그 자리 뒤에 서 있으나, 그들의 지도자들이 구분을 짓느니라. 정해진 한 해의 네 부분을 나누는 지도자들의] 이름은 [다]음과 같으니: [밀키엘, 헬엠멜렉, 멜에얄, 그리고 나르엘이니라. 그리고 그들을 다스리는 자들의 이름은 아드나렐, 이야수사엘, 엘로메엘이라. 이 세 자는 질서의 지도자들을 따른다. 그리고 한 자가 있으니, 그는 해(年)의 네 부분을 나누는 그 자리의 지도자들을 따르는 세 질서의 지도자들을 따르는 자니라. 한 해의 시작에 밀키엘이 먼저 와서 다스리느니, 그는 탐아이니라 불리며 태양에서 나오는 빛줄기라 하며, 그의 통치 기간의 모든 날은 91일이니라. 그의 통치 기간에 땅에서 나타나는 날들의 징조는 이러하니라: 땀, 열, 잔잔함; 모든 나무는 열매를 맺고, 모든 나무에 잎이 나며, 밀의 수확과 장미꽃, 들에 피는 모든 꽃들이 나타나지만, 겨울 나무들은 시든다. 그 아래 우두머리들의 이름은 이러하니: 벨카엘, 젤렙사엘, 그리고 추가로 천의 우두머리인 힐루야셉이라 하느니라. 이 지도자의 통치 날들은 끝나느니라. 그다음 지도자는 헬엠멜렉이니, 사람들은 그를 태양으로부터 나오는 그 빛나는 광선이라 부르며, 그의 빛의 모든 날은 91일이니라. 그의 통치 기간에 땅에서 나타나는 날들의 징조는 이러하니라: 타오르는 열과 건조, 나무들은 열매를 맺어 모든 열매가 익고 준비되며, 양들은 짝짓기를 하고 임신하며, 땅의 모든 열매가 거두어지고, 들판의 모든 것과 포도즙을 짜는 일도 이루어지느니라. 수천의 우두머리들의 이름과 질서, 지도자는 이러하니: 기달얄, 키엘, 히엘, 그리고 그들에게 추가된 천의 우두머리 아스파엘이라. 그의 통치 날들도 끝나느니라.]

# 꿈과 환상들의 책

## 83~90장

# 에녹의 첫 번째 꿈: 대홍수의 환상(83~84장)

## 제83장

사해 문서에는 없는 내용

[이제 내 아들 므두셀라여, 내가 본 모든 환상을 네게 보이고, 그것을 네 앞에서 이야기하리라. 내가 아내를 맞이하기 전에 두 개의 환상을 보았는데, 그 둘은 서로 전혀 달랐도다. 첫째는 내가 글을 배우던 때였고, 둘째는 네 어머니를 맞이하기 전에 본 무서운 환상이었느니라. 이 두 환상에 대하여 나는 주께 기도하였도다. 내가 내 조부 마할랄렐의 집에 누워 있을 때, 하늘이 무너지고, 그때 깊음이 땅을 삼키며, 산들이 산 위에 매달리고, 언덕들이 언덕 아래로 가라앉았으며, 높은 나무들이 그 줄기에서 찢겨 떨어져, 던져지고 깊은 구렁 속으로 가라앉는 환상을 보았도다. 그때 내 입에 한 말씀이 임하매, 내가 큰 소리로 외쳐 말하기를, "땅이 멸망하였도다!" 하였느니라. 내 조부 마할랄렐이 내가 그 곁에 누워 있었기에 나를 깨워 이르시되, "내 아들아, 어찌하여 이리도 울부짖으며 통곡하느냐?" 하시매, 내가 본 모든 환상을 그에게 자세히 말하였더니, 그가 내게 이르시되, "내 아들아, 네가 본 것은 두려운 것이며, 이 꿈과 환상은 땅 위의 모든 죄악의 비밀과 관련된 중대한 일이니라. 이는 반드시 깊은 구렁 속으로 가라앉아, 큰 멸망으로 파괴될 것이니라. 그러므로 내 아들아, 일어나 영화로우신 주께 간구하라. 네가 믿음 있는 자이니, 주께서 땅 위에 남은 자를 두시고, 온 땅을 멸하지 않으시기를 구하라. 내 아들아, 이 모든 일은 하늘로부터 땅 위에 임할 것이며, 큰 멸망이 땅 위에 있을 것이니라."

그 후 나는 일어나 기도하며 간절히 구하였고, 세상의 모든 세대를 위하여 나의 기도를 기록하였도다. 그리고 이제 모든 것을 네게 보여 주리라, 내 아들 므두셀라여. 그 후 내가 아래로 내려갔을 때 하늘을 보고, 태양으로부터 나오는 그 빛줄기가 동쪽에서 오는 것과 달로부터 나오는 그 광선이 서쪽으로 가는 것, 몇몇 별에서 나오는 광선, 온 세상과 그분께서 창세부터 아셨던 모든 것을 보았을 때, 나는 심판의 주님을 송축하며 찬양했으니 이는 그가 태양으로부터 나오는 그 광선이 동쪽 창에서 나아가도록 하셨기 때문이다. 그리고 그것으로부터 나오는 그 광선은 하늘 위를 오고 갔고[94], 나아가 정해진 길을 계속해서 갔다.

### 제84장

사해 문서에는 없는 내용

[그리고 나는 의로움 가운데 내 손을 들어 거룩하시고 위대하신 이를 찬송하였으며, 내 입의 숨결과 하나님께서 사람의 육신의 자손들에게 주신 육의 혀로 말하였다. 그들이 그것으로 말하도록, 하나님은 그들에게 숨과 혀와 입을 주셨도다. 송축 받으소서, 오 주여, 왕이시며, 위대함 속에 강하시고, 하늘의 모든 창조물의 주이시며, 왕 중의 왕, 온 세상의 하나님이시여. 주의 권능과 왕권과 위대하심은 영원무궁토록 머무나이다. 모든 세대에 걸쳐 주의 통치는 이어지나이다. 모든 하늘은 영원히 주의 보좌요, 온 땅은 세세토록 주의 발등상이로소이다. 주께서 만물을 지으시고 다스리시나니, 주께 어려운 일은 하나도 없나이다. 지혜는 주의 보좌의 자리에서 떠나지 않으며, 주의 임재로부터 물러가지 않나이다. 주께서는 모든 것을 아시며, 보시며, 들으시나이다. 주 앞에 숨겨질 것이 없나이다. [이는 주께서 모든 것을 보시기 때문이니이다]. 이제 주의 하늘의 천사들이 범죄하였으며, 사람의 육체 위에는 심판의 위대한 날까지 주의 진노가 머무나이다. 이제 오 하나님, 주님, 위대하신 왕이시여, 간절히 구하오니 내 기도를 이루소서. 땅 위에 내 후손을 남기시고, 사람의 모든 육체를 멸하지 마시며, 땅

---

**94** 22p 각주 6번 참고

을 거민 없는 곳으로 만들지 마시고, 영원한 멸망이 없게 하소서. 이제 나의 주여, 주의 진노를 일으킨 그 육체를 땅에서 멸하시되, 그러나 의와 정직의 육체를 영원한 씨의 풀로 세우소서. 오 주여, 주의 종의 기도에서 주의 얼굴을 숨기지 마소서.]

## 에녹의 두 번째 꿈: 세상의 역사와 메시아 왕국의 건립(85~90장)

### 제85장

사해 문서에는 없는 내용

[그리고 이 일 후에 나는 또 다른 꿈을 보았으며, 그 모든 꿈을 너에게 보여 주려 한다, 내 아들아. 그리고 에녹이 (목소리를 높여) 그의 아들 므두셀라에게 말하였다. 내 아들아, 너에게 말하노니 내 말을 들으라—네 귀를 기울여 네 아비의 꿈과 환상을 들으라. 내가 네 어머니 에드나를 맞이하기 전에, 나는 침상에서 환상을 보았는데, 보라, 한 황소[95]가 땅에서 올라왔고, 그 황소는 흰색이었다. 그리고 그 뒤에 암소[96] 하나가 나왔으며, 그와 함께 두 마리의 황소가 나왔는데, 하나는 검고[97] 다른 하나는 붉었다[98]. 그 검은 황소가 붉은 황소를 들이받고 그를 온 땅 위로 쫓아갔으며, 그 후로 나는 더 이상 그 붉은 황소를 볼 수 없었다. 그러나 그 검은 황소는 자라났고, 한 암소는 그와 함께 다녔으며, 나는 그로부터 많은 소들이 나와 그를 닮고 따르는 것을 보았다. 그리고 그 암소, 즉 처음의 암소는 그 첫 번째 황소를 떠나 그 붉은 황소를 찾으려 하였으나 찾지 못하였고, 그를 위해 크게 통곡하

---

95 흰 황소는 아담이다.
96 암소는 하와이다.
97 검은 황소는 가인이다.
98 붉은 황소는 아벨이다.

　　　　　　　　　　　사해문서로 다시 보는 **에녹서**

며 그를 찾았다. 나는 바라보았는데, 그 첫 번째 황소가 그녀에게 와서 그녀를 진정시켰고, 그때부터 그녀는 더 이상 울지 않았다. 그 후 그녀는 또 다른 흰 황소[99]를 낳았고, 그 뒤로 많은 황소들과 검은 암소들을 낳았다. 나는 잠 속에서 그 흰 황소가 또한 자라 커다란 흰 황소가 되는 것을 보았고, 그로부터 많은 흰 황소들이 나왔으며, 그들은 그를 닮았다. 그리고 그들은 그들 자신을 닮은 많은 흰 황소들을 낳기 시작했으며, 하나 뒤에 또 하나, 아주 많은 수였다.]

---

99 흰 황소는 셋이다.

<h1 style="text-align:center">타락한 천사들과 인류의 부패(86장)</h1>

## 제86장

4Q207 Frag. 1(= 1 Enoch 86:1-3)

[그리고 다시 꿈에서 내 눈을 들어 하늘을 보았는데] 위에 [보라] 한 별(천사)이 [큰 황소들 한가운데 하늘에서 떨어져 그들 사이에서 먹고 풀을 뜯었다.] 보라, 그때 [나는] 보았는데, [그 황소들은 크고 검었으며, 모두 먹이를 바꾸고,] 그들의 우리와 그들의 [황]소[들을 바꾸며 서로 함께 살기 시작했다. 나는 다시 꿈에서 하늘을 바라보았고] 보라, 많은 별들이 [첫 번째 별의 한가운데로 내려와 하늘에서 떨어졌으며, 그 황소들 한가운데에서 황소로 변하여 그들과 함께 그리고 그들 사이에서 풀을 뜯었다. 나는 그들을 바라보고 보았는데, 보라, 그들은 모두 말 같은 사적인 부분(성기)들을 내밀었고, 말처럼 황소들의 암소를 덮기 시작했으며, 그들 모두 임신하여 코끼리[100], 낙타, 나귀를 낳았다. 그리고 모든 황소들은 그들을 두려워하고 겁먹었으며, 이빨로 물고 잡아먹기 시작하고, 뿔로 들이받기 시작했다. 그리고 그들은 더욱이 그 황소들을 잡아먹기 시작했으며; 보라, 땅의 모든 자식들이 그들 앞에서 떨고 도망치기 시작했다.]

---

100 코끼리는 아나킴이며, 낙타는 네피림이고, 당나귀는 엘리우드이다.

# 일곱 대천사의 등장(87장)

## 제87장

사해 문서에는 없는 내용

[그리고 나는 다시 보았는데, 그들이 서로를 들이받고 서로를 잡아먹기 시작하였으며, 땅이 크게 울부짖기 시작하였다. 그리고 나는 다시 하늘을 향해 눈을 들었고, 환상 중에 보았는데, 하늘로부터 흰 사람들과 같은 존재들이 내려오는 것을 보았다: 그리고 그곳에서 네 존재가 나왔고, 그들과 함께 세 존재가 더 있었다. 그리고 마지막에 나온 그 세 존재가 내 손을 붙잡고, 나를 땅의 세대들로부터 데리고 올라갔다. 그리고 나를 높은 곳으로 들어 올려, 나에게 땅 위로 높이 세워진 한 탑을 보여 주었는데, 모든 언덕들이 그보다 낮았다. 그리고 그들 중 하나가 내게 말했다: "이곳에 머물러라. 네가 저 코끼리들과 낙타들과 나귀들, 그리고 별들과 소들, 그리고 그 모든 것들에게 일어나는 모든 일을 볼 때까지."]

# 대천사들에 의한 타락천사들의 심판(88장)

## 제88장

4Q206 Frag. 5 col. i(= 1 Enoch 88:3)

[나는 먼저 나온 그 네 사람 중 한 사람을 보았고, 그는 하늘에서 떨어진 첫 번째 별(천사)을 붙잡아 손발을 묶어 깊은 구렁에 던졌다. 그 구렁은 좁고 깊었으며, 무섭고 어두웠다. 그들 중 한 사람이 칼을 뽑아 코끼리들과 낙타들, 당나귀들에게 주었다. 그러자 그들은 서로를 때리기 시작했고, 온 땅이 그들로 인해 두려워 떨었다. 나는 꿈속에서 계속 지켜보았는데, 보라, 떠난 그 네 사람] 중 [한 사람이 하늘로부터 명령을 받았다. 그는] 수많은 별들을 [붙잡았는데, 그 별들의 성기가 말과 같았고, 그는 그 모든 별들의] 손과 발을 묶어 [지구 속의 구렁에] 던져 넣었다.]

## 대홍수, 출애굽, 광야의 이스라엘, 가나안 입성, 사사 시대에서 성전 건축까지, 북이스라엘과 남유다 왕국에서 예루살렘 멸망까지, 예루살렘 멸망에서 포로 귀환까지, 고레스에서 알렉산더 대왕 시대까지(89장)

### 제89장

4Q204 Frag. 4(= 1 Enoch 89:31-36; 4Q205 2 ii)

4Q205 Frag. 2 col. i(= 1 Enoch 89:11-14; 4Q206 5 ii) & col. ii

(= 1 Enoch 89:29-31; 4Q206 5 iii; 4Q204 4) & col. iii(= 1 Enoch 89:43-44)

4Q206 Frag. 5 col. i(= 1 Enoch 88:3-89:6) & col. ii(= 1 Enoch 89:7-16; 4Q205 2 i)

& col. iii(= 1 Enoch 89:27-30; 4Q205 2 ii)

[네 사람 중 한 사람이 흰] 황소 중 한 마리[101]에게 가서 [그에게 지시했다. 그는] 자신을 위해 배를 [만]들고 그 안에 거주했다. [그리고 세 마리의 황소가] 그와 함께 배에 [올랐고,] 배는 [그들 위로] 덮개와 지붕으로 가려졌다. [나는] 지켜보았고, 보라, 일곱 개의 수로가 [땅 위로 풍부한 물을 쏟아내고 있었다.] 그리고 보라, 땅속의 방들이 열렸고, [(물들이) 분출하여 그 위로 흘러오기 시작했다.] 나는 지켜보기를 계속했는데, 땅이 물[과 그 위에 서 있는 어둠과 안개(?)]로 덮일 때까지였다. 황소들은 [그 물에] 잠기고 익사하며 [멸망했다.] 배는 물 위에 떠 있었고, 모든 황소들과 [야생 당나귀, 낙타]와 코끼리들이 물속으로 가라앉아 [더 이상 볼 수 없게 되었고, 탈출할 수 없었으며, (그러나) 멸망하고 깊은 곳으로 가라앉았다. 다시 나는 내 꿈 속에서] 지켜보았고, [그] 수로들이 [닫히고 방들의 균열이 막히며 다른 방들이 열릴 때까지였다.]

물은 [그들의 내부로 가라앉기 시작했고,] 땅의 표면에서 [물이 사라지고, 나타나며, 배가] 땅 위에 [자리 잡았다. 어둠이 물러가고 빛이 있었다.] 그러나 인간이 된 그 하얀 황소가 그 배에서 나왔고, 그와 함께 세 황소가 있

---

101 흰 황소는 노아이다.

었는데, 그 세 황소 중 하나는 그 황소처럼 하얗고[102][103], 하나는 피처럼 붉고[104], 하나는 검었다[105]: 그리고 그 하얀 황소는 그들로부터 떠났다. 그리고 그들은 들짐승과 새들을 내기 시작했고, 다양한 종류가 나타났다: 사자, 호랑이, 늑대, 개, 하이에나, 멧돼지, 여우, 다람쥐, 돼지, 매, 독수리, 솔개, 독수리, 까마귀; 그리고 그들 한가운데 [하얀 황소가 태어났다. 그리고 그들은 서로 물고 쫓기 시작했다. 그들 한가운데서 태어난 하얀 황소는 야생 당나귀[106]와 하얀 송아지도] 낳았다. 그리고 야생 당나귀들은 [수가 증가했다. 하얀 황소가 낳은 하얀] 송아지는 검은 [야생 멧돼지[107]]와 [하얀] 양 떼의 숫양을 낳았다. [멧돼지는 여러 마리의 멧돼지를 낳았고, 숫양은] 열두 마리 암양을 [낳았다. 그들이 자라자, 그들 중 한 마리를 야생 당나귀들에게 주었고, 야생 당나귀들은 그 암양을 늑대[108]들에게 주었다. 그리고 그 암양은 늑대들 사이에서 자랐다.]

숫양은 모든 [열]한 마리 암양을 늑대들 사이에서 [그와 함께 살고 풀을 뜯게 했다]; 그리고 그들은 수[가 증가하고 많은 양 떼로 변했다. 그리고 늑대들은] 양 떼를 괴롭히기 시작했다 [심지어 그 새끼들이 죽게 하고 큰 시내로 던져] 물에 잠기게 했다. [그때 암양들은 새끼들을 위해 비명을 지르며 주님 앞에서 울기 시작했다. 한 마리] 어린 양이 늑대들로부터 구[출되었고, 달아나 야생 당나귀에게 갔다.] 그리고 나는 양 떼가 끔찍하게 신음하고 비명을 지르는 것을 지켜보았는데, 그때 양 떼의 주[님이] 높은 거처

---

102 여기서 흰 황소는 셈이다.

103 후기 랍비 문학에서는 멜기세덱을 노아의 아들 셈으로 식별하지만, 사해 문서의 멜기세덱 문서(11Q13)를 포함한 초기 유대교 문헌에서는 그를 장차 올 메시아이자 마지막 때에 세상을 심판하고 구원할 존재로 식별한다. ▶ Side Notes 103

104 붉은 황소는 함이다.

105 검은 황소는 야벳이다.

106 야생 당나귀는 이스마엘과 그의 후손 미디안 족속이다.

107 야생 멧돼지는 에서와 그의 후손 에돔과 아말렉이다.

108 늑대는 애굽(이집트)이며, 사본에 따라 곰이나 하이에나로 표기된다.

에서 양들의 소리에 따라 내려와 [그들에게 오셔서 목양하셨다. 그리고 그분은 늑대에게서 탈출한 그 양을 부르시고, 그 양에게 늑대들에 대해 말하시며 양들에게 손대지 못하게 경고하라고 하셨다. 그리고 양은 주님의 말씀에 따라 늑대들에게 갔고, 다른 양이 그 양을 만나 함께 갔으며, 두 양은 함께 그 늑대들의 총회로 들어가 그들에게 말하며 앞으로 양들에게 손대지 못하게 경고했다. 그리고 나는 그때 늑대들을 보았고, 그들이 모든 힘으로 양들을 심하게 억압하는 것을 보았으며, 양들은 크게 울부짖었다. 그리고 주님이 양들에게 오셨고, 양들은 그 늑대들을 치기 시작했다[109][110]: 그리고 늑대들은 애통하기 시작했으나, 양들은 고요해지고 곧 울음을 멈추었다.

그리고 나는 양들이 늑대들 사이에서 떠날 때까지 지켜보았는데[111], 늑대들의 눈은 멀어 있었고, 그 늑대들은 모든 힘을 다해 양들을 쫓으며 떠났다. 그리고 양들의 주님은 그들과 함께 그들의 지도자로서 가셨고, 모든 양들이 그를 따랐다: 그리고 그의 얼굴은 눈부시고 영광스럽고 경외로웠다. 그러나 늑대들은 그 양들을 물의 바다에 이를 때까지 쫓기 시작했다. 그리고 그 바다는 갈라졌고, 물이 그들 앞에서 이쪽과 저쪽에 서 있었으며, 그

---

109 늑대(애굽)에게 내린 재앙의 근거에 관한 여담 1: 출애굽기의 10가지 재앙 중 흑암 재앙은 일식을 가리켰을 것으로 추정된다. 출애굽기 10:23의 '삼 일 동안'이라는 부분은 원문에서 ימ'의 복수인데, ימ'은 하루보다는 정확한 기간을 알 수 없는 기간 등 여러 뜻을 가졌기에 흑암 재앙의 기간 역시 삼 일이 아니라 평균적인 일식의 지속 기간 정도로 볼 수 있다. 여호수아서의 기브온 전투 이야기와 히스기야의 해시계 이야기 등 일식은 성서의 다른 이야기들에서도 등장한다. ▶ Side Notes 109

110 늑대(애굽)에게 내린 재앙의 근거에 관한 여담 2: 이어서, 성서의 과학과 관련한 또 다른 논쟁으로는 롯의 아내가 있다. 창세기는 그녀가 소금 기둥으로 변했다고 기록하는데, 그녀의 옷에 불이 붙고 바로 번져 그녀를 사망에 이르게 하였고, 그 후 그녀의 시신에 사해의 암염과 모래 입자 등이 바람에 흩날리며 후에 그녀의 시신이 거의 소금 기둥처럼 보이게 만들었을 것으로 해석할 수 있을 것으로 보인다. ▶ Side Notes 110

111 이는 출애굽을 상징하는데, 일반적으로 출애굽은 이집트의 신왕국 시대의 사건으로 추정되지만, 이를 고왕국 시대의 사건으로 보는 이들도 있다. 일부 학자들은 출애굽부터 성전의 건립일까지의 기간이 480년이 아니라 1480년 또는 그 이상으로 보아 출애굽을 기원전 26~25세기 무렵, 즉, 고왕국 시대의 사건으로 보고 있다. ▶ Side Notes 111

들의 주님은 그들을 인도하시고 자신을 그들과 늑대들 사이에 두셨다. 그리고 그 늑대들이 아직 양들을 보지 못했기에, 그들은 그 바다 한가운데로 나아갔고, 늑대들은 양들을 따라가며, (그 늑대들은) 그 바다로 그들을 쫓아 들어갔다. 그리고 그들이 양들의 주님을 보았을 때, 그들은 그의 얼굴 앞에서 도망치려고 했으나, 그 바다는 다시 모이고 원래 형태로 돌아갔으며,] 물이 [부풀어 올라 그 늑대들을 덮었다. 나는 계속 지켜보았다. 그 양 떼를 쫓아간 모든 늑]대들이 [물에 잠기고 익사하며 죽을 때까지, 그리고] 물이 그들을 덮었을 때까지 말이다.

[그] 양 떼는 그 물에서 벗어나 [불모지로 갔는데, 그곳에는] 물이나 풀[이 없었고] 그들의 눈이 열렸고 [그들은 보았다. 나는 지켜보았다. 양 떼의 주님이 그들을 먹이시고] 물을 [마시게 하시고 풀을 먹게 할 때까지 말이다. 그리고 그 어린 양이] 높은 [바위]의 꼭대기[로 올랐고, 그리고] 양 떼의 주님이 그를 양 떼 한가운데로 보내시자, 그들은 모두 [멀리서 서 있었다.] 그러자 나는 보았는데, 양 떼의 주님이 양 떼 앞에 일어서셨다: 그의 모습은 강력하고 위대하며 [두려웠고, 모든 양 떼가 그를 보고 그 앞에서 두려워했다. 그들은 모두 떨]며 두려워하고 있었다, [그분 앞에서.] 그리고 그들은 모두 두려워하며 [그분 앞에서 떨고 있었다.]

그리고 그들은 그들의 한가운데 있는 두 번째 어린 양에게] 소리쳤다: 우리는 주님 앞에 서 [있을 수 없습니다.] 그러자 그들을 인도하던 어린 양이] 다시 [두 번째로] 그 바위 꼭대기로 올라갔다. 그러나 양 떼는 어린 양이 알지 못하는 사이에 [눈이 멀고] 그가 가리킨 길에서 벗어나 [움직이기 시작했다.] 양 떼의 주님은 양 떼에게 [매우] 화가 나셨고, 어린 양은 그것을 알고 그 [바위] 꼭대기에서 내려와 양 떼에게 갔으며, 양 떼 대부분이 [눈이 멀고 길을 잃은 것을 발견했다.] 그들이 그를 보았을 때, 그들은] 그의 앞[에서 놀라기 시작하며] 우리로 되[돌]아가려고 했다. [그 어린 양은 다른 어린 양들을 데리고 와서] 양 떼에게 갔다. 그들은 모든 길 잃은 양들을

   

[도]살했고, 그들은 그의 앞에서 떨[기 시작했다. 그러고 나서] 이 어린 양은 모든 길 잃은 양들을 그들의 우리로 되돌아가게 했다. [길 잃은 양들이 그들의 우리로 돌아갔을 때,] 이 [어린 양]은 [맹세한 자를 꾸짖고, 죽이고, 처벌하는] 일로 바빴다. [나는 이 꿈을 계속 지켜보았고,] 이 어린 양은 변하여 사람이 되었으며, [양들의 주님을 위한] 장[막을] 만들고, [모든 양들을 그 집(장막)에 두었다.

그리고 나는 이 양이 그들을 이끈 양을 만나고 잠들 때까지 보았다: 그리고 나는 모든 큰 양들이 멸망하고 그 자리에 작은 양들이 나타나 목초지에 도착하고 물줄기에 접근할 때까지 보았다. 그때 사람이 된 그 양, 그들의 지도자는 그들로부터 물러나 잠들었고, 모든 양들은 그를 찾으며 크게 울었다. 그리고 나는 보았다, 그들이 그 양을 위해 울음을 멈추고 그 물줄기를 건널 때까지. 그리고 두 마리 양이 나타나, 그들을 이끌다 잠든 양들의 자리를 이어 지도자가 되었다. 그리고 나는 보았다, 양들이 좋은 곳, 즐겁고 영광스러운 땅에 도착할 때까지, 그리고 그 양들이 만족할 때까지를 말이다. 그리고 그 집은 즐거운 땅 가운데 그들 사이에 서 있었다. 그리고 때때로 그들의 눈이 열리고, 때때로 그들의 눈이 멀었으며, 다른 양이 나타나 그들을 이끌고 모두 되돌렸을 때 그들의 눈이 열렸다.

그리고 개들[112]과 여우들[113]과 멧돼지들이 그 양들을 잡아먹기 시작했으나, 양들의 주님이 그들 가운데서 (다른 양, 곧) 숫양을 일으켜 그들을 이끌게 하셨다. 그리고 그 숫양은 뿔로 들이받기 시작했고] 뿔로 쫓아 여우를 치고 이어서 멧돼지를 치며; 그는 [많은 멧돼지를 멸망시키고] 이어 개들을 풀어주었다. 눈이 열린 암양은 그 양 떼의 숫양을 [주시했는데, 그가 길을 버리고 양 떼를 치며 땅에 던지기 시작하고, 길에서 벗어나 걸어가기 시작할 때까지] 보았다. [그리고 양들의 주님은 그 어린 양을 다른 어린 양에게

---

112  개는 블레셋이다.
113  여우는 모압과 암몬이다.

보내어, 영광을 버린 그 숫양을 대신하는 숫양으로, 양 떼의 지도자로 세우셨다. 그리고 그 어린 양은 다른 어린 양에게 가서 혼자 말하고, 그 어린 양을 숫양으로 세우며 양 떼의 왕자이자 지도자로 만들었다; 그러나 이 모든 동안, 그 개들은 양들을 억압했다.

첫 번째 숫양이 두 번째 숫양을 쫓았고, 두 번째 숫양은 일어나 그것 앞에서 도망쳤다; 나는 그 개들이 첫 번째 숫양을 끌어내릴 때까지 보았다. 그리고 두 번째 숫양이 일어나 (작은) 양들을 이끌었다. 그리고 그 양들은 자라고 번성했고, 모든 개들과 여우들과 멧돼지들은 그것 앞에서 두려워하고 도망쳤으며, 그 숫양은 들이받고 야생 짐승들을 죽였고, 그 야생 짐승들은 더 이상 양들 사이에서 힘을 가지지 못하고 그들에게서 아무것도 빼앗지 않았다. 그 숫양은 많은 양들을 낳고 잠들었고; 작은 양이 대신 숫양이 되어, 그 양들의 왕자이자 지도자가 되었다. 그리고 그 집은 크고 넓어졌으며, 그 양들을 위해 지어졌다: (그리고) 그 집 위에 양들의 주님을 위한 높고 큰 탑이 세워졌고, 그 집은 낮았지만 탑은 높고 우뚝하며, 양들의 주님이 그 탑 위에 서셨고 그들 앞에 풍성한 식탁이 차려졌다.

그리고 다시 나는 그 양들이 다시 잘못하여 여러 길로 가고, 그들의 집을 버리는 것을 보았다. 그리고 양들의 주님은 양들 가운데 몇을 부르셔서 다른 양들에게 보내셨지만, 그 양들은 그들을 죽이기 시작했다. 그리고 그들 중 하나가 구원받아 죽임을 당하지 않았고, 달아나며 양들 위에서 크게 외쳤다; 그들은 그것을 죽이려고 했지만, 양들의 주님이 그것을 양들로부터 구원하시고 내게 데리고 오셔서 그곳에 머물게 하셨다. 그리고 많은 다른 양들을 그 양들에게 보내어 그들에게 증거하고 그들 위에서 애통하게 하셨다. 그리고 그 후 나는 보았다: 그들이 주님의 집과 그의 탑을 버렸을 때 그들이 완전히 타락하고, 눈이 멀었다; 그리고 나는 양들의 주님이 그 양들 사이에서 많은 학살을 어떻게 행하셨는지 보았는데, 그 양들이 그 학살을 초래하고 그의 거처를 배반할 때까지였다. 그리고 그는 그들을 사자와 호랑이, 늑대와 하이에나, 여우의 손과 모든 야생 짐승들의 손에 넘기셨고, 그 야생 짐승들은 그 양들을 찢기 시작했다. 그리고 나는 보았다. 그가 그들의 집과 탑을 버리고 모든 것을 사자[114]의 손에 넘겨 찢기고 잡아먹히게 하며, 모든 야생 짐승의 손에 넘기시는 것을 말이다. 나는 온 힘을 다해 크게 울며, 양들의 주님께 간청하고, 양들이 모든 야생 짐승들에게 잡아먹혔음을 그분께 알렸다. 그러나 그는 그것을 보았음에도 흔들리지 않으셨고, 그들이 잡아먹히고 삼켜지고 빼앗긴 것을 기뻐하시며, 그들을 모든 짐승의 손에 잡아먹히도록 두셨다. 그리고 그는 칠십 명의 목자들을 부르시고, 그 양들을 그들에게 맡겨 목양하게 하셨다. 그리고 그는 목자들과 그들의 동료들에게 말씀하셨다: "너희 각자가 앞으로 양들을 목양하라, 그리고 내가 명령하는 모든 일을 행하라. 그리고 나는 양들을 번호대로 너희에게 넘겨주고, 어느 양을 멸해야 하는지 알려 줄 것이니 그 양들을 멸하라." 그리고 그는 그 양들을 그들에게 넘기셨다. 그리고 그는 다른 사람을 불러 그에게 말씀하셨다: "목자들이 그 양들에게 하는 모든 일을 관찰하고 주목하라. 그들이 내가 명령한 것보다 더 많은 양을 멸할 것이다. 그리고 목자들로 인해 일어날 모든 과잉과 파괴를 기록하라. (즉) 그들이 내 명령에 따라 몇을 멸했는지, 그리고 그들의 마음대로 몇을 멸했는지를 기록하라: 각 목자마다 그가 행한 모든 파괴를 기록하라. 그리고 몇을 멸했는지, 몇을 멸망에게 넘겼는지를 숫자로 내 앞에서 읽어라, 이것으로 내가 그들에 대한 증거를 갖고, 목자들의 모든 행위를 알며, 내가 명령한 대로 그들이 따르는지 여부를 이해하고 볼 수 있게 하라. 그러나 그들은 알지 못할 것이며, 너는 그들에게 그것을 알리거나 경고하지 말고, 다만 각 목자마다 그가 각기 행한 모든 파괴를 기록하고 그것을 내게 모두 제출하라."

나는 보았다. 그 목자들이 자기 때에 목양할 때까지 말이다. 그리고 그들

---

114 사자와 호랑이는 앗수르(신아시리아 제국, 기원전 911~609년)와 바벨론(신바빌로니아 제국, 기원전 626~539년)이다. ▶ Side Notes 114

이 명령받은 것보다 더 많이 죽이고 파괴하기 시작했으며, 그 양들을 사자의 손에 넘겼다. 그리고 사자와 호랑이가 그 양들의 대부분을 먹고 삼켰으며, 멧돼지들이 함께 먹었다; 그리고 그들은 그 탑을 불태우고 그 집을 파괴했다. 나는 그 탑 때문에 매우 슬펐는데, 양들의 그 집이 파괴되었기 때문이었다. 그리고 그 후 나는 그 양들이 그 집에 들어갔는지 볼 수 없었다. 그리고 목자들과 그들의 동료들은 그 양들을 모든 야생 짐승에게 넘겨 잡아먹히게 했으며, 각자에게는 자기 때에 일정한 수가 주어졌다: 다른 사람이 책에 그들 각각이 몇 마리를 멸했는지 기록했다. 그리고 각자가 정해진 것보다 훨씬 더 많이 죽이고 파괴했으며, 나는 그 양들 때문에 울고 슬퍼하기 시작했다.

그리고 나는 환상 속에서 보았는데, 기록하는 사람이 매일 목자들이 멸한 모든 것을 어떻게 기록하고, 올리고 내려놓으며, 실제로 그 전체 책을 양들의 주님께 보여 주었는지 (그들이 행한 모든 일, 각자가 빼앗은 모든 것, 그리고 파괴를 위해 넘긴 모든 것을) 보았다. 그리고 그 책이 양들의 주님 앞에서 읽혔으며, 그분은 그 책을 그의 손에서 받아 읽고 봉인한 후 내려놓았다. 그리고 나는 즉시 목자들이 12시간 동안 목양하는 것을 보았고, 보라, 그 양들 중 세 마리가 돌아와 들어와 그 집에서 무너진 모든 것을 다시 세우기 시작했다; 그러나 멧돼지들이 그들을 방해하려 했으나, 그들은 그럴 수 없었다. 그리고 그들은 이전처럼 다시 건축하기 시작했고, 그 탑을 세웠으며, 그것을 높은 탑이라 불렀다; 그리고 그들은 다시 탑 앞에 식탁을 놓기 시작했으나, 그 위의 모든 빵은 더럽혀져 순전하지 않았다.

     사해문서로 다시 보는 **에녹서**

그리고 이 모든 일에 대해 그 양들의 눈이 멀어 보지 못했고, 그들의 목자들의 눈도 마찬가지였다; 그리고 목자들에게 넘겨진 많은 양들은 멸망에게 넘겨졌고, 그들(짐승들)은 그 양들을 발로 짓밟고 잡아먹었다. 그리고 양들의 주님은 모든 양이 들판에 흩어져 그들(짐승들)과 섞일 때까지, 그리고 그들(목자들)이 짐승의 손에서 그들을 구하지 못할 때까지 흔들리지 않으셨다. 그리고 그 책을 기록한 자는 그것을 들어 올리고, 보여 주고, 양들의 주님 앞에서 읽으며, 그들 때문에 간청하고, 그들 때문에 호소하면서 목자들의 모든 행위를 그분께 보여 주고, 모든 목자들에 대한 증거를 그분 앞에서 드렸다. 그리고 그는 실제 책을 가져와 그분 곁에 내려놓고 떠났다.]

# 제90장

사해 문서에는 없는 내용

[내가 보니, 이와 같이 35명의 목자가 양들을 치는 일을 맡았더라. 그들은 각자 자신에게 정해진 기간을 첫 번째 목자와 같이 완료하였더라. 그리고 다른 이들이 그들을 이어받아 각자 정해진 기간 양을 치더라. 그 후 내 환상 속에서 모든 하늘의 새들이 날아오는 것을 보았으니, 독수리[115], 독수리매, 솔개[116], 까마귀[117] 등이라. 그러나 독수리가 모든 새들을 이끌더라.

그들은 양들을 잡아먹고, 눈을 쪼며 살을 먹기 시작하더라. 양들은 새들에게 살이 먹히므로 울부짖더라. 나는 그 목자를 보며 잠 속에서 탄식하였더라. 나는 그 양들이 개와 독수리, 솔개에게 잡아먹힐 때까지 보았더라. 그들은 살도, 가죽도, 힘줄도 남기지 않고 오직 뼈만 남기더라. 그들의 뼈마저 땅에 떨어지고, 양들은 적어지더라. 내가 보았더니 23명이 양을 치는 일을 맡아 그들 각자가 자기의 정해진 기간을 따라 모두 58 기간을 마쳤더라. 보라, 그 흰 양들에게 새끼 양들이 태어나더라. 그들은 눈을 뜨고 보며, 양들에게 울부짖기 시작하더라. 그들은 양들에게 울부짖었으나, 양들은 그들의 말을 듣지 아니하더라. 양들은 매우 귀머거리였고, 눈이 크게 멀었더라. 나는 환상 속에서 까마귀들이 그 새끼 양들에게 날아와 그중 하나를 잡는 것을 보았더라. 까마귀는 그 양을 쪼개어 먹더라. 나는 새끼 양들에게 뿔이 자랄 때까지 보았더라. 까마귀들이 그 뿔들을 부수더라. 나는 그 양들 중 하나에게 큰 뿔이 돋고, 그들의 눈이 열릴 때까지 보았더라. 그것이 그들을 바라보니 눈이 열렸고, 양들에게 울부짖더라. 숫양들이 그것을 보고 모두 달려가더라. 그럼에도 불구하고 독수리, 독수리매, 까마귀, 솔개는 계

---

115  알렉산드로스 대왕(알렉산드로스 3세, 기원전 336~323년)의 마케도니아 제국을 가리킨다.
116  프톨레마이오스 왕국(기원전 305~30년)을 가리킨다.
117  셀레우코스 제국(기원전 312~63년)을 가리킨다.

속해서 양들을 찢고, 덮쳐 잡아먹더라. 양들은 여전히 침묵하였으나, 숫양들은 탄식하며 울부짖더라. 까마귀들이 그것과 싸우며 그 뿔을 부러뜨리려 했으나, 힘이 미치지 못하더라. 모든 독수리, 독수리매, 까마귀, 솔개가 모였고, 들판의 모든 양들도 함께 모였으며, 숫양의 그 뿔을 부수기 위해 서로 돕더라.

나는 큰 칼이 양들에게 주어질 때까지 보았더라[118]. 양들이 들판의 모든 짐승을 치러 나아가더라. 모든 짐승과 하늘의 새들이 그들 앞에서 도망가더라. 나는 주의 명령에 따라 책을 쓴 그 사람을 보았더라. 그가 열두 마지막 목자들이 행한 파괴에 관한 책을 열 때까지 보았더라. 그들이 이전 목자들보다 훨씬 더 많이 파괴했음을 양의 주 앞에서 보여 주더라. 나는 양의 주께서 그들에게 오셔서 진노의 지팡이를 손에 잡으실 때까지 보았더라. 땅을 치시니, 땅이 갈라지더라. 모든 짐승과 하늘의 새가 그 양들 사이에서 떨어져 땅에 삼켜지며, 땅이 그것들을 덮더라. 나는 보았으니, 아름다운 땅에 보좌가 세워지더라. 그리고 양의 주께서 그 보좌에 앉으시더라. 다른 이가 봉인된 책들을 가져와 양의 주 앞에서 열더라. 주께서 그 사람들을 일곱 명의 첫 번째 흰 자들이라 칭하시고, 길을 인도했던 첫 번째 별(천사)부터 시작하여, 사적인 부분(성기)이 말의 것과 같은 모든 별들을 주 앞에 데려오라 명하시니, 그들이 모두 왔더라. 그리고 그 앞에서 글을 쓴, 일곱 흰 자 중 한 사람에게 말씀하시되, "내가 양을 맡긴 70명의 목자를 데려오라. 그들은 내 명령보다 더 많이 양을 죽였느니라." 보라, 그들이 모두 결박된 것을 내가 보았고, 모두 주 앞에 서더라. 먼저 별들에 대한 심판이 행해지니,

---

118 90장은 마카베오 전쟁, 하스몬 왕조의 수립, 그리고 최후 심판에 대해 이야기한다. 90장의 "나는 큰 칼이 양들에게 주어질 때까지 보았더라."라는 구절부터 이어지는 이야기는 요한계시록의 최후 심판에 대한 이야기로 이어지는 것으로 보이기에, 마카베오 혁명과 하스몬 왕조의 수립뿐 아니라 제사장-왕인 메시아의 초림, 그리고 그의 재림과 이어지는 그의 영원한 왕국의 수립에 대한 이야기로도 볼 수 있다. 이사야서의 임마누엘이 기원전 8~7세기의 유다 왕 히스기야뿐 아니라 메시아를 가리켰다고 해석하는 것과 비슷하게 보는 것이다.
▶ Side Notes 118

그들은 유죄로 판명되고 정죄의 장소로 가더라. 그들은 불과 화염으로 가득한, 불기둥이 솟은 심연에 던져지더라. 70명의 목자들도 심판받아 유죄로 판정되니, 그들은 그 불타는 구덩이에 던져지더라. 나는 그때, 땅 한가운데(예루살렘)[119]에 불로 가득한 구덩이가 있는 것을 보았더라. 그들은 눈먼 양들을 가져왔고, 그 양들도 모두 심판받아 유죄 판정을 받으며 이 불타는 구덩이에 던져져 타더라. 이 구덩이는 그 집의 남쪽 (힌놈의 골짜기)에 있었더라. 나는 그 양들이 타는 것과, 그들의 뼈가 타는 것을 보았더라. 내가 일어서서 보았더니, 그들이 그 옛집을 철거하여 가더라. 그 기둥들과 들보들과 집의 모든 장식들도 함께 철거되어 옮겨졌더라. 그들이 그것을 가지고 가서 땅의 남쪽 한곳에 두었더라.

내가 보았더니 양들의 주님께서 처음 것보다 더 크고 더 높으신 새집을 가져오시어, 철거되어 사라진 첫 집이 있던 그 자리에 세우시니, 그 기둥들은 모두 새것이었고, 그 장식들도 새롭고 처음 것보다 더 크더라. 주께서 옛집은 거두어 가시고 새집을 세우셨으며, 모든 양들이 그 안에 있더라. 나는 남겨진 모든 양과 땅의 모든 짐승, 하늘의 모든 새들이 그 양들에게 경배하며, 간청하고 모든 일에서 순종하는 것을 보았더라. 그 후, 흰옷을 입은 세 사람이 나의 손을 붙잡고, 숫양의 손도 나를 붙잡더라. 그들은 나를 들어 올려, 심판이 있기 전 그 양들 한가운데에 내려놓았더라. 그 양들은 모두 흰색이었고, 털이 풍성하고 깨끗하더라. 파괴되고 흩어졌던 모든 것과, 들판의 모든 짐승, 하늘의 모든 새들이 그 집에 모였더라. 양의 주께서 큰 기쁨으로 즐거워하셨으니, 그들이 모두 선하고 주의 집으로 돌아왔기 때문이더라. 나는 그들이 양들에게 주어진 칼을 내려놓고, 그것을 집 안으로 가져가는 것을 볼 때까지 보았더라. 그리고 그 칼은 주의 앞에서 봉인되더라. 모든 양들이 그 집으로 초대되었으나, 집은 그들을 담지 못하더라.

---

119 '땅의 중심' 또는 '땅의 가운데'라는 표현은 예루살렘을 가리키는 표현이다.



사해문서로 다시 보는 **에녹서**

모든 양의 눈이 열려 선한 것을 보았고, 보지 못하는 양이 하나도 없더라. 나는 그 집이 크고 넓으며 매우 가득 찬 것을 보았더라. 나는 큰 뿔을 가진 흰 황소가 태어나는 것을 보았더라. 들판의 모든 짐승과 공중의 모든 새들이 그를 두려워하며 항상 간청하더라. 나는 그들의 모든 세대가 변형되어 모두 흰 황소가 될 때까지 보았더라. 그들 중 첫 번째는 새끼 양이 되었고, 그 새끼 양은 커다란 짐승이 되어 머리에 큰 검은 뿔을 가지더라. 양의 주께서 그것과 모든 황소 위에 기뻐하셨더라. 나는 그들 한가운데에서 잠들었고, 깨어나 모든 것을 보았더라. 이것이 내가 잠든 중에 본 환상이라, 깨어나 의의 주님을 송축하였고 영광을 돌렸더라. 그 후 나는 크게 울었고, 참을 수 없을 때까지 눈물이 멈추지 않더라. 내가 본 것을 생각하며 눈물이 흘렀더라. 모든 것이 이루어질 것이며, 사람들의 모든 행위가 순서대로 나에게 보여졌더라. 그 밤에 나는 첫 꿈을 기억하였고, 그로 인해 울고 괴로워하였으니, 내가 그 환상을 보았기 때문이더라.]

에녹의 서신

91~108장

# 에녹의 자녀들에게 주는 훈계(91-i장)

## 제91장(i)

4Q212 Col. ii(= 1 Enoch 91:18-19)

["이제 내 아들 므두셀라야, 네 모든 형제들을, 네 어머니의 모든 아들들을 불러 나에게 모이게 하라. 말씀이 나를 부르며 영이 내게 부어졌으니, 이는 내가 너희에게 모든 것을 보여 주기 위함이라. 너희에게 영원히 닥칠 일을 보여 주기 위함이라." 이에 므두셀라는 가서 모든 형제를 불러 모았고, 친척들을 한자리에 모았더라. 그리고 그는 모든 의의 자녀들에게 말하되, "에녹의 아들들아, 너희 아버지의 모든 말씀을 들어라. 내 입의 소리를 올바르게 귀 기울여 들어라. 내가 너희에게 권하며 말하노라, 사랑하는 자들아: 정직함을 사랑하고 그 안에서 행하라. 두 마음으로 정직함에 가까이 가지 말라. 두 마음을 가진 자와 사귀지 말라. 다만 의로움 안에서 걸으라, 내 아들들아. 그것이 너희를 선한 길로 인도하리라. 의가 너희의 동반자가 되리라. 내가 아노라, 땅 위에 폭력이 반드시 증가할 것이지만, 큰 징벌이 땅 위에서 집행될 것이며, 불의가 그 뿌리들로부터 끊어지고, 불의의 전(全) 체계가 파괴되리라. 하지만, 불의는 다시 땅 위에서 극에 달하리라. 그리고 모든 불의와 폭력과 위법의 행위가 두 배로 강하게 만연하리라. 죄와 불의, 신성모독, 모든 종류의 폭력 행위가 증가할 때, 배교와 위반, 부정함이 증가할 때, 이 모든 것 위에 하늘로부터 큰 징벌이 임하리라. 거룩하신 주님께서 진노와 징벌을 가지고 오셔서 땅에서 심판을 집행하시리라. 그날들에는 폭력이 그 뿌리들로부터 끊어질 것이고 불의의 뿌리들과 거짓이 모두 함께 하늘 아래에서 파괴되리라. 모든 이방인의 우상들은 버려지리라. 신전들은 불에 타리라. 그리고 그것들을 온 땅에서 제거하리라. 그것들은 불의 심판 속에 던져지리라. 그리고 진노와 무거운 심판 속에서 영원히 멸

망하리라. 의인들은 그들의 잠에서 깨어나리라. 지혜가 일어나 그들에게 주어지리라. 그 후 불의의 뿌리들이 끊어지고, 죄인들은 칼에 의해 멸망하리라. … 모든 곳의 신성모독자들로부터 끊어지리라. 폭력을 계획하는 자와 신성모독을 행하는 자들은 칼로 멸망하리라. 이제 내 아들들아, 내가 너희에게 말하느니라. 내가 너희에게 모든] 정의의 길[과 폭력의 길을 보여 주리라. 내가 너희에게 다시금 보여 주어] 너희가 앞으로 어떤 일이 일[어날지] 알게 하리라. 이제 내 아들들아, 내 말을 듣고 정의[의 길을 택하여] 그 길을 걸으라. [폭력의 길을 걷지 말라. 이는 불의의 길을 걷는 자마다] 완전한 멸망에 이를 것이기 [때]문이라."

## 에녹의 훈계서: 자녀들에게 주는 훈계(92장)

### 제92장

4Q212 Col. ii(= 1 Enoch 92:1-2) & Col. iii(= 1 Enoch 92:5)

[유명한 서기관이요,] 인간 중 가장 [지혜]로운 자요, [땅의 아들들의 행위를 재판할 땅의] 아들들 가운데 택[함 받은] 자 [에녹이 그의 아들] 므두[셀라와 그의 모든 형제들에게 써서] 준 [글이다. 그는] 그[의] 아들들[의 아들들과] 미래 세대들, [마른 땅에] 사[는 모든 자들에게 글을 남겼으니, 이는 그들로 선을 행하고 평화를 행하도록 하게 하기 위함이라. 때를 이유로] 너[희와 너희 영혼이] 근심하[지 말라. 지극히 거룩하신 분께서는 모든 것에 때를] 정하셨음이라. [의인은 잠에서 깨어나 의의 길들을 걸으리라. 그의 모든 길과 행위는 영원한 선함과 은혜 안에 있으리라. 그분께서는 의인에게 자비를 베푸시고, 영원한 정직함을 주시며, 또한 선함과 의로움으로 충만하도록 능력을 주시리니 의인으로 영원한 빛 안에서 영원히 걷게 하실

것이다. 죄는 어둠 [안에서 영원히 멸망할 것이니] 오늘 [이]후[로 다시는, 그리고 영원히 보이지 않으리라.]

## 주간의 계시(93장)

### 제93장

4Q212 Col. iii(= 1 Enoch 93:1-4) &<br>Col. iv(= 1 Enoch 93:9-10) & Col. v(= 1 Enoch 93:11-14)

[에]녹[이 편지를 전하던 중 다시] 말하기를 [시작하였다. "정의의 자손들과] 진리[와 정의]의 풀에서 [일어난 세상의 택함 받은 자들에 관하여 내가 말할 것이며, 너희] 내 [아]들들[에게 알리리라.] 나 에녹은 [하늘의 환상 속에서 모든] 것을 보았으며, 감찰자들과 거룩한 자들의 말씀으로부터 모든 것을 알게 되었다. [또한 하늘의 석판들에서 모든] 것을 읽고 [깨달았다.]" 그리고 에녹은 다[시] 말을 이어 가며 이르되, "나 [에녹은] 첫 번째 [주의] 일곱째 날[에 태어났으며,] 나의 시대까지 정의는 여전[히 강하게] 존재[하였었다. 그러나 나 이후에 오는] 두 번째 [주에는] 큰 악이 [올 것이]고 거짓이 싹틀 것이다. [그리고 그때에 첫 번째 종말[120]이 있을 것이고 한 사람이 구원을 받을 것이다. 그 종말이 끝난 뒤, 불의가 자라날 것이지만 한 법이 죄인들을 위해 제정되리라. 그 후 세 번째 주 그 주간의 끝에 한 사람이 의로운 심판의 풀로 택함 받을 것이다. 그의 후손은 영원히 의의 풀이 되리라. 그 후 네 번째 주 그 주간의 끝에 거룩하고 의로운 자들의 환상이 보여질 것이다. 모든 세대를 위한 한 법과 울타리가 그들을 위해 만들어질 것이다[121]. 그 후 다섯 번째 주 그 주간의 끝에 영광과 통치의 집이 영원히 세워

---

120 이는 노아의 대홍수를 가리킨다.
121 출애굽 이후 이스라엘 백성들이 시내산에서 하나님과 언약을 맺고 율법을 받은 것에 대

지리라[122]. 그 후 여섯 번째 주에는 그 안에 사는 모든 이들이 눈이 멀게 될 것이고, 그들 모두의 마음은 불경건하게 지혜를 버릴 것이다. 그 주간에 한 사람이 승천할 것이다[123]. 그리고 그 주간의 끝에 그 통치의 집이 불에 탈 것이고, 그 택함 받은 뿌리로부터 나온 민족 전체가 흩어지게 될 것이다[124]. 그 후 일곱 번째 주에는 배교의 세대가 일어날 것이고 그들의 행위가 많을 것이지만 그] 모든 [행위는 잘]못된 것이다. [그 주간의 끝에] 영[원한] 정의의 풀이 [택]함 [받은 자]들을 정의의 증인들로 택할 [것이고, 그들에게] 일곱 [배의] 지혜와 지식이 주[어]질 것이다. 그들은 [심판]을 행하기 위해 폭력의 기초들과 거짓의 일을 뿌리 뽑을 것이다. 모든 인간 가운데 누가 [하나님]의 명령을 이해할 [수] 있으며, [모든 사람의 아들들 가운데 누가] 거룩한 분의 [말]씀을 듣고도 [동요하지 않으며 그 생각을 헤아릴 수 있겠는가?] 혹은 누가 [하늘들의 모든 일들과] 그것이 의지하고 있는 그 […][125]의 각도[126]를 헤아릴 수 있겠는가? [혹은 누가 영이나 혼을 보고 그것을] 돌아가 전[할 수 있으며, 올라가서 그 전체 공동체를 보고 그들과 같이 생각하거나 행동할 수 있겠는가? 혹은 사람[의 아들들 가운데] 누가 온 땅의 길이와 너비를 [알거나 측정할] 수 [있겠는가?] 혹은 [그 모든 치수]와 모양을 [보임을 받은 자가 있는가?] 혹은 누가 [하늘의 범위와] 높이, 그것이 어떻게 창조되었는지, 별들로부터 나오는 광선들의 수가 얼마나 되는지[와 그 모든 광선들의 빛들이 어디서 쉬는지를 알 수 있겠는가?"]

---

한 구절이다.

122 솔로몬의 제1성전 건축을 가리킨다.

123 이는 엘리야의 승천을 가리킨다.

124 성전의 파괴와 유다 왕국의 멸망, 그리고 바빌론 유수기에 대한 구절이다.

125 바람들(영들)로 추정된다.

126 사해 문서에는 아람어 חקם로 기록되어 있는데, חקם는 '구석'이나 '각도'를 의미하지만(Cook 2015, 70), 문맥에 따라 '방향', '지역', '영역'을 의미하기도 한다.

# 마지막 세 주간(91-ii장)

## 제91장(ii)

4Q212 Col. iv(= 1 Enoch 91:11-17)

이후에 여덟 번째 주가 오리니, 그것은 정의의 주간이라. 그 주간에 모든 의인들에게 [한 자루의 칼]이 주어지리니 이는 그들로 악인들에게 의로운 [심판]을 집행하도록 하기 위함이라. 악인들은 그들의 손에 넘겨지리라. 그 주간의 끝에 그들은 정의 안에서 소유물들을 얻을 것이고, 그분의 영광스러운 위대함 안에서 모든 영원한 세대들을 위하여 위대하신 분의 [왕]권의 성전이 세워지리라. 그 후에 아홉 번째 주에는 온 땅의 모든 사람들에게 정[의와 공의로운] 심[판]이 드러나고, [악하게] 행하는 모든 자들은 온 땅에서 완전히 [사라지리라.] 그리고 그들은 [영원한] 구덩이에 던져지리라. 모든 [사람들이] 의롭고 영원한 길을 [보리라.] 그 후에 [열 번째 주가 오리니], 그 주간의 [일곱째 (부분)]에는 영원한 심판이 있으리라. 그리고 위대한 심판의 때가 이르며, [그분께서 거룩한 자들 가운데에서 보복을 시행하시리라.] 그때에 처음 하늘이 사라지리라. 그리고 [새] 하[늘이 나타나며, 하늘의 모든 군대가] 일어나 [일곱 배 더] 영원토록 빛나리라. [그 후에는 영원히] 끝이 [없고 셀 수 없이] 많은 [주]간들[이 있으리니] 그 주간들 동안 그들은 [선과 정]의를 행하리라.

 사해문서로 다시 보는 **에녹서**

# 의인들에게 주는 권고 & 죄인들에게 내리는 화(94장)

## 제94장

4Q212 Col. v(= 1 Enoch 94:1-2)

내 아들들아, 이제 내가 너희에게 말하노라: ["정의를 사랑하고 그 안에서 행하라.] 정의의 길은 [인정받을 만하나, 불의의 길은 멸망하여 사라지리라. 한 세대의] 인[간들에게 폭력과 죽음의 길이 드러나리니, 그들은 그것에서 멀리 자신을 지키리라. 그리고 그것을 따르지 아니하리라. 이제 의인들에게 말하노라: 악의 길과 죽음의 길로 가지 말라. 그것들에 가까이 가지 말라, 그렇지 않으면 너희가 멸망하리라. 오직 너희를 위하여 정의와 선택된 생명을 구하고 선택하라. 평화의 길을 걸으라. 그러면 너희는 살아 번영하리라. 내 말을 너희 마음속에 굳게 붙잡고, 그것이 마음에서 지워지지 않게 하라. 나는 아노라, 죄인들이 사람들을 꾀어 지혜를 악하게 다루게 하리라는 것을. 그러므로 지혜를 위한 자리가 없게 되리라. 어떠한 유혹도 줄어들지 않으리라. 화 있을지어다, 불의와 억압을 세우고 거짓을 기초로 삼는 자들아. 그들은 갑자기 전복되리라. 그들은 평안을 얻지 못하리라. 화 있을지어다, 죄로 집을 세우는 자들아. 그들의 모든 기초에서 전복되리라. 그들은 칼에 의해 쓰러지리라. (재판에서 금과 은을 취하는 자들도 갑자기 멸망하리라.) 화 있을지어다, 부요한 자들아, 너희는 재물을 의지하였도다. 너희는 재물로부터 떠나리라. 이는 너희가 재물의 날들에 지극히 높으신 이를 기억하지 아니하였음이라. 너희는 신성모독과 불의를 범하였도다. 그리고 도살의 날을 위하여 준비되었도다. 어둠의 날과 위대한 심판의 날을 위하여. 이와 같이 내가 너희에게 말하고 선언하노라: 너희를 창조하신 이는 너희를 전복시키리라. 너희가 넘어져도 자비는 없으리라. 너희 창조자는 너희 멸망을 기뻐하시리라. 그날들에 너희의 의는 죄인들과 불경한 자들에게 수치가 되리라."]

## 에녹의 슬픔과 죄인들을 향한 새로운 화(95장)

### 제95장

사해 문서에는 없는 내용

["오, 내 눈이 물의 구름 같다면, 내가 너희를 위하여 울 수 있도록, 내 눈물을 물의 구름처럼 쏟아내어, 내 마음의 근심으로부터 잠시나마 쉴 수 있기를! 누가 너희가 비난과 악을 행하도록 허락하였느냐? 그러므로 죄인들아, 심판이 너희를 덮치리라. 의인들이여, 죄인들을 두려워하지 말라. 주께서 다시 그들을 너희 손에 맡기시사 너희가 그들 위에 너희 뜻대로 심판을 집행하도록 하리라. 화 있을지어다, 돌이킬 수 없는 저주를 내리는 자들아. 그러므로 너희 죄로 인하여 치유는 너희에게서 멀리 있으리라. 화 있을지어다, 이웃에게 악으로 갚는 자들아. 너희는 너희 행위대로 갚음을 받으리라. 화 있을지어다, 거짓 증인들이여, 불의를 재는 자들이여. 너희는 갑자기 멸망하리라. 화 있을지어다, 의인들을 박해하는 너희 죄인들이여. 너희는 불의 때문에 넘겨지고 박해를 받으리라. 그 멍에가 너희에게 무겁게 얹히리라."]



사해문서로 다시 보는 에녹서

# 의인들의 소망: 악인들에게 닥칠 화(96장)

## 제96장

사해 문서에는 없는 내용

["희망을 가지라, 의인들이여; 죄인들은 갑자기 너희 앞에서 멸망하리라. 너희는 너희 뜻대로 그들 위에 주권을 가지리라. 죄인들의 환난의 날에, 너희 자녀들은 독수리처럼 날아오르리라. 너희의 둥지는 독수리들의 둥지보다 더 높이 있으리라. 너희는 올라가 땅의 틈새로 들어가고 바위의 갈라진 곳 속으로 들어가리니, 불의한 자 앞에서 사반(바위너구리)처럼 영원히 거주하리라. [없음[127]] 그러므로 고난을 겪은 자들아, 두려워하지 말지어다. 치유가 너희 몫이 되리라. 밝은 빛이 너희를 비추리라. 너희는 하늘에서 안식의 음성을 들으리라. 화 있을지어다, 죄인들아, 너희의 부는 너희를 의인처럼 보이게 하나, 너희 마음은 너희가 죄인임을 증명하느니라. 그리고 이러한 사실이 너희의 악행에 대한 증거로 너희에게 남으리라. 화 있을지어다, 가장 좋은 밀을 탐식하는 자들아. 큰 그릇에 포도주를 마시는 자들아. 힘으로 겸손한 자들을 짓밟는 자들아. 화 있을지어다, 모든 샘에서 물을 마시는 자들아. 너희는 갑자기 소멸하고 시들리라. 이는 너희가 생명의 샘을 버렸음이라. 화 있을지어다, 불의와 거짓과 신성모독을 행하는 자들아. 이는 너희의 악에 대한 증거가 되리라. 화 있을지어다, 힘 있는 자들아, 의인들을 힘으로 억압하는 자들아. 너희 멸망의 날이 이르리라. 그날들에 의인들에게는 많은 좋은 날들이 오리니, 이는 너희 심판의 날이 되리라."]

---

127 "세이렌(Siren)이 너희로 말미암아 한숨을 쉬고 울리라."라는 구절은 사해 문서에 등장하지 않으며, 96장 자체가 원래 사해 문서에 없는 내용이다. 세이렌은 사본이 전승되는 과정에서 그리스 신화의 영향을 받은 편집자에 의해 삽입되었을 것이다.

## 죄인들과 불의한 재물을 가진 자들을 위해 준비되어 있는 재앙(97장)

### 제97장

사해 문서에는 없는 내용

["믿으라, 의인들이여, 죄인들은 수치가 되리라. 불의의 날에 멸망하리라. 너희 죄인들에게 지극히 높으신 분께서 너희 멸망을 염두에 두고 계시며 하늘의 천사들이 너희 멸망을 기뻐한다는 것이 알려지게 되리라. 너희 죄인들아, 무엇을 하려느냐? 그 심판의 날에 어디로 피하겠느냐? 의인들의 기도의 소리를 들을 그때에 '너희는 죄인들의 벗이었다.'라는 말씀이 너희를 대적하는 증거가 되리라. 그날들에 의인들의 기도가 주님께 닿을 것이며, 너희를 위한 심판의 날들이 이르리라. 너희 모든 불의의 말들이 거룩하시고 위대하신 분 앞에서 낭독되리라. 너희 얼굴은 수치로 가려지리라. 지극히 높으신 분께서는 불의 위에 세워진 모든 행위를 거절하시리라. 화 있을지어다, 죄인들이여, 바다 한가운데와 마른 땅에 사는 자들이여. 너희를 기억함이 너희에게 악이 되리라. 은과 금을 불의로 얻고 '우리는 부를 얻고 재산을 갖게 되었도다. 우리가 원하는 모든 것을 얻었도다. 이제 우리가 계획한 대로 하자: 우리는 은을 모았도다. 우리의 집에는 많은 농부들이 있도다. 우리의 곡창은 물로 가득 찬 것처럼 넘치도다.'라고 말하는 너희에게 화 있을지어다. 진실로, 너희 거짓말은 물처럼 흘러가리라. 너희 재물은 오래 머물지 못하고, 빠르게 너희에게서 떠나가리라. 이는 너희가 모든 것을 불의로 얻었음이니라. 너희는 큰 저주에 넘겨지리라."]

## 제멋대로인 죄인들: 인간에게서 비롯된 죄, 모든 죄가 천국에 기록됨, 죄인에게 닥칠 화(98장)

### 제98장

사해 문서에는 없는 내용

["이제 내가 너희에게 맹세하노니, 지혜로운 자와 어리석은 자에게 이르노라. 너희는 땅 위에서 다양한 경험을 겪으리라. 사람들이여, 너희는 여인보다 더 많은 장식을 하고, 처녀보다 더 화려한 옷을 입으리라. 왕권과 위엄과 권세 속에서, 은과 금과 자주색 속에서, 화려함과 음식이 물처럼 쏟아지리라. 그러므로 그들은 교훈과 지혜가 부족하여, 그들의 소유와 함께, 그들의 모든 영광과 화려함과 함께, 수치와 살육과 큰 빈궁 속에서 멸망하리라. 그들의 영혼은 불의 용광로에 던져지리라. 죄인들이여, 내가 너희에게 맹세하노니, 산이 종이 되지 아니하고, 언덕이 사람의 종이 되지 아니하듯이, 죄도 땅 위에 보내진 것이 아니라, 사람 스스로 만들어 낸 것이니라. 죄를 짓는 자들은 큰 저주 아래 떨어지리라. [없음[128]] 죄인들이여, 내가 거룩하시고 위대하신 분을 두고 맹세하여 말하노니, 너희의 모든 악행은 하늘에 드러나고, 압제의 행위 중 숨겨진 것은 하나도 없느니라. 그러므로 모든 죄가 매일 지극히 높으신 분의 임재 앞에서 하늘에 기록된다는 것을 모른다거나 보지 못한다고 생각하지 말며 너희 마음에 말하지 말라. 이제부터 너희는, 너희가 행하는 모든 억압이 심판의 날까지 날마다 기록되고 있음을 알지어다. 화 있을지어다, 어리석은 자들아, 너희의 어리석음으로 말미암아 너희는 멸망하리라. 너희가 지혜로운 자들에게 죄를 짓고 대적하니, 복된 일이 너희 몫이 되지 아니하리라. 이제 알라, 너희는 멸망의 날을 위하여 이미 준비되었느니라. 그러므로 생명을 바라지 말지어다, 너희 죄

---

128 "사람에게 불임이 주어진 것이 아니라, 자기 손의 행위 때문에 자녀 없이 죽느니라."라는 구절은 사해 문서에 등장하지 않으며, 98장 자체가 원래 사해 문서에 없는 내용이다.

인들아, 너희는 떠나가 죽으리라. 이는 너희가 속전(贖錢)을 알지 못함이라. 너희는 위대한 심판의 날, 곧 너희 영혼의 환난과 큰 수치의 날을 위하여 준비되었느니라. 화 있을지어다, 마음이 완악하여 악을 행하고 피를 먹는 자들이여. 너희가 좋은 음식과 마실 것과 배부름은 모두 어디서 얻었느냐? 지극히 높으신 주님께서 땅 위에 풍성히 두신 모든 좋은 것들에서 얻은 것이 아니냐? 그러므로 너희는 평안을 얻지 못하리라. 화 있을지어다, 불의의 행위를 사랑하는 자들아. 어찌하여 너희가 스스로에게 복된 일을 바라느냐? 너희가 의인들의 손에 넘겨질 것을 알지어다. 그들이 너희의 목을 베고 너희를 죽이되, 너희에게 긍휼을 베풀지 아니하리라. 화 있을지어다, 의인들의 환난을 기뻐하는 자들이여. 너희를 위하여 무덤이 파여지지 아니하리라. 화 있을지어다, 의인들의 말을 업신여기는 자들이여. 너희는 생명의 소망이 없으리라. 화 있을지어다, 거짓되고 불경한 말을 기록하는 자들이여. 그들은 사람들이 그 거짓말을 듣고, 이웃에게 불경하게 행하도록 하기 위하여 그것을 기록하느니라. 그러므로 그들은 평안을 얻지 못하고, 갑작스러운 죽음을 맞이하리라."]

## 불경건한 자들과 율법을 어기는 자들에게 닥칠 재앙: 말세에 죄인들이 맞이할 비참한 운명(99장)

### 제99장

사해 문서에는 없는 내용

["불경건한 행위를 하고, 거짓을 자랑하며 그것을 찬양하는 자들아, 너희에게 화가 있으리라. 너희는 멸망할 것이며, 행복한 삶을 누리지 못하리라. 바른 말씀을 왜곡하고, 영원한 법을 어기며, 스스로 본래의 모습이 아닌 죄인으로 변하는 자들아, 너희에게 화가 있으리라. 그들은 땅 위에서 짓밟히리라. 그날들에 의인들이여, 기도를 기념으로 올릴 준비를 하라. 그 기도를 천사들 앞에 증거로 두어, 천사들이 죄인들의 죄를 지극히 높으신 분 앞에 기념으로 올릴 수 있도록 하라. 그날들에 민족들이 들끓고, 민족의 가문들이 멸망의 날에 일어나리라. 그날들에 가난한 자들이 나아가 자기 자녀들을 버려 그 자녀들이 그들(가난한 자들)로 말미암아 멸망하게 되리라. 참으로 그들은 아직 젖먹이인 자녀도 버리고 돌아보지 아니하며, 사랑하는 자들에게 연민을 품지 아니하리라. 또한 내가 너희 죄인들에게 맹세하노니, 죄는 끊임없는 피 흘림의 날을 위하여 준비되어 있느니라. 돌과 금과 은과 나무와 진흙으로 된 우상과 묘(墓)상, 더러운 영들과 악령들, 그리고 모든 종류의 우상들을 지각 없이 숭배하는 자들은 그것들로부터 아무 도움도 받지 못하리라. 그들은 마음의 어리석음으로 인해 불경건해지며, 마음의 두려움과 꿈 속의 환상으로 인해 눈이 가려지리라. 그로 인해 그들은 불경건하고 두려워하게 되리라. 모든 행위를 거짓으로 행하고, 돌을 숭배하였기 때문이니, 그러므로 한순간에 멸망하리라.

그러나 그날들에, 지혜의 말씀을 받아들이고 이해하며, 지극히 높으신 분의 길을 지키고 그의 의의 길을 걷는 모든 자들은 복되도다. 그들은 불경건한 자와 함께 불경건해지지 아니하리니, 그들은 구원을 얻으리라. 이웃에게 악을 퍼뜨리는 자들아, 화가 있으리라. 너희는 스올에서 죽임을 당하리라. 속이고 거짓된 저울을 만드는 자들과 땅 위에 고통을 일으키는 자들아, 화가 있으리라. 그들은 이로 인해 완전히 멸망하리라. 타인의 고통스러운 수고로 집을 짓는 자들아, 화가 있으리라. 그 모든 건축 재료가 죄의 벽돌과 돌인 너희에게 내가 말하노니 너희는 평안을 얻지 못하리라. 조상들의 법과 영원한 유산을 거부하고, 영혼이 우상을 따르는 자들아, 화가 있으리라. 그들은 안식을 얻지 못하리라. 불의를 행하고 압제를 돕는 자들, 그들의 이웃을 위대한 심판의 날까지 죽이는 자들아, 화가 있으리라. 그분은 너희의 영광을 무너뜨리시고, 너희 마음에 고통을 내리시며, 격노를 불러일으키시사 너희를 칼로 모두 멸하시리라. 모든 거룩하고 의로운 자들은 너희 죄를 기억하리라."]

## 죄인들이 서로를 멸망시킴: 타락한 천사들의 심판과 의인들의 안전(100장)

### 제100장

사해 문서에는 없는 내용

["그날들에 한 곳에서 아비와 아들이 함께 칼에 맞고, 형제가 형제를 죽이리니, 그 피가 흘러 시냇물이 되어 넘치리라. 사람이 자기 아들과 손자를 죽이는 데 손을 멈추지 아니하며, 죄인은 존귀한 형제라도 죽이기를 그치지 아니하리라. 새벽부터 해질 때까지, 그들은 서로 죽이기를 멈추지 아니하리라. 말은 죄인들의 피 속을 가슴까지 잠기며 걷고, 병거는 피에 잠기리라. 그날에 천사들이 은밀한 곳들로 내려와 세상에 죄를 끌어들인 자들을 한곳에 모으리라. 그리고 그 심판의 날에 지극히 높으신 분께서 일어나시사 죄인들 가운데서 큰 심판을 집행하시리라. 또 모든 의롭고 거룩한 자

들 위에 거룩한 천사들을 수호천사들로 임명하시리니, 그들은 그분께서 모든 사악함과 죄를 끝내기까지 그들을 눈동자처럼 지킬 것이다. 그러므로 의인들은 오랜 잠을 잔다 할지라도 두려워할 것이 없으리라. 그때에 땅의 자손들은 지혜로운 자들이 안전히 거하는 것을 보게 될 것이며, 이 책의 모든 말씀을 깨닫게 되리라. 그리고 그들의 재물이 죄악의 멸망 가운데서 그들을 구원하지 못하리라는 것을 알게 되리라. 죄인들이여, 강한 고난의 날에 화가 있으리라. 의인들을 괴롭히고 불로 태우는 자들아, 너희는 너희 행위대로 보응을 받으리라. 마음이 완고한 자들아, 악을 계획하기 위해 지켜보는 자들아, 화가 있으리라. 두려움이 너희에게 임하고, 도와줄 자가 없으리라. 죄인들이여, 너희 입에서 나온 말과, 너희 손으로 행한 불경한 행위 때문에 화가 있으리라. 너희는 불보다 더 뜨거운 타오르는 화염 속에서 타리라. 알지어다, 그분은 천사들에게 너희 행위를 물으시고, 태양과 달과 별들에게 너희 죄를 물으시리니, 이는 너희가 땅 위에서 의인들에게 심판을 행하였기 때문이니라. 그분은 구름과 안개와 이슬과 비를 불러 너희를 증언하게 하시리라. 이것들이 모두 너희 때문에 내려오지 아니하고, 너희의 죄를 기억하게 되리라. [없음[129]] 서리와 차가운 눈과, 모든 눈보라와 그 재앙이 너희에게 임할 때, 그날들에 너희는 그것들 앞에서 서 있을 수 없으리라."]

---

129 "그러므로 이제 비에게 금과 은을 바쳐라. 그래야 비가 너희 위에 내려오지 않거나, 이슬이 내려오지 않게 되는 일이 없으리라."라는 구절은 사해 문서에 등장하지 않으며, 100장 자체가 원래 사해 문서에 없는 내용이다.

# 하나님을 경외하라는 권면(101장)

## 제101장

사해 문서에는 없는 내용

["하늘의 자녀들아, 하늘을 살펴보라. 지극히 높으신 이의 모든 일을 주의 깊이 바라보며 그를 경외하라. 그 앞에서 악을 행하지 말지니라. 만일 그가 하늘의 창들을 닫으시고, 너희로 인하여 비와 이슬이 땅에 내리지 못하게 하신다면, 그때 너희는 무엇을 하겠느냐? 만일 그가 너희 행위로 인하여 진노를 내리신다면, 너희는 그 앞에 간구하지 못하리라. 이는 너희가 그의 의로우심을 거슬러 교만하고 오만한 말을 하였기 때문이니, 그러므로 너희에게 평안이 없으리라. 배를 타는 선원들을 보지 못하느냐? 그들의 배가 파도에 흔들리고, 바람에 요동하며, 큰 고난 가운데 있도다. 그들은 두려워하나니, 그들의 모든 귀한 재산이 바다 위에 함께 있고, 바다가 그들을 삼켜 멸망시킬까 하여 마음속에 불안한 예감을 품느니라. 온 바다와 그 물결, 그 모든 움직임이 지극히 높으신 이의 작품이 아니더냐? 그가 그 움직임에 한계를 정하시고 모래로 그것을 둘러 경계를 삼지 아니하셨느냐? 그의 꾸지람 한마디에 바다는 두려워 마르고, 그 속의 모든 물고기와 생물들이 죽느니라. 그러나 땅 위의 죄인들아, 너희는 그를 두려워하지 아니하도다. 그가 하늘과 땅과 그 안의 모든 것을 지으시지 아니하였느냐? 땅과 바다 위를 움직이는 모든 피조물에게 깨달음과 지혜를 주신 이가 누구냐? 배를 타는 자들이 바다를 두려워하지 아니하더냐? 그러나 죄인들은 지극히 높으신 이를 두려워하지 아니하도다."]



사해문서로 다시 보는 에녹서

# 심판의 날의 두려움(102장)

## 제102장

사해 문서에는 없는 내용

["그날들에 그분이 너희 위에 무서운 불을 내리실 때, 너희가 어디로 도망하겠으며 어디에서 구원을 찾겠느냐? 그분이 너희를 향해 그 말씀을 발하실 때, 너희가 두려워 떨지 않겠느냐? 모든 빛들이 크나큰 두려움으로 떨며, 온 땅이 두려워 떨며 놀라고 요동하리라. 모든 천사들이 명령을 수행하며, 위대한 영광의 임재 앞에서 스스로 숨으려 하리라. 땅의 자손들이 떨며 두려워하리라. 죄인들이여, 너희는 영원히 저주를 받을 것이며, 평안을 얻지 못하리라. 의인들의 영혼들이여, 두려워하지 말라. 의롭게 죽은 자들이여, 소망을 가지라. 너희의 영혼이 슬픔 가운데 스올로 내려갔다 할지라도 슬퍼하지 말라. 또한 살아 있는 동안에 너희의 몸이 너희의 선함에 합당한 대우를 받지 못했을지라도 슬퍼하지 말라. 오히려 죄인들의 심판의 날과 저주와 징벌의 날을 기다리라. 그러나 너희가 죽을 때, 죄인들은 너희를 두고 이렇게 말한다: '우리처럼 의인들도 죽지 않는가? 그들의 행위로 얻는 것이 무엇인가? 보라, 우리처럼 그들도 슬픔과 어둠 가운데 죽었도다. 그들이 우리보다 더 가진 것이 무엇이냐? 이제부터 우리는 동일하도다. 그들이 영원히 무엇을 받으며 무엇을 보겠느냐? 보라, 그들도 죽었으며, 이제부터 영원히 빛을 보지 못하리라.' 내가 너희에게 말하노니, 죄인들이여, 너희는 먹고 마시며, 빼앗고 죄를 짓고, 사람들의 옷을 벗기며, 재물을 쌓고 좋은 날들을 누리는 것으로 만족하였도다. 너희는 의인들의 끝이 어떠한 지를 보았느냐? 그들은 사라져 마치 존재하지 않았던 것처럼 되었고, 그들의 영혼은 고난 가운데 스올로 내려갔지만, 그들의 죽는 날까지 그 어떠한 폭력도 그들 가운데서 찾아볼 수 없었도다."]

# 의인과 죄인의 상반된 운명 (103장)

## 제103장

사해 문서에는 없는 내용

["그러므로 이제 나는 너희 의인들에게 맹세하노니, 권세 가운데 계신 위대하시고 존귀하시며 능력 있으신 분의 영광으로, 곧 그분의 위대하심으로 너희에게 맹세하노라. 나는 한 가지 비밀을 알았으며, 하늘의 석판들을 읽었고, 거룩한 책들을 보았으며, 그 안에 기록되고 새겨진 것을 발견하였노라. 그들에게 모든 선함과 기쁨과 영광이 예비되어 있으며, 의롭게 죽은 자들의 영혼을 위해 그것이 기록되어 있도다. 너희의 수고에 대한 보답으로 많은 선이 너희에게 주어질 것이며, 너희의 분깃은 살아 있는 자들의 분깃보다 훨씬 넘칠 것이니라. 의롭게 죽은 너희의 영혼들은 살아서 기뻐할 것이며, 그들의 영혼은 멸망하지 아니하고, 그들의 기억은 위대하신 분 앞에서 세세대대에 이르기까지 사라지지 아니하리라. 그러므로 그들의 모욕을 더 이상 두려워하지 말라. 죄인들이여, 너희가 죽을 때 화가 있으리라. 너희가 죄악의 풍요 속에서 죽는다면, 너희와 같은 자들이 너희를 두고 이렇게 말하리라: '죄인들은 복되도다, 그들은 그들의 모든 날들을 다 누렸도다. 그들이 번영과 부 가운데 죽었으며, 그들의 생애에서 고난도, 살육도 보지 않았도다. 그들은 존귀함 가운데 죽었도다. 그들의 생애 동안에는 심판이 시행되지 아니하였도다.' 그러나 알지어다, 그들의 영혼은 스올로 내려가게 되리라. 그들은 큰 환난 가운데 비참하게 되리라. 어둠과 사슬과 타오르는 화염, 그 혹독한 심판이 있는 곳으로 너희의 영혼이 들어가리라. 위대한 심판은 세상의 모든 세대에 임할 것이니라. 화 있을진저, 너희에게는 평안이 없으리라. 너희 살아 있는 의인들과 선한 자들에 대해서 말하노니 너희는 이같이 말하지 말라: 우리는 고난의 날들 속에서 힘겹게 수고하였

고, 온갖 어려움을 겪었도다. 많은 악을 당하여 쇠잔하였으며, 우리는 적은 수가 되었고, 우리의 영은 약해졌도다. 우리는 멸망하였으며, 한마디 말로라도 우리를 도와줄 자를 찾지 못하였도다. 우리는 고통받고 (멸망하였으며), 날마다 생명을 보리라는 소망도 품지 못하였도다. 우리는 머리가 되기를 바랐으나 꼬리가 되었도다. 우리는 애써 수고하였으나 그 수고에서 만족을 얻지 못하였도다. 우리는 죄인들과 불의한 자들의 먹잇감이 되었으며, 그들이 무거운 멍에를 우리 위에 메웠도다. 그들이 우리를 미워하며 우리를 지배하고, 우리를 쳤도다. 우리는 우리를 미워하는 자들에게 고개를 숙였도다. 그러나 그들은 우리를 불쌍히 여기지 않았다. 우리는 그들로부터 벗어나 피하고 안식하기를 원했으나, 그들로부터 도망하여 안전할 만한 곳을 찾지 못하였다. 우리는 고난 중에 통치자들에게 호소하였고, 우리를 삼켜 버린 자들에 대항하여 부르짖었으나, 그들은 우리의 울부짖음에 귀 기울이지 않았으며 우리의 목소리를 들으려 하지 않았다. 그들은 오히려 우리를 약탈하고 삼킨 자들, 우리의 수를 적게 만든 자들을 도왔고, 그들의 압제를 숨겼으며, 우리를 삼키고 흩어지게 하고 죽인 자들의 멍에를 거두지 않았다. 그들은 살인을 숨기고, 자신들이 우리에게 손을 들어 행한 일을 기억하지 않았다."]

## 제104장

4Q204 Frag. 5 col. i (= 1 Enoch 104:13)

["내가 너희에게 맹세하노니, 하늘에서 천사들이 위대하신 분의 영광 앞에서 너희를 선하게 기억하고 있다. 그리고 너희의 이름들은 위대하신 분의 영광 앞에 기록되어 있다. 희망을 가지라. 이전에는 너희가 악과 고난으로 인해 수치를 당했으나, 이제 너희는 하늘의 별들처럼 빛날 것이며, 빛나서 드러나게 될 것이다. 그리고 하늘의 문들이 너희를 위해 열릴 것이다. 너희가 부르짖을 때, 심판을 간구하라. 그러면 그것이 너희에게 나타날 것이다. 너희의 모든 고난은 너희를 약탈한 자들과 그들을 도운 통치자들에게 돌아갈 것이다. 희망을 잃지 말라. 하늘의 천사들처럼 너희도 큰 기쁨을 얻게 될 것이다. 너희가 무엇을 해야 하겠느냐? 너희는 위대한 심판의 날에 숨을 필요가 없을 것이다. 또 너희는 죄인으로 여겨지지도 않을 것이다. 그리고 영원한 심판은 세세대대에 걸쳐 너희에게서 멀리 있을 것이다. 이제 의인들이여, 죄인들이 강성해지고 그들의 길에서 번영하는 것을 볼지라도 두려워하지 말라. 그들과 벗하지 말고, 그들의 폭력에서 멀리 떨어져 있으라. 이는 너희가 하늘의 군대와 벗이 될 것이기 때문이다. 죄인들이 '우리의 모든 죄가 드러나거나 기록되지는 않을 것이다.'라고 말할지라도, 그들은 너희의 모든 죄를 날마다 기록할 것이다.

이제 내가 너희에게 보이노니, 빛과 어둠, 낮과 밤이 너희의 모든 죄를 보고 있다. 너희 마음속에서 하나님을 떠나지 말고, 거짓말하지 말며, 바른 말씀을 왜곡하지 말라. 또한 거룩하시고 위대하신 분의 말씀을 거짓이라 비난하지 말라. 너희 우상들을 마음에 두지도 말라. 이는 너희의 모든 거짓과 불경함이 의로움이 아니라 큰 죄악으로 이끌 것이기 때문이다. 이제 내가 이 비밀을 알았노니, 죄인들이 여러 방식으로 의의 말씀을 왜곡하고 변질시킬 것이다. 그들은 악한 말을 하고, 거짓을 행하며, 큰 속임수를 부리고, 그들의 말을 기록한 책들을 쓸 것이다. 그러나 그들이 자기들의 언어로 나의 모든 말을 진실하게 기록하고, 나의 말씀에서 어떤 것도 바꾸거나 줄이지 않으며, 내가 처음 그들에 대하여 증언한 모든 것을 그대로 충실히 기록할 때, 그때 나는 또 하나의 비밀을 알게 되니, 그것은 의인들과 지혜로운 자들에게 그 책들이 주어져 그들에게 기쁨과 올바름과 큰 지혜의 근원이 되리라는 것이다. 그들에게 그 책들이 주어질 것이며, 그들은 그 책들을 믿고 그 안에서 기뻐할 것이다.] 모[든 의로운 자들이 그 책들로부터 의의 모든 길을 배우며] 기뻐할 것이다."

## 하나님과 메시아의 임재(105장)

### 제105장

4Q204 Frag. 5 col. i(= 1 Enoch 105)

["그날들에 주님께서는 그들에게 읽어 주시고 그들의 지혜와 관련한 증거를 그들에게 주시기 위해 그들을] 땅의 아들 중에 [세셨고, 말씀하셨다: 너]희가 [그들의 인도자가] 될 것이[므로 그에게 그것을 보여 주어라. 너희는 땅의 모든 아들들 가운데서 상을 받을 것이다. 이는 나와 내 아들이 그들의 삶의 올바른 길에서 영원히 그들과 하나가 될 것이기 때문이다. 그리고] 너희는 [평화를 누릴 것이다. 의의 자녀들이여, 기뻐하라. 아멘."]

## 노아의 탄생(106~107장)

### 제106장

4Q204 Frag. 5 col. i(= 1 Enoch 106:1-2) &<br>col. ii(= 1 Enoch 106:13-18)

[이후, 나 에녹은 내 아들 므두셀라를 위하여 여자를 맞이하게 하였고, 그녀는 그에게 아들을 낳았다. 나는 그에게] 라[멕]이라는 이름[을 지어 주며 이렇게 말하였다. "확실히 정의는 지금까지 낮아졌다." 그가 성년이 되었을 때, 므두셀라는 그를 위하여 여]자[를 맞이하게 하였고,] 그녀는 [그에게서 아들을 임신하여 낳았다. 아이가 태어났을 때, 그의 살은 눈보다 희고, 장미꽃보다] 붉었으며, [머리카락과 긴 머리털은 양털처럼 희었고, 그의 눈은 아름다웠다. 그리고 그가 눈을 떴을 때, 온 집이 태양의 빛처럼 빛났고, 집안 전체가 매우 밝았다. 그러자 그는 산파의 손에 일어서서 입을 열고, 의

로우신 주님과 대화하였다. 그의 아버지 라멕은 그를 보고 두려워하여 달아나, 자신의 아버지 므두셀라에게로 갔다. 그는 그에게 이르되, "나는 이상한 아들을 낳았나이다. 그는 인간과 달라 같지 않으며, 하늘의 하나님의 아들들을 닮았나이다. 그의 본성은 다르고, 우리와 같지 않으며, 그의 눈은 태양의 광선과 같고, 얼굴은 영광스럽나이다. 나는 그가 내게서 난 것이 아니라 천사들에게서 난 것처럼 보이며, 그의 날에 땅 위에 놀라운 일이 일어날까 두려워하였습니다. 이제, 나의 아버지여, 내가 여기 와서 간청하니, 우리 아버지 에녹에게 가서 그에게서 진리를 배우소서. 그는 천사들 가운데 거하나이다."

므두셀라가 아들의 말을 듣자, 그는 땅끝까지 와서 나에게 이르렀다. 그는 내가 거기에 있다는 말을 들었고, 큰 소리로 울부짖었으며, 나는 그의 목소리를 듣고 그에게로 나아갔다. 나는 그에게 이르되, "보라, 내가 여기 있노라, 나의 아들아, 어찌하여 내게 왔느냐?" 그가 대답하여 이르되, "큰 근심 때문에 내가 아버지께 왔고, 불안한 환상을 보았기 때문에 접근하였나이다. 이제, 나의 아버지여, 내 말을 들으소서. 내 아들 라멕에게 아들이 태어났으니, 그의 같은 이는 없으며, 그의 본성은 인간의 본성과 같지 아니하나이다. 그의 몸빛은 눈보다 희고 장미꽃보다 붉으며, 머리카락은 새하얀 양털보다 더 희고, 그의 눈은 태양 광선과 같습니다. 그는 눈을 떴고, 그로 인해 온 집이 밝게 빛났습니다. 그는 산파의 손에서 일어나 입을 열고, 하늘의 주님을 찬송하였습니다. 그의 아버지 라멕은 두려워하여 나에게 달려왔으며, 그가 자신으로부터 태어난 것이라 믿지 않고, 오히려 하늘의 천사들과 닮았다고 생각하였습니다. 그래서 그가 내게 와서 진리를 알려 달라고 간구하였나이다." 이에 나 에녹이 그에게 대답하여 말하였다.] "분명히 [주님께서 내가 보았고 너에게 전한 대로, 세상 위에 다시금 자신의 율법을] 새[롭게 하실] 것이다. 내 아들아. 내] 아[버지] 야렛의 시대에, 그들은 [주님의 말씀을] 어겼다. [보라, 그들이] 죄를 짓고 [율법을 범]하였으며,

그들은 [그]들의 [본성]을 거슬러 [사람들에게 나아]가 [그들과 죄를 범하였다. 그들은 그들 중 몇몇과 결혼하였고, 그들은 영적인 존재가 아닌 육체로 된 피조물들을 낳았다. 큰 분노와 홍수[130]가 땅 위]에 [임할 것이며, 1년 동안 큰 파멸이 있을 것이다. 그러나 너에게]서 태어난 [이 아이와 그의 세 아들]은 [땅 위의 사람들이 죽을 때에] 구[원을] 받을 것이다. [그 후에] 땅은 [안식을 얻고, 큰] 부패[로부터 깨끗이 정]결하게 될 것이다. [이제 라멕에게 말하라: 그는] 진정 [네 아들이다. 그리고 이 소]년, [즉 태]어[난 아이는 노아라 불릴 것이니, 이는 그가 네가 그 안에서 안식할 때, 너의 안식이 될 것이며, 그가 너의 구원이 될 것이고,] 그[와 그의 아들들은 모든 죄인들의 행위로 인해 타락한 세상으로부터] 구원받을 것[이기 때문이다. 또한 그의] 시대에 일어날 [세상의 악인들로 인한 타락으로부터도] 구원받을 것이기 때문이다. [그리고 그 후에는 그들의] 시[대에 일어났던 것보다] 더 큰 불[의가 다시 세상에 나]타날 [것이다. 이는] 내가 거룩한 자들이 내게 말하고 보여 준 [주님의] 신비를 알고 있으며, [그것을] 나는 하늘[의 석판들에서] 읽었음이라."

---

# 제107장



나는 그 위에 이렇게 기록된 것을 보았다. "[세]대마다 이와 같이 악을 행하리라." 그리고 의로운 세대가 [일어날 때까지] 악이 계속되리라. 그때 불의와 부패가 끝나며, 폭력이 땅에서 사라질 것이며, 그들 위에 [선(善)이 땅에 임할 때까지] 그리하리라. [나는 그 위에 이렇게 기록된 것을 보았다. "대대로 사람들이 범죄하리라. 그러나 의로운 세대가 일어날 때까지 그리할 것이며, 그때에는 불법이 멸망하고 죄가 땅에서 사라지며, 온갖 선이 그 위에 임하리라."] "이제 가서 [네] 아들 라멕에[게 전하여라.] 이 아이는 참으로, 거짓됨이 없이, 그의 아들이라." [므두셀라가 그의 아버지 에녹의 말을 들었는데, 이는 에녹이 그에게 모든 일을 은밀히 보여 주었기 때문이었다. 므두셀라는 돌아가 그것을 라멕에게 알려 주었고, 그 아들의 이름을 노아라 불렀다. 이는 그가 모든 멸망 후에 땅을 위로할 자이기 때문이다.]

## 결론 (108장)

### 제108장

사해 문서에는 없는 내용

[에녹이 그의 아들 므두셀라와 그 후에 오는 자들, 곧 마지막 날들에 율법을 지키는 자들을 위하여 기록한 다른 책이다. 선을 행한 너희는 악을 행하는 자들의 권세가 끝나고 그들의 행위가 마침내 멸망할 그 날들을 기다릴지니라. 또 죄가 사라질 때까지 참으로 기다리라. 이는 그들의 이름이 생명책과 거룩한 책들에서 지워지고, 그들의 씨가 영원히 끊어지며, 그들의 영혼이 죽임을 당할 것이기 때문이다. 그들은 혼돈의 광야에서 울부짖고 통곡할 것이며, 불 속에서 불타리니, 거기에는 땅이 없기 때문이다. 나는 거기서 보이지 않는 구름과 같은 어떤 것을 보았는데, 그 깊이로 말미암아 나는 그 너머를 볼 수 없었다. 또 나는 밝게 타오르는 화염과, 빛나는 산과 같은 것들이 주위를 맴돌며 이리저리 움직이는 것을 보았다. 나는 나와 함께 있던 거룩한 천사들 중 하나에게 물었다. "이 불타오르는 곳은 무엇입니까? 하늘도 아니고, 그저 타오르는 불길과 울음과 통곡과 슬픔과 고통의 소리뿐이군요." 그가 내게 이르되, "네가 보는 이곳은 죄인들과 신성모독자들의 영혼, 그리고 악을 행하는 자들, 주께서 예언자들의 입을 통해 말씀하신 모든 것을 왜곡시킨 자들의 영들이 던져진 곳이라. 하늘 위에 이것들이 기록되어 있으니, 이는 천사들이 그것들을 읽고 죄인들과 겸손한 자들의 영혼과 자신들의 몸을 괴롭게 하였으나 하나님께 보상을 받은 자들의 영혼과 악한 자들에게 수치를 당한 자들에게 일어날 일을 알게 하려 함이라. 하나님을 사랑하며 금이나 은이나 세상의 좋은 것들을 사랑하지 않고 오히려 그들의 몸을 고문의 고통에 내준 자들과 태어날 때부터 세상의 양식을 탐하지 않고 그 모든 것을 덧없는 숨결로 여기며 살아온 자들, 주님께서 그들

　　　　　　　　　　사해문서로 다시 보는 **에녹서**

을 많이 시험하셨으나 그들의 영혼이 순전함이 드러난 이들은 주님의 이름을 송축하게 될 것이다. 그들에게 예정된 모든 축복들을 나는 책들에 기록해 두었느니라. 그분은 그들에게 보상을 주셨으니, 이는 그들이 세상의 생명보다 하늘을 더 사랑하는 자들로 드러났기 때문이다. 비록 그들이 악한 자들에게 짓밟히고 모욕과 비난을 당하며 수치를 겪었을지라도, 그들은 여전히 나를 송축하였다. 이제 나는 빛의 세대에 속한 선한 자들의 영혼을 부를 것이며, 어둠 가운데서 태어난 자들과 육신으로는 그들의 신실함에 합당한 영예를 받지 못했던 자들을 변화시킬 것이다. 나는 나의 거룩한 이름을 사랑한 자들을 빛나는 광명 속에 드러내어, 각자 그 영예의 보좌에 앉히리라. 그들은 셀 수 없는 세월 동안 찬란히 빛나리라. 이는 하나님의 심판이 의로우며, 그분께서는 올바른 길들에 거한 신실한 자들에게 신실하심으로 갚아주시기 때문이다. 의인들이 찬란히 빛나는 동안 그들은 어둠 속에서 태어난 자들이 어둠으로 인도되는 것을 보게 되리라. 죄인들은 큰 소리로 울부짖으며 빛나는 의인들을 보게 될 것이며, 그들은 정해진 때와 계절이 있는 곳으로 가게 되리라."]

# 참고문헌

# 참고문헌


• Aardsma, Gerald E. 2008. The Exodus Happened 2450 B.C. Loda, IL: Aardsma Research & Publishing. ISBN 0-9647665-6-6.

• Albright, W. F. 1937. "Further Light on the History of Israel from Lachish and Megiddo." Bulletin of the American Schools of Oriental Research 68: 22–26. https://doi.org/10.2307/3218855.

• Albright Live. 2021a. "Episode Eleven: The Earliest David." YouTube video, March 26, 2021. Archaeology and History of Ancient Israel with Israel Finkelstein.

• Albright Live. 2021b. "Episode Twenty-two: Kiriath-Jearim and the Ark Narrative." YouTube video, July 1, 2021. Archaeology and History of Ancient Israel with Israel Finkelstein.

• Anthony Ham, Libya (London: Lonely Planet, 2002), 156.

• Aronow, Sam. "Matzo Ball Soup and Bronze Age Memories | Jewish History on the Plate." YouTube video, 12:46. March 26, 2021.

• Australian National Botanic Gardens. "Manna Lichens – Lichen Case Studies." https://www.anbg.gov.au/lichen/case-studies/manna-lichens.html.




사해문서로 다시 보는 **에녹서**

• Barker, William D. 2014. "Litan in Ugarit." In Isaiah's Kingship Polemic: An Exegetical Study in Isaiah 24–27, 151–167. Tübingen: Mohr Siebeck. ISBN 978-3-16-153347-1.

• Baltz, F. 2018. "August 2017: An Eclipse of Biblical Proportions." Bible History Daily. Biblical Archaeology Society, August 21, 2018. https://www.biblicalarchaeology.org/daily/news/august-2017-eclipse-of-biblical-proportions/.

• Baty, John. The Book of Enoch the Prophet. London: Wentworth Press, 2019. ISBN 978-0353916043.

• Beaulieu, Paul-Alain. 2019. "What's in a Name? Babylon and Its Designations throughout History." Journal of the Canadian Society for Mesopotamian Studies 14: 29–37.

• Beaulieu, Paul-Alain. 2021. "Chaos and Order in Mesopotamian Thought." Antiquorum Philosophia 15: 9–26.

• Ben-Dor Evian, Shirly, and Israel Finkelstein. 2023. "The Sheshonq Fragment from Megiddo: A New Interpretation." Bulletin of the American Society of Overseas Research 390: 97–111. https://doi.org/10.1086/727430.

• Blair, Judit M. De-demonising the Old Testament: An Investigation of Azazel, Lilith, Deber, Qeteb and Reshef in the Hebrew Bible. Tübingen: Mohr Siebeck, 2009.

• Blumell, Lincoln H. Lady Eclecte: The Lost Woman of the New Testament. Minneapolis, MN: Fortress Press, 2025. ISBN 979-8889834243.

• Boccaccini, Gabriele, ed. 2002. The Origins of Enochic Judaism. Turin: Zamorani. Boccaccini, Gabriele, ed. 2007. Enoch and the Messiah Son of Man: Revisiting the Book of Parables. Grand Rapids, MI: Wm. B. Eerdmans.

• Boissoneault, L. 2017. "How Scientists Identified the Oldest Known Solar Eclipse ⋯ Using the Bible." Smithsonian Magazine, November 7, 2017. https://www.smithsonianmag.com/science-nature/how-scientists-identified-oldest-known-solar-eclipse-bible-180967135/.

• Charles, R. H. The Apocrypha and Pseudepigrapha of the Old Testament. Oxford: The Clarendon Press, 1913.

• Chrysostom, John. Epistolanum ad Romanos. In Patrologiae cursus completus, series Graeca, vol. 60, cols. 669–670. Edited by J.-P. Migne. Paris, 1862.

• Cook, Edward M. Dictionary of Qumran Aramaic. 1st ed. Winona Lake, IN: Eisenbrauns, 2015.

• Dalley, Stephanie. 1989. Myths from Mesopotamia: Creation, the Flood, Gilgamesh, and Others. Oxford: Oxford University Press. ISBN 978-0-19-283589-5.

• David, Ariel. "The Real Ark of the Covenant May Have Housed Pagan Gods." Haaretz, August 30, 2017.

• Davies, Philip R. "Urban Religion and Rural Religion." In Religious Diversity in Ancient Israel and Judah, edited by Francesca Stavrakopoulou and John Barton, 112. London: Continuum International Publishing Group, 2010.

• Day, John. God's Conflict with the Dragon and the Sea: Echoes of a Canaanite Myth in the Old Testament. Cambridge: Cambridge University Press, 1985.

• Dershowitz, Idan. 2016. "Man of the Land: Unearthing the Original Noah." Zeitschrift für die alttestamentliche Wissenschaft 128 (2): 191–205. https://doi.org/10.1515/zaw-2016-0012.

• Deutsch, Robert. 2012. "Six Hebrew Fiscal Bullae from the Time of Hezekiah." Edited by Meir Lubetski and Edith Lubetski. New Inscriptions and Seals Relating to the Biblical World 9:63-65. https://doi.org/10.2307/j.ctt32bzp2.

• Dever, William G. 2003b. Who Were the Early Israelites and Where Did They Come From? Grand Rapids, MI: Eerdmans. ISBN 978-0-8028-4416-3.

• Eichler, R. "Gender Equality at Creation." TheTorah.com, 2015. https://thetorah.com/article/gender-equality-at-creation.

• Falk, David A. 2018. "What We Know about the Egyptian Places Mentioned in Exodus." TheTorah.com. March 26, 2018. https://thetorah.com/article/what-we-know-about-the-egyptian-places-mentioned-in-exodus.

• Ferring, R., O. Oms, J. Agusti, F. Berna, M. Nioradze, T. Shelia, M. Tappen, A. Vekua, D. Zhvania, and D. Lordkipanidze. 2011. "Earliest Human Occupations at Dmanisi (Georgian Caucasus) Dated to 1.85–1.78 Ma." Proceedings of the National Academy of Sciences 108 (26): 10432–10436. https://doi.org/10.1073/pnas.1106638108.

• Finkelstein, Israel. 2002. "The Philistines in the Bible: A Late-Monarchic Perspective." Journal for the Study of the Old Testament 27, no. 2: 131–67.

• Finkelstein, Israel. 2013. The Forgotten Kingdom: The Archaeology and History of Northern Israel. Illustrated ed. Atlanta: Society of Biblical Literature. ISBN 978-1589839106.

• Finkelstein, Israel. 2017. "Compositional Phases, Geography and Historical Setting behind Judges 4–5 and the Location of Harosheth-ha-Goiim." Scandinavian Journal of the Old Testament 31, no. 1: 26–43. https://doi.org/10.1080/09018328.2017.1301635.

• Finkelstein, Israel. 2019. "First Israel, Core Israel, United (Northern) Israel." Near Eastern Archaeology 82 (1): 8–15.

• Finkelstein, Israel. 2023. "The Highlands of El, Shiloh and Merneptah's Israel." Semitica 65: 465–83.

• Finkelstein, Israel, and Neil Asher Silberman. 2001. The Bible Unearthed: Archaeology's New Vision of Ancient Israel and the Origin of Its Sacred Texts. 1st ed. New York: The Free Press. ISBN 978-0-684-86912-4.

• Finkelstein, Israel, and Alexander Fantalkin. 2012. "Khirbet Qeiyafa: An Unsensational Archaeological and Historical Interpretation." Tel Aviv 39 (1): 38–63. https://doi.org/10.1179/0334 43512x13226621280507.

• Finkelstein, Israel, and Thomas Römer. 2014. "Comments on the Historical Background of the Abraham Narrative: Between 'Realia' and 'Exegetica.'" Hebrew Bible and Ancient Israel 3 (1): 3–23. https://doi.org/10.1628/219222714X13994465496820.

• Finkelstein, Israel, and Thomas Römer. 2018. "North Israelite Memories of the Transjordan and the Mesha Inscription." TheTorah. com. https://thetorah.com/article/north-israelite-memories-of-the-transjordan-and-the-mesha-inscription.

• García Bachmann, Mercedes L., Ahida E. Pilarski, and Barbara E. Reid. Judges. Wisdom Commentary. Collegeville, MN: Liturgical Press, 2018.

• Gil Orduña, Enrique. "A Bayesian Statistical Reassessment of Levantine Late Iron Age I Radiocarbon Data." Cuadernos de Prehistoria y Arqueología de la Universidad Autónoma de Madrid 50, no. 1 (2024): 151.

• Gill, John. 1746–63. Exposition of the Old and New Testament. Note on Genesis 4:22. Accessed October 23, 2025. https://sacred-texts.com/bib/cmt/gill/gen004.htm

• Gorman, Frank H., Jr. "Feasts, Festivals." In Eerdmans Dictionary of the Bible, edited by David Noel Freedman and Allen C. Myers, 458. Amsterdam: Amsterdam University Press, 2000.

• Hasel, Michael G. 2003. "Merenptah's Inscription and Reliefs and the Origin of Israel." In The Near East in the Southwest: Essays in Honor of William G. Dever, edited by Beth Alpert Nakhai, 19–44. Annual of the American Schools of Oriental Research 58. Boston: American Schools of Oriental Research. ISBN 0897570650.

• Hugh Ross, Navigating Genesis: A Scientist's Journey through Genesis 1–11 (Covina, CA: RTB Press, 2014), 223–24.

• Ilan, David. 2019. How Ancient Israel Began: A New Archaeological Perspective. Lecture for the David A. Kipper Ancient Israel Lecture Series, Institute for the Study of Ancient Cultures (University of Chicago). YouTube video, livestreamed June 5, 2019.

• Kahn, Dan'el. Comment on Academia.edu. Posted August 2024. Quoted in "The Location of the Garden of Eden." The Inquisitive Bible Reader, October 23, 2024.

• Kluger, Rivkah S. 1991. The Archetypal significance of Gilgamesh : a modern ancient hero. Edited by H. Y. Kluger. N.p.: Daimon.

• Koller, Aaron. "The Tribe of Gad and the Mesha Stele." TheTorah.com, 2013. https://thetorah.com/article/the-tribe-of-gad-and-the-mesha-stele.

• Korpman, Matthew. "Dan Shall Judge: The Danites and Iron Age Israel's Connection with the Denyen Sea People | Journal for the Study of the Old Testament 44.3 (2020): 490-499." Journal for the Study of the Old Testament 44, no. 3 (2020): 490–99. doi:10.1177/0309089218778583.

• Kulke, Hermann. 2004. History of India. London: Routledge. ISBN 978-0-415-32920-0.

• Lambert, W. G. 1984. "Studies in Marduk." Bulletin of the School of Oriental and African Studies, University of London 47 (1): 1–9. https://doi.org/10.1017/S0041977X00022102.

• Lambert, W. G. 2003. "Leviathan in Ancient Art." In Festschrift Shlomo Moussaieff, edited by R. Deutsch, 147–154.

• Lev, Ron, Shlomit Bechar, and Elisabetta Boaretto. 2021. "Hazor Eb III City Abandonment and Iba People Return: Radiocarbon Chronology and Its Implications." Radiocarbon 63 (5): 1453–1470. https://doi.org/10.1017/RDC.2021.76.

• Lipiński, Edward. On the Skirts of Canaan in the Iron Age: Historical and Topographical Researches. Vol. 153 of Orientalia Lovaniensia Analecta. Illustrated ed. Leuven: Peeters Publishers, 2006. ISBN 978-9042917989.

• Martínez, Florentino García, and Eibert J. C. Tigchelaar, eds. 1997. The Dead Sea Scrolls Study Edition. Leiden; New York; Köln: Brill.

• Moore, Megan Bishop, and Brad E. Kelle. 2011. Biblical History and Israel's Past: The Changing Study of the Bible and History. Grand Rapids, MI: Eerdmans. ISBN 978-0-8028-6260-0.

• Na'aman, Nadav. "Did Ramesses II Wage Campaign against the Land of Moab?" Göttinger Miszellen 209 (2006): 63–69.

• Niesiołowski-Spanò, Łukasz. 2014. "The Philistines as Intermediaries between the Aegean and the Near East." In The Bible and Hellenism: Greek Influence on Jewish and Early Christian Literature, edited by Thomas L. Thompson and Philippe Wajdenbaum, 89–101. Durham: Acumen.

• Niesiolowski-Spanò, Łukasz, and Marek Kantor. 2015. Goliath's Legacy: Philistines and Hebrews in Biblical Times. Philippika. Wiesbaden: Harrassowitz Verlag. ISBN 978-3447103466.

• Nigro, Lorenzo. 2020. "The Italian-Palestinian Expedition to Tell es-Sultan, Ancient Jericho (1997–2015)." In Digging Up Jericho: Past, Present and Future, edited by Rachel T. Sparks, Bill Finlayson, Bart Wagemakers, and Josef Mario Briffa SJ, 190. Oxford: Archaeopress Publishing Ltd. ISBN 978-1-78969-352-2.

• Northen Magill, Frank, and Christina J. Moose. 2003. "Deborah." In Dictionary of World Biography: The Ancient World. Taylor & Francis. ISBN 978-1-57958-040-7.

• Ofer, Avi. 1994. "Hill Country of Judah." In From Nomadism to Monarchy, edited by Israel Finkelstein and Nadav Na'aman, 103–104. Jerusalem: Yad Izhak Ben Zvi; Israel Exploration Society.

• Pardee, Dennis. Ritual and Cult at Ugarit. Atlanta: Society of Biblical Literature, 2002.

• Popović, Mladen, Maruf A. Dhali, Lambert Schomaker, Johannes van der Plicht, Kaare Lund Rasmussen, Jacopo La Nasa, Ilaria Degano, Maria Perla Colombini, and Eibert Tigchelaar. 2025. "Dating Ancient Manuscripts Using Radiocarbon and AI-Based Writing Style Analysis." PLOS ONE 20 (6): e0323185.

• Rainey, Anson F. 1995. "Unruly Elements in Late Bronze Canaanite Society." In Pomegranates and Golden Bells, edited by David Pearson Wright, David Noel Freedman, and Avi Hurvitz, 479–486. Winona Lake, IN: Eisenbrauns. ISBN 9780931464874.

• Ritner, Robert K. 2020. "The Supposed Earliest Hieroglyphic Mention of Israel [Berlin ÄM 21687]: Refutation." In Semitic, Biblical, and Jewish Studies in Honor of Richard C. Steiner, edited by Aaron J. Koller, Matthew Z. Cohen, and Adina Moshavi, 38–53. Jerusalem: The Bialik Institute. ISBN 978-965-536-277-0.

• Rothenberg, B., and J. Glass. "The Midianite Pottery." In Midian, Moab, and Edom: The History and Archaeology of the Late Bronze and Iron Age Jordan and North-West Arabia, edited by John F.A. Sawyer and David J.A. Clines, 65–124. JSOT Supplement Series 24. Sheffield: JSOT Press, 1983.

• Römer, Thomas. The Invention of God. Cambridge, MA: Harvard University Press, 2015.

• Sir Alan Gardiner, Egypt of the Pharaohs (Oxford: Oxford University Press, 1961), 107.

• Stager, Lawrence E. 2001. "Forging an Identity: The Emergence of Ancient Israel." In The Oxford History of the Biblical World, edited by Michael Coogan, 90–129. New York: Oxford University Press. ISBN 0195087070.

• Stephens, Ferris J. 1937. Votive and Historical Texts from Babylonia and Assyria. New Haven, CT: Yale University Press.

• Stiebing, William H., and Susan N. Helft. 2023. Ancient Near Eastern History and Culture. 4th ed. New York: Routledge. ISBN 9780367744250.

 사해문서로 다시 보는 **에녹서**

• Tebes, Juan Manuel. 2021. The Archaeology of Cult of Ancient Israel's Southern Neighbors and the Midianite-Kenite Hypothesis. https://doi.org/10.46586/er.12.2021.8847.

• The British Museum. The Babylonian Map of the World with Irving Finkel | Curator's Corner S9 Ep5. YouTube video, 14:23. October 11, 2024.

• Walton, John H. 2015. The Lost World of Adam and Eve: Genesis 2-3 and the Human Origins Debate. N.p.: InterVarsity Press.

• Weinfeld, Moshe. 1993. "Judges 1.1-2.5: The Conquest Under the Leadership of the House of Judah." In Understanding Poets and Prophets: Essays in Honour of George Wishart Anderson, edited by A.G. Auld, 388-400. Sheffield: Sheffield Academic Press.

• Weinfeld, Moshe. 1995. Deuteronomy 1-11. The Anchor Yale Bible Commentary. New Haven, CT: Yale University Press. ISBN 978-0300139433.

• Wiggermann, Frans A. M. "Nin-ĝišzida." Reallexikon der Assyriologie. 1998. Accessed March 20, 2022.

• Zevit, Ziony. What Really Happened in the Garden of Eden. New Haven: Yale University Press, 2021.

# Side Notes

## [1] 시내산과 홍해의 위치

시내산의 위치는 지금까지도 학계의 합의가 없다. 전통적으로는 시나이 반도 남부의 제벨 무사가 시내산으로 여겨졌으나, 미디안과 모세의 처가 전승을 중시하는 연구들은 북서부 사우디아라비아의 제벨 알-라오즈를 강력한 후보지로 제시한다. 특히 모세의 장인 이드로가 속한 겐 족속(사사기 1:16, 민수기 24:21-22, 누가복음 3:36)은 고고학적으로 미디안 토기 문화(Qurayyah Painted Ware, QPW)와 연결되고, 이 토기의 중심지가 사우디 쿠라야 지역으로 이해되는 점을 고려하면, 출애굽기에서 모세가 처음 머문 미디안 지역의 산을 쿠라야 인근 라오즈 산 일대로 보는 가설은 고고학적으로 상당한 설득력을 가진다.

이와 달리, 시내산에 도달하기 전 여정에 등장하는 지명들은 상대적으로 위치가 훨씬 분명하다. 예를 들어 숙곳은 파피루스 아나스타시스 VI 54-56에서 언급되는 제쿠와 같은 장소로, 이는 이집트 나일강 삼각주 동쪽에 위치한 계곡인 오늘날의 와디 투밀릿의 고대 명칭이다. 비돔은 이 와디 투밀랏 지역에 위치하였는데, 이는 성서 속 라암셋이 고센 지역 내의 특정 도시로 언급되는 것과 유사한 지리적 관계이다.

에담은 비돔과 동일한 지명군이다. 두 지명 모두 이집트 신화의 태고신 '아툼'에서 비롯되었다. 비돔은 이집트어 '페르-아툼'의 히브리어 발음인데, 여기서 '집'을 뜻하는 '페르' 없이 '아툼'만 히브리식으로 옮기면 에담이 된다. 이집트 지명 '피-람세스(비-라암셋)'가 성서에서는 같은 지역임에도 접두 요소가 빠져 라암셋으로만 기록된 것과 비슷한 경우이다(Falk 2018). 즉, 비돔과 에담은 동일한 지역을 서로 다른 방식으로 반영한 이름이라는 것이다. 또한 믹돌은 카르나크 신전 부조에서 확인되듯이 오늘날의 탈 엘보르그(Tell el-Borg)인 '사자가 머무는 곳' 일대에 위치하였고



사해문서로 다시 보는 **에녹서**

(Falk 2018), 비하히롯과 얌 수프(성서의 홍해) 역시 파피루스 아나스타시스 III(3:3)에 등장하는데, 세 지역 모두 비돔과 함께 나일강 삼각주 동쪽에 위치하였다(Falk 2018).

성서에서 '홍해'로 번역된 이 히브리어 지명 '얌 수프'는 '갈대의 바다'라는 뜻으로, 오늘날의 대(大)홍해 전역이라기보다 나일 삼각주 동쪽의 갈대 많은 호수·습지를 가리키는 명칭으로 이해하는 해석이 널리 수용된다. 특히 오늘날의 발라 호수 및 주변 호수 군이 대표적인 홍해의 후보로 거론되는데, 고대에는 홍수기마다 이 호수들이 바다와 연결되어 사실상 얕은 바다처럼 기능했기 때문에 '갈대의 바다'라는 명칭과 잘 부합한다.

한편 인터넷에서 종종 출애굽기의 증거라며 회자되는 아카바만 해저 전차 바퀴 사진들은 촬영 위치의 불확실성, 유물의 연대·양식 부재, 사진 조작 가능성 등으로 인해 기본적인 고고학 검증을 통과하지 못했다. 상당수는 현대 바퀴를 오인하거나 거인 화석 합성 사진이나 조작된 유물인 이카의 돌같이 조작된 합성으로 판명되었다. 이런 자료들은 학술적 조사와 동료 평가를 거치지 않았기 때문에 출애굽기의 사건을 입증하는 자료로 사용될 수 없다는 것이 현재 연구자들의 보편적인 견해이다.

## [4] 사후 세계와 종말론의 기원

오랫동안 서구 학계와 신학에서는 천국, 지옥, 최후 심판 같은 개념이 포로 이후, 특히 페르시아 제국 시기 조로아스터교의 영향을 받아 유대교에 등장했다고 설명하는 경향이 있었다. 이 설명은 포로 이전 구약 본문에서 사후 세계가 비교적 흐릿하게 언급된다는 점을 근거로 한다.

그러나 페르시아 제국보다 훨씬 이른 시기의 문헌들을 자세히 보면 이야기가 달라진다. 수메르 신화『인안나의 명계 하강』에서 여신 인안나는 죄를 범한 남편 두무지를 저승(성서의 스올에 해당하는 영역)으로 보내고, 두무지는 저승의 악령 갈루들에게 끌려가 고문을 당한다. 『길가메시, 엔키두, 그리고 저승』에서는 생전에 어떤 삶을 살았는지에 따라 저승에서 받는 대우가 극단적으로 달라진다. 아들이 많고 제대로 장례를 받는 사람은 궁궐과 신전에서 비교적 좋은 대우를 받고, 자손이 없거나 장례를 소홀히 한 사람은 저승에서 굶주리며 비참하게 지낸다.

우가리트의 『바알 주기』에서는 폭풍신 바알과 싸운 악의 신으로 바다의 신 로탄(Lotan, 리워야단과 같은 어근)을 언급하는데, 로탄은 바알이 7일에 걸쳐 자신의 왕궁을 건설하기 전에 죽임을 당한 것으로 묘사되지만 마지막 부분에서는 그가 여전히 바다에 존재하여 위협이 되며, 코싸루와 하시수라는 신이 이들을 제압할 것이라 한다. 이는 최후의 결전에 대한 암시이다.

이런 자료들은 '지옥'과 '최후 심판'이라는 직접적인 단어가 없더라도, 사후 형벌과 보상, 악에 대한 최종 승리라는 구조가 이미 페르시아 이전 근동 전역에 존재했음을 보여 준다. 따라서 천국, 지옥, 최후 심판을 '페르시아 이후 조로아스터교에서 갑자기 빌려온 개념'이라고 말하는 것은 지나치게 단선적인 설명이다.

 사해문서로 다시 보는 **에녹서**

## [5] 다니엘서의 연대 재평가

전통적인 역사 비평은 다니엘서를 포로기 이후, 특히 셀레우코스 왕조의 안티오코스 4세 에피파네스(기원전 175~164년) 시대에 기록된 책으로 보아 왔다. 그 근거는 크게 두 가지다. ① 페르시아 이후 헬레니즘 왕조들의 갈등과 안티오코스 4세의 예루살렘 성전 모독을 놀라울 정도로 자세히 묘사한다는 점, ② 사본 중 가장 오래된 것이 쿰란 사해문서(기원전 2세기)라는 점이다. 그래서 신학교에서는 흔히 다니엘서를 '예언이 아니라 사건 이후의 해석'인 것처럼 가르쳤다.

그러나 2025년 Popović 등이 발표한 연구는 이 단순한 그림에 강한 도전을 제기했다. 이들은 방사성탄소 연대가 이미 측정된 여러 두루마리를 바탕으로 AI 기반 필적 분석 모델 '에녹(Enoch)'을 만들고, 이를 이용해 다른 사본들의 필사 연대를 추정했다. 그 결과, 다니엘서 8-11장에 대응하는 단편 4Q114의 필사 시기는 기원전 230~160년으로 평가되었다. 범위의 상한(기원전 230년대)은 안티오코스 4세가 즉위하기 수십 년 전이고, 중간값(기원전 190~180년대)을 가정하더라도 그의 성전 모독 사건(기원전 167년)보다 훨씬 이전이다. '사건이 다 끝난 뒤 한참 후에 누군가 꾸며낸 이야기'라고 보기 어려운 시점이라는 것이다.

연구팀은 이 결과를 근거로, 다니엘 사본들이 쿰란 공동체 내부에서 새로 작성되었다기보다, 이미 다른 곳에서 권위를 가진 텍스트로 사용되던 것을 쿰란이 받아들여 보존했을 가능성을 제기했다. 다니엘의 예언의 권위가 올라간 것이다.

## [10] 네피림의 키와 엘리우드(Elioud)

서문에서도 언급하였듯이, 대중적으로 알려진 R. H. Charles의 에녹서 번역에서는 네피림의 키가 '3천 엘(ell)'이라고 기록되어 있다. 여기서 '엘'은 북서 유럽에서 사용되던 길이 단위로, 시대와 지역에 따라 약 45인치, 37인치, 27인치 등 기준이 달라지는 비교적 불명확한 척도이다. 어떤 값을 기준으로 삼든 '3천 엘'이라는 수치는 물리적으로 상상하기 힘들 정도의 과장된 거인이 되며, 본문 전후와도 부조화가 크다.

1773년에 발견된 에티오피아어 에녹서를 최초로 영어로 번역한 Richard Laurence의 판본에는 '3천 엘' 대신 '300 규빗'이라는 표현이 나오며, 이후 일부 전통에서는 이 수치를 따르기도 했다. 그러나 사해 문서의 아람어 조각과 그리스어 전승(신켈루스를 통해 전해진 본문)에는 거인의 키에 대한 언급이 아예 없고, "세 종류가 태어났으니, 첫째는 거인들(아나킴, 아낙 족속)이었고, 그 거인들에게서 네피림이, 네피림에게서 엘리우드(Elioud)가 태어났다."라는 계보 서술만 나타난다(Baty 2019). 희년서 7:21-22도 이런 네피딤-네필-엘조라는 세 부류의 혼혈 존재들을 언급한다.

이를 종합할 때, 필사 과정에서 엘리우드라는 낯선 이름이 짧아지거나 흐릿해져 엘로 인식되고, 세 종류라는 본문의 숫자가 300 또는 3천 같은 형태로 확대되면서 원래의 족보적 설명이 과장된 키 묘사로 변질되었을 가능성이 크다. 1839년의 John Baty는 에티오피아어 에녹서를 번역할 때 이러한 오류를 없애고 그리스어 전승과 동일하게 "세 종류가 태어났다."라는 구조로 옮긴 바 있다. 따라서 에녹서의 '3천 엘 네피림'은 원본이 아니라 후대 사본과 번역의 혼동에서 비롯되었다고 보는 것이 가장 자연스럽다.

## - 그렇다면 성경의 거인은?

골리앗의 키 차이도 비슷한 맥락으로 이해할 수 있다. 마소라 본문에는 골리앗의 키가 6 규빗 한 뼘으로 기록되어 있으나, 이보다 이른 전승인 70인역과 요세푸스, 사해 문서 사무엘 두루마리(4Q51 Samuel)는 모두 4 규빗 한 뼘이라 전한다. 이는 약 2미터대에 해당하는 장신 전사이며, 후대 사본에서 숫자가 부풀려졌을 가능성을 보여 준다. 신명기 2:11에서는 아낙 족속이 라파 족속(르바임) 또는 에밈 족속으로 불렸다고 기록하는데, 골리앗의 형제를 포함한 사무엘하 21:15-22의 블레셋의 거인들은 라파 자손, 곧 르바임(아낙) 족속으로 기록된다.

아모스 2장 9절의 아모리인을 거인 인종이었다고 주장하는 경우도 있으나, 이 구절은 아모리인을 백향목과 상수리나무에 비유한 시적 표현이다. "내가 아모리 사람을 그들 앞에서 멸하였나니 그 키는 백향목 높이와 같고 강하기는 상수리나무 같으나 내가 그 위의 열매와 그 아래의 뿌리를 진멸하였느니라."라는 구절에서 알 수 있듯이, 아모리인의 키에 대한 이야기가 아니라 아모리인을 나무로 비유하는 이야기이다. 성서의 이스라엘 족속도 아모리 족속과 마찬가지로 호세아 9:10, 예레미야 11:16, 시편 80:8-11에서 나무로 비유되며, 시편 80:10에서는 이스라엘이 산들을 가리우는 매우 큰 백향목 같다고 하여 매우 높은 나무로서 비유된다.

애초에 아모리인은 특정 종족이 아니라 시리아와 가나안 지역의 셈족 유목민들을 묶어서 부르는 명칭으로, 족장들이나 이스라엘 족속 역시 아모리인의 범주에 포함된다. 에스겔 16:3에서 알 수 있듯이, 예루살렘의 아버지로 비유되는 아브라함은 아모리인이었을 것으로 추정되며, 신명기 26:5에서는 아브라함을 방황하는 아람 사람, 곧 아모리인으로 기록한다. 당시에는 아람이라는 정체성조차 없었던 시절이었고, 아람인 역시 아모리 계통의 민족이기에 해당 구절은 아브라함을 아모리인으로 기록하는 것으로 해석된다. 특히, 창세기 14:13에서는 아브라함과 동맹을 맺은 그의 친구들 마므레, 에스골, 아넬을 모두 아모리인이라 기록한다. 성서가 거인종으로 묘사하거나 기록하는 족속은 아모리인이 아니라 르바임(아낙) 족속이다.

## [17] 홍수 이야기의 원조?

노아 홍수 이야기는 오랫동안 메소포타미아 신화와 비교되어 왔고, '베꼈다/안 베꼈다'라는 이분법으로 자주 논의되었다. 유사점이 많은 것은 사실이지만, 이야기를 어떻게 설명할 것인가에 대해서는 여러 모델이 있다.

현재 학계에서는 노아의 홍수 이야기가 메소포타미아 신화를 베낀 것이 아니라 토착적인 이야기였을 것으로도 주장되기도 하는데, 일례로 Dershowitz(2016)는 흥미로운 가설을 제시한다. 그의 재구성에 따르면, 창세기 홍수 이야기의 가장 오래된 층위는 홍수가 아니라 기근을 다루는 전승이었고, 후대에 홍수와 방주 모티프가 덧붙여졌다는 것이다. 이 가설은 문장 구조의 반복, 특정 부분의 삽입 흔적 등을 근거로 제시된다.

하지만, 홍수와 같은 핵심 요소 자체가 토착적으로 기원했을 수 있기에, 해당 내용이 후대에 삽입된 것이 아니라 처음부터 있었을 가능성도 적지 않다. 홍수는 메소포타미아에만 있는 자연 현상이 아니다. 요단 계곡과 지중해 연안, 나일 하류까지 포함하는 넓은 지역에서 범람과 홍수는 일상적인 재난이었다. 홍수 신화가 가나안 지역에서 기원하여 메소포타미아로 수입되었을 가능성이 아예 없는 것도 아니라는 것이다. 서로 왕래가 잦았던 메소포타미아와 가나안 사이에서는 자연스럽게 재난 이야기가 공유·변형되었을 것이다.



사해문서로 다시 보는 **에녹서**

## [18] 창조 이야기의 원조?

홍수 이야기와 달리 창조 이야기에 대해서는 현대 학계에서 '메소포타미아 신화를 베꼈다'는 견해가 거의 지지받지 못한다. 과거에는 바빌론의 창조 신화인 『에누마 엘리시』와의 몇 가지 표면적 유사성을 이유로, 창세기 1장이 바빌론 유수기 동안 재작성된 것이라는 주장이 제기된 적이 있으나, 현재 이러한 직접 차용설은 설득력을 상실한 상태이다.

오늘날 많은 학자들(대표적으로 Paul-Alain Beaulieu)은 혼돈을 제압하고 질서를 세우는 창조 모티프가 오히려 레반트 지역에서 기원한 더욱 오래된 전승에서 비롯되었다고 본다. 시리아의 마리(Mari)에서 출토된 토판들에 이미 폭풍 신이 바다와 싸우는 장면이 등장하는데, 이는 레반트계 전승이 메소포타미아 이전부터 존재했음을 보여 준다. 또한 고-바빌로니아 왕조가 레반트 출신 셈족 유목민인 아모리인에 의해 세워졌고, 이들이 후에 에누마 엘리시 형성에 관여한 사실은, 오히려 에누마 엘리시가 레반트 전승을 후대적으로 재편한 텍스트라는 방향을 지지한다.

더 나아가, 창세기와 동일한 혼돈-제압 모티프는 바빌론 유수 이전 본문인 하박국 3장, 그리고 시편 74편, 89편에도 분명히 나타난다. 이는 창세기 창조 이야기가 유수기 이후 만들어진 것이 아니라 이미 오래전부터 이스라엘 내부에서 전승되던 창조 신학의 연장선임을 가리킨다.

우가리트의 가을 새해 명절의 7일 축제, 초막(움막) 건설, 과일 봉헌 등은 이스라엘의 초막절(숙곳)과 매우 유사하다(Pardee 2002). Day(1985)는 하박국 3장과 유사한 시편들이 초막절 기간 성전에서 불렸을 찬가였을 가능성을 제안한다. 이는 레반트 문화권 전체에 걸쳐 공동된 창조-왕권 축제 전통이 있었음을 의미한다.

따라서 창세기 1장의 창조 이야기는 에누마 엘리시의 파생물로 보는 옛
영향설을 넘어서, 레반트-이스라엘 전통에 뿌리를 둔 더욱 원형적인 창조
전승의 대표적 표현으로 이해하는 것이 현재 학계에서 점점 더 우세해지는
해석이라 할 수 있다.

### - 명절들과 문화

출애굽의 역사성을 부정하는 비평적인 학자들은 이스라엘 민족이 가
나안 내부에서 기원하였다고 보기에 이스라엘의 명절들이 기존의 가나
안의 이교도 명절들에서 파생되었다고 보고 있지만(Davies 2010, 112;
Gorman 2000, 458), 이는 편협한 해석으로 보인다. 출애굽과 관련한 명
절들을 포함한 이스라엘의 명절들은 가나안의 명절들과 동일하게 농업적
명절들이다. 비슷한 목적을 가졌기에 비슷한 시기에 기념되고 비슷한 특징
을 보이는 것은 어찌 보면 당연한 것이다. 애초에 이들 모두는 같은 문화권
이었는데, 한국, 중국, 일본이 모두 쌀밥을 먹는다고 해서 한국의 비빔밥이
일본의 덮밥으로부터 파생되었다고 말할 수 없는 것처럼, 이들의 명절들이
비슷하다고 해서 한쪽이 다른 쪽의 기원이 되었다고 할 수는 없다. 비슷한
문화권이기에 각 명절들이 특징에 있어서 서로 수렴하는 것뿐이다.

예를 들어 고대 도시 에마르(Emar)의 주크루(Zukru) 명절은 유월절(영
문에서는 히브리어를 직역하여 '지나간다/넘어간다'라는 뜻의 'Passover'
이다)과 동일하게 첫 달(니산월/아빕월)의 보름달이 뜨는 시기에 열리며, 7
일간 지속되고 도시 입구 문설주에 피를 바르기에 유월절이 주크루를 모방
한 것이거나 이교도 명절에 뿌리를 두고 있다는 주장의 근거로서 자주 사
용되지만, 그렇게 따지자면 전혀 상관없는 한국의 명절이 주크루보다 더
유월절과 닮아 있다고 할 수 있다. 우리는 동짓날 귀신들을 물리치기 위해
피같이 붉은 팥죽을 먹고, 유월절 날 우슬초 묶음을 가져다가 그릇에 담은

　　　　　　　　　　　　사해문서로 다시 보는 **에녹서**

피에 적셔서 그 피를 문 인방과 좌우 설주에 뿌리는 것처럼(출 12:22), 솔개비(솔잎) 묶음을 그릇에 담은 팥죽을 적셔서 팥죽을 대문이나 문설주에 뿌린다. 동서고금을 막론하고 인류는 보편적으로 피와 같이 붉은 것이 귀신들을 물리치고 그것을 문설주에 뿌리며 귀신들이 해를 가하지 않고 그냥 지나간다(Passover)고 믿었기에 이러한 현상이 관찰되는 것이다. 주크루, 유월절, 한국의 동짓날 모두 어느 한쪽을 베낀 것이 아니라 인류가 서로 닮아서 명절도 서로 닮게 된 것이다.

성막, 언약궤(성궤) 등의 문화는 근동 지역 유목민들 사이에서 흔한 문화이며(Römer 2015, 93), 율법에 대한 기록인 신명기는 기원전 7세기의 강대국 아시리아와 속국 사이의 조약과 매우 닮아 있고, 할례 또한 고대 이스라엘뿐 아니라 이집트를 비롯한 다른 문화권에서도 확인되지만, 이에 대해서도 마찬가지로 한쪽이 다른 한쪽의 기원이 되었다고 말할 수는 없을 것이다.

<u>**[19] 바벨탑의 원조?**</u>

수메르 신화 『엔메르카르와 아라타의 군주』는 오랫동안 바벨탑 이야기의 원조로 소개되어 왔다. 특히 사무엘 노아 크레이머의 영향력 있는 번역에서는, "원래 하나였던 언어가 여러 언어로 흩어졌다."라는 식의 표현으로 읽힐 여지가 있어, 바벨탑의 직접 모본처럼 여겨졌다.

하지만 이후 다른 학자들의 번역을 보면, 문제의 대목은 엔메르카르가 여러 민족(슈부르, 하마지, 수메르 등)이 하나의 언어로 신 엔릴을 찬양할 수 있게 해 달라고 다른 신 엔키에게 간구하고, 주문을 낭송하는 장면으로 이해되는 경우가 많다. 이 경우 이 텍스트는 '언어가 혼잡해지는 이야기'가 아니라, 오히려 언어의 통일과 예배의 회복을 바라는 '기원문'에 가깝다. 그런 점에서 바벨탑 이야기의 원형이라고 보기에는 무리가 있다.

또한 초기 왕조 시대 II기(기원전 2700년경)로 추정되는 BAR.KI.BAR 비문은, 이름 모를 영주가 '발.키.발'이라는 도시의 통치자로서 마르둑으로 보이는 신을 위해 신전을 세웠다는 내용을 담고 있다. 아직 논의 중인 내용이지만 일부 학자는 이 도시를 매우 이른 시기의 바빌론으로 보며, KI를 지명 결정사로 읽어 '바발'이라는 형태를 재구성한다. 이는 바빌론의 기원이 기존에 생각하던 것보다 더 오래되었을 가능성을 시사한다.

이러한 문헌·고고학 자료들을 종합하면, 바벨탑 이야기를 특정 수메르 신화의 번안으로 축소하기보다는, 메소포타미아-레반트 세계에 널리 퍼져 있던 도시·언어·권력 전승을 바탕으로, 야훼 신앙 안에서 교만한 인류와 언어의 심판을 그린 독자적 이야기로 이해한다. 엔메르카르가 바벨의 원형이라는 가설은 흥미로운 비교일 수는 있지만, 현재 텍스트와 자료를 가지고 볼 때 설득력이 결정적이라고 보기는 어렵다는 쪽에 무게를 둔다.

## [22] 누구에게나 주어지는 회개의 기회

성서를 보면 알 수 있듯이, 하나님께서는 아나킴과 네피림이 있는 가나안 땅의 족속들의 죄악을 400년간 참으시고 그들에게 기회를 주셨다. 심지어 그들 중 회개한 기브온의 아모리 족속과 히위 족속에 대해서는 하나님께서 직접 그들을 위해 그들을 불의하게 공격한 이스라엘을 벌하기까지 하셨다(사무엘하 21장). 특히, 히위 족속은 여호수아 11:3에서 기브온뿐 아니라 헐몬산 아래에도 거주하는 것으로 알려졌으며, 유대교의 여러 기록에서 르바임 족속(아낙 족속; 신명기 2:11)으로 기록되고, 중세 유대인 학자이자 유대교 종교 지도자였던 Nachmanides와 David Kimhi는 모두 히위 족속은 르바임과 같은 민족이었다고 보았다. 기브온의 아나킴인 히위 족속과 대조적으로, 에녹서의 아나킴(아낙 족속)과 네피림은 회개하지 않고 끊임없이 죄를 지었다. 여호수아와 이스라엘 군대를 통하여 기브온 족속을 제외한 회개하지 않은 가나안 족속들이 멸망당한 것처럼, 에녹서에서 회개하지 않은 아나킴과 네피림은 모두 진멸당하였다. 아나킴인 히위 족속은 회개하고 하나님의 보호를 받았으며, 여호와의 성소와 제단을 위하여 봉사하며 일하였다(여호수아 9:27). 에녹서의 아나킴이 회개하였다면, 회개해도 용서를 받을 수 없는 천사들과 달리 여호수아서의 기브온의 아나킴처럼 하나님의 은총을 받았을 것이겠지만, 이들은 회개의 말씀을 전파하던 에녹의 말을 듣지 않았고 회개하지도 않았다. 이들은 헤브론의 아나킴(여호수아 14:13-15, 15:13-14, 사사기 1:10)처럼 진멸당하였다.

## [25] 태양으로부터 나오는 광선과 별들로부터 나오는 광선들

해로 해석되는 아람어 אשמשא와 히브리어 שמש는 단순히 태양을 의미할
뿐 아니라, 태양으로부터 나오는 빛, 곧 햇빛이나 해로부터 나오는 광선을
뜻하기도 한다. 같은 기원을 가진 아카드어 'ša-am-šu-um'은 태양뿐 아
니라 햇빛과 해의 광선과 낮을 의미하며, 또 어원적으로 관련이 있을 것으
로 추정되는 중앙 아틀라스 타마지그트어(Central Atlas Tamazight)에서
'usm'은 번개를 뜻하기에 שמש는 해로부터 나오는 빛이나 광선이라는 의
미 역시 강하다는 것을 짐작할 수 있다. 마찬가지로, 별로 해석되는 아람
어 אכככוכ와 히브리어 כוככ는 시적·문학적 맥락에서 별빛을 가리키며, 같은
기원을 가진 아카드어 'ka-ka-bu-um'은 별뿐 아니라 유성이나 별 모양
의 형체, 또는 빛남을 뜻한다. 따라서 에녹서에서의 별은 별 자체라기보다,
별로부터 나오는 빛이나 광선으로 이해할 수 있다. 달의 경우도, 해는 해의
광선을, 별은 별의 광선을 의미하기에 이러한 맥락에서 달빛이나 달로부터
나오는 광신을 가리켰을 섯으로 해석할 수 있다. 즉, 에녹서는 천체의 물
리적 운행이 아니라, 천체로부터 나오는 보이는 빛이나 광선의 이동을 기
술한 기록으로 볼 수 있으므로, 현대의 우주관과도 큰 충돌 없이 이해할 수
있다.

 사해문서로 다시 보는 **에녹서**

일곱 언덕은 성서의 요한계시록 17:9에도 등장한다. 요한계시록이 일곱 언덕과 적그리스도인 짐승을 연관시키는 것과 비슷하게 에녹서 18장과 67장은 역시 일곱 언덕과 타락한 천사가 결박된 곳을 함께 언급한다. 흥미롭게도, 다른 신화 기록을 근거로 하면, 두 장소는 같은 장소로 추정된다.

먼저, 에녹서는 학자들에 의해서 그리스 신화의 『기간토마키아』와 자주 비교되며, 에녹서가 그리스 신화의 영향을 받거나 이를 베낀 것으로 보는 것이 일반적이기까지 하다. 실제로 에녹서 20장에서는 지옥이라는 언어 대신 타르타로스라는 용어를 사용하는 등 그리스 문화와 신화와의 연관성을 보여 준다. 하지만 고대 그리스의 기록들과 신화들에서는 반대로 그리스가 페니키아, 즉, 레반트 지역의 사람들의 문화에 의해 영향을 받고 그들에 의해 선진화되었다 하기에 오히려 그리스 신화가 에녹서와 같은 레반트 지역 이야기들의 영향을 받았다고도 볼 수 있다.

그리스 신화의 기간토마키아는 기가스라는 신족이 올림포스의 신들을 상대로 전쟁을 일으켰다가 패전하여 타르타로스에 봉인당했다는 이야기인데, 이는 에녹서에서 타락한 천사들을 붙잡아 지옥에 가두는 천사들의 이야기와 닮아 있다. 그리스 신화에서는 올림포스의 최고신 제우스가 타르타로스의 아들 티폰을 물리치고 이탈리아의 에트나산 아래에 가두었는데, 티폰은 신이기 때문에 죽지 않고, 화산 아래에 갇혀 몸부림치거나 분노를 표출할 때마다 화산이 분화하고 용암이 뿜어져 나온다고 한다. 이 이야기는 에녹서의 18장과 67장에 언급되는 장소 아래로 이어지는 깊은 심연과 그곳에 봉인된 타락한 천사들에 대한 묘사를 연상시키는데, 이러한 유사점들은 에녹서 속의 장소가 그리스 신화와 같은 곳일 가능성을 제시하는 것으로 보인다. 그리스 신화가 에녹서와 같은 레반트 지역의 이야기들의 영향을 받아 형성되었다는 고대 그리스의 기록들을 고려하면 해당 신화가 에녹서의 이야기를 보존한 것이라 볼 수 있으며, 이에 따라 해당 신화를 근거로 에녹서 속 장소가 신화 속 에트나산과 같은 곳이라 추정할 수 있을 것으로 보인다.

이외에도 67장의 "그 물들은 왕들과 권세자들과 높임 받은 자들과 땅에 거하는 자들에게 육체의 치료를 위하여 쓰이되"와 "이 심판의 물들이 왕들의 몸을 치유하고 그들의 육체의 욕망을 위하여 쓰이기 때문이라"는 구절은 온천을 연상시키며, 이곳이 화산과 그 주변 지역임을 강하게 시사한다. 이에 따라 제17장의 하늘에 닿은 산, 제18장의 하늘의 불기둥, 그리고 제67장의 서쪽의 불타는 골짜기로 묘사된 에녹서 속 지옥과 연관된 장소이자 타락한 천사들이 봉인된 곳은 에트나산으로 볼 수 있을 것으로 보인다.

나아가 해당 장소의 위치가 이탈리아의 시칠리아섬이라는 사실은 이와 인접한 일곱 언덕들도 마찬가지로 시칠리아섬이나 인근인 이탈리아 본토에 위치했다고 볼 수 있을 것이다. 즉, 일곱 언덕을 이탈리아 본토의 로마의 일곱 언덕, 곧 요한계시록의 일곱 언덕과 동일시 할 수 있을 것으로 보인다.

## [37] 스랍 천사에 대해서

뱀은 스랍(세라핌은 스랍의 복수형) 천사를 오역한 것이다. 성경에서도 비슷한 사례를 찾아볼 수 있는데, 바로 창세기이다. 창세기의 뱀 역시 스랍 천사가 오역된 것으로 볼 수 있다. 이에 대해서 설명하자면,

① 먼저 창세기 3:1을 보면 '들짐승 중에'라고 언급하지만, 영문과 히브리어 원문 성서에서는 '들짐승들보다'로 되어 있는데, 즉 '들짐승 중에'는 번역 오류이다. 해당 구절은 들짐승들, 인간, 천사를 포함한 하나님의 모든 피조물들보다 뱀이 더 간교하다는 의미에서 쓰였다고 보는 것이 적절하다.

② 고대 히브리어에는 모음이 없었기 때문에 창세기의 נָחָשׁ을 구성하는 문자는 '속이는 자'나 '점술사'로 번역될 수도 있다. 형용사의 어근으로서 이 단어는 '빛나는'을 뜻하는 명사를 의미하는 것으로 번역될 수 있다. 이 단어의 파생어는 성경의 여러 장소에서 동/놋의 빛을 가리키기 위해 사용되었다: 민수기 21:9; 신명기 8:9; 여호수아 6:19, 22:8; 사사기 16:21; 사무엘상 17:5; 사무엘하 8:10. 이는 다니엘 10:6과 에스겔 1:7에서 확인할 수 있듯이 성경에서 일반적으로 천사나 하나님과 관련된 특징이다. International Standard Version 성경은 נָחָשׁ을 '뱀' 대신 '빛나는 자'로 번역한다

③ 때문에 창세기의 뱀은 종종 성서 속 뱀의 모습을 한 천사인 스랍으로 해석되는데, 이에 부합하게 유다 왕국 시절의 인장들에서는 뱀의 형상을 한 스랍들의 모습이 확인된다(Deutsch 2012, 63-65).

④ 마지막으로, 창세기의 뱀을 향한 '배로 다니고'라는 저주는 피라미드 텍스트(Pyramid Text) 226, 233, 234, 298, 386에서 뱀에게 눕거나, 쓰러지거나, 내려가거나, 기어가라고 명하는 주문과 유사하다(Walton 2015, 129-130). 이러한 유사점은 '배로 다니고'라는 구절이 사지를 잃음을 의미하지 않는다는 것을 시사한다. 오히려 '공격 자세로 똑바로 서 있

지 말고 유순한 자세를 하라'는 의미의 구절이라는 것이다. 피라미드 텍스트 227, 230, 237는 또한 뱀이 먼지/흙 속으로 사라지는 명령을 언급한다 (Walton 2015, 129-130). 길가메시 서사시와 욥기 17:16에서 저승은 먼지의 집이라고 불린다. 따라서 먼지를 먹는 저주는 저승으로 던져지는 것을 의미할 가능성이 크다. 우가리트 신화에서 악의 신이자 바다의 신인 로탄(리워야단과 같은 단어; 사탄) 역시 שׁחַנ(뱀/빛나는 자)의 우가리트어 'bṯn(baṯnu)'로 기록되었다(Lambert 2003, 154; Barker 2014, 152).

## [41] 낙원의 위치

70인역 성서 사본에서는 나일 강이 '게온', 즉 기혼이라는 이름으로 등장하며, 서기 1세기 무렵 유대 역사가 플라비우스 요세푸스 역시 기혼강을 나일강과 동일시하였다(Jewish Antiquities, 1.39). 이를 종합해 볼 때, 기혼강은 구스 땅인 에티오피아에서 발원하여 이집트 끝까지 이어지는 나일강이었을 가능성이 크다.

비손 강의 경우에는 이집트어로 바다를 뜻하는 '파셴'에서 그 이름이 유래했을 것으로 추정된다(Kahn 2024, quoted in The Inquisitive Bible Reader, October 23, 2024). 실제로 고대 근동 지역에서는 '강'이라는 단어가 때로 바다를 가리키는 데에도 사용되었기 때문에, 비손강이 실제로 바다를 의미했을 가능성은 상당히 크다고 볼 수 있다. 바빌로니아의 세계지도인 'Babylonian Map of the World' 토판에는 세상의 끝을 둘러싼 바다가 '쓴 강'으로 기록되어 있어, 당시 사람들의 인식 속에서 바다와 강의 구분이 현대와 다르게 이해되었음을 알 수 있다.

성서의 기록에 따르면 아라비아 온 땅을 둘러싼 강이라고 하지만, 이러한 강은 존재하지 않으며, 오히려 아라비아반도를 둘러싼 바다가 존재한다. 비손, 즉 바다는 나일강과 유프라테스강, 티그리스강과 모두 연결되어



사해문서로 다시 보는 에녹서

있었기 때문에, 에덴의 위치가 반드시 유프라테스강과 티그리스강이 만나는 메소포타미아 남부일 필요는 없게 된다. 『길가메시 서사시』의 Tablet IX는 낙원을 오늘날의 레바논 지역에 위치시키고 있으며(Kluger 1991, 162-163), 고대 근동 지역에서 전통적으로 낙원은 세상의 끝으로 여겨지던 이스라엘이 있는 레반트 지역으로 인식되었다. 이러한 점을 고려하면, 레바논과 인접한 예루살렘이 낙원이 위치한 곳이었을 가능성은 충분히 높다. 이에 더해 다양한 나무들이 존재하는 예루살렘과 시온산이 성서에서 하나님이 계신 곳이자 하나님의 성산으로 묘사되었다는 점은 에덴동산이 예루살렘 지역에 있었을 가능성을 더욱 뒷받침한다. 이외에도 여러 유대 미드라시 문헌들(Jerusalem Talmud, Taanith 4:2; Babylonian Talmud, Erubin 53a; Pirke Rebbe Eliezer 20; Midrash Genesis Rabbah 28:3)이 외경 『아담과 하와의 생애』속 아담과 하와의 동굴과 묘를 모두 헤브론의 막벨라 동굴로 기록한다는 점 역시, 낙원 이야기의 배경이 예루살렘이나 인근 지역이었음을 시사한다.

그러나 에녹서와 그리스 신화는 성서와 다르게 낙원을 서쪽에 위치시킨다. 그리스 신화는 신들의 낙원이자 황금 사과가 열리는 나무와 이를 지키는 용이 있는 헤스페리데스의 정원을 해가 지는 곳이자 아틀라스산맥이 있는 곳인 서쪽 땅끝으로 묘사한다. 이에 따르면 낙원은 오늘날의 모로코, 알제리, 또는 튀니지에 있는 것이 된다. 한편 기원전 6세기경 리비아의 구레네 지방에 건설된 그리스의 식민지 에스페리데스가 해당 신화의 헤스페리데스의 정원과 연관되었을 수도 있을 것으로 추정되는데(Ham 2002, 156), 에녹서의 낙원에 대한 묘사와 에녹서 속 이전에 이어지는 설명은 헤스페리데스의 정원 이야기를 그대로 베꼈다고 말할 정도로 닮아 있다. 다만 에녹서에서는 낙원을 일곱 언덕과 관련지어 언급하는 것도 함께 고려한다면, 에녹서는 그리스 신화와 비슷하게 낙원을 레반트를 기준으로 서쪽에 위치시키면서도 튀니지나 리비아가 아닌 이탈리아나 시칠리아에 위치시키는 것으로 보인다.

그럼에도 불구하고 이탈리아나 시칠리아 모두 그리스를 기준으로 서쪽이며, 시칠리아는 튀니지와 거의 붙어 있는 수준으로 가깝기에 에녹서와 그리스 신화 모두 사실상 거의 같은 장소를 이야기하는 것으로 보인다.

## [42] 인류의 기원지

종교계에서는 호모 사피엔스(현생 인류)뿐 아니라 네안데르탈인과 호모 에렉투스까지 모두 인류로 보기도 하는데, 현생 인류가 아프리카에서 기원한 것은 사실이지만, 그 이전의 호모 에렉투스나 초기 사람속(Homo)이 어디서 기원했는지는 알 수 없다. 일반적으로는 아프리카로 추정되지만, 유라시아에서 기원했을 가능성 역시 제기되고 있다(Ferring et al. 2011, 10432-10436). 그렇기에 초기 사람속이나 호모 에렉투스를 인류의 시작으로 본다면, 그 발생지라 할 수 있는 낙원이 아프리카가 아니라 중동이나 지중해 연안 지역에 위치해 있어도 크게 문제될 것으로 보이지는 않는다.

## [54] 하와의 창조에 대해서

아담의 아내 하와는 아담의 갈빗대를 빼내 만든 존재로 해석되지만, 아담을 반으로 잘라 만든 존재로도 해석된다. 갈빗대로 번역된 צלע는 갈비뼈라는 뜻보다는 주로 옆면 전체를 지칭하는 용어로, 성서의 다른 부분인 출애굽기 25장 14절에서는 법궤(언약궤)의 한 면 전체를, 사무엘상 16장 13절에서는 언덕의 한 면 전체를, 열왕기상 6장 5절과 15-16절에서는 방들이나 기둥들의 옆면 전체를 칭할 때 사용되었으며, 같은 기원을 둔 아카드어 '첼루(ṣēlû)' 역시 갈빗대 하나보다는 주로 사람의 반쪽 전체나 갈빗대 전체의 반쪽이나 건물의 옆면 전체를 지칭하는 단어였다(Zevit

2021, 143). 이러한 צלע의 원래 의미에 부합하게 미드라시 창세기 랍바 8:1(Midrash Bereshit Rabbah 8:1)과 다른 기록들(Genesis Rabbah on Gen 1:26; Leviticus Rabbah on Lev 12:2)에서는 창조주가 태초의 인간을 반으로 갈라 한쪽은 아담이, 다른 한쪽은 하와가 되게 하였다고 이야기한다(Eichler 2015).

참고로, 어떤 이들은 중세 유대 신화 속 릴리스가 하와 이전에 창조된 아담의 첫 아내라 주장한다. 하지만, 릴리스는 중세 시대의 신화에 처음 등장하는 존재로, 그 이전의 기록에 등장조차 하지 않으며, 신약 시대의 예수 그리스도 역시 남자와 여자(마태복음 19:4), 곧 아담과 하와를 언급하지 아담과 릴리스를 언급하지는 않았다. 이사야 34:14의 릴리스는 가장 오래된 사본인 사해 문서의 이사야서(1QIsa)에서 단수형이 아니라 복수형인 릴리요트(liliyyot)로 기록되며(Blair 2009, 27), 릴리스라는 말 자체는 히브리어가 아니라 아카드어 단어로, '바람들' 또는 '영들'이라는 뜻이다. 메소포타미아의 기록들에서 릴리스는 질병을 가지고 오는 영들(바람들)을 가리키는 이름으로 사용되었다. 즉, 릴리스는 하와 이전의 첫 여성이 아니라 그저 성별이 없는 악령들이라는 것이다.

하와는 임신의 고통이 더해질 것이며 남편을 사모하고 남편이 그녀를 다스릴 것이라는 저주를 받는다. 하지만, 이는 번역 오류이기에 올바른 번역은 그 의미가 이와는 매우 다르다고 할 수 있다. 해당 구절에서 '고통'과 '수고함'으로 번역된 עצבונך과 이의 어근인 עצב는 '고통'이 아니라 '근심(하다)'과 '걱정(하다)'을 뜻하며, 이는 성서 본문의 여러 부분에서도 확인된다 (창세기 6:6, 34:7, 45:5, 사무엘상 20:3, 20:34; 사무엘하 19:2; 느헤미야 8:10-11; 시편 78:40; 이사야 54:6, 63:10). 그리고 임신 역시 히브리어 원어로 הריון이며, 수태 또는 임신이라는 뜻인데, 이는 룻기 4:13과 호세아 9:11을 통해서도 알 수 있듯이 아이를 낳는 것을 가리키는 단어가 아니라 말 그대로 아이를 가지는 것, 곧 수태를 가리키는 단어이다. 즉, 임신의 고통이 더해져 수고함 가운데 자녀를 낳는 것이 아니라 임신과 관련한 근심을 더할 것이고 걱정 가운데 자녀를 가지게 될 것이라는 말씀이라는 것이다.

남편을 사모한다는 부분은 서기 9세기경의 사본인 마소라 사본을 채택하여 번역한 것에서 비롯되었다. 마소라 사본보다 약 1,000년 이상 더 오래된 사본인 기원전 3세기경의 70인역 사본에서는 '사모(하다)'로 번역된 부분이 '혐오(또는 혐오감을 표시하다)', '경멸(하다)', 그리고 '돌아섬(또는 돌아서다)'을 뜻하는 '아포스트로피($\alpha\pi o\sigma\tau\rho o\varphi\acute{\eta}$)'로 기록되어 있다. 70인역 사본과 사해 문서 사이의 유사점, 신약 시대의 문서들의 구약 인용들이 70인역 사본을 기초로 하고 있기에 마소라 사본과 비교했을 때는 70인역 사본의 기록이 더 신뢰성이 높을 것으로 여겨진다. 그렇기에 그녀의 '돌아섬'은 낙원에서 하나님이 아니라 남편을 의지하여 남편에게로 돌아서 남편과 선악과를 먹음으로써 하나님을 배반한 그녀의 행위를 가리키는 것으로 보아, 해당 구절을 '그녀가 하나님이 아닌 남편에게로 돌아섰지만 남편은 그녀를 지배할 것'이라는 의미로, 또는 '그녀가 남편을 혐오하겠지만 남편은 그런 그녀를 지배하려 들 것'이라는 의미나 '남편을 의지하지 말고 하나님을 의지하여 남편으로부터 돌아서라 이는 그(남편)가 너를 지배할 것이기 때문'이라는 의미로 해석될 수 있다. 또한, '아포스트로피'는 로마서 11:26을 포함한 신약 성서의 여러 구절들에서 '경건치 않은 것' 또는 '죄'에서 '돌이키라'는 의미로 사용되었는데, 이와 성서에서 반복적으로 강조되는 주제인 '죄의 지배'와 '죄에서 돌이킴'을 고려하면 해당 구절에서 남편이 '죄'에 비유됨을 확인할 수 있다.

신약 성서에서 사도 바울은 에베소서 5:21에서 남성의 순종을 포함하여 피차 서로 순종할 것을 강권했지만, 또한 창세기를 인용하여 여성의 순종을 언급했다. 그러나 사도 바울의 서신들에 대하여 학계 대부분의 학자들은 그 저작성과 진위성을 의심한다. 설령 바울의 저작성이 인정되더라도 후대 편집자들의 손을 거치며 원래의 내용이 온전하게 보존되었다고 확언하기도 어렵다. 특히 사도행전의 "브리스길라(아내)와 아굴라(남편)"가 고린도전서 16:19에서는 "아굴라와 브리스길라"로 순서가 바뀌어 있다는 것은 성서 학자 Dan McClellan을 포함한 많은 학자들이 지적한 점이다. 이외에도 신약 성서에서는 구약의 번역 오류가 원 의미로 받아들여진 다른 경우를 확인할 수 있는데, 시편 110편에는 "너는 멜기세덱의 서열을 따라 영원한 제사장이라"는 표현이 히브리어 원어로는 "너는 내 명령에 따라 영원한 제사장이라, 멜기세덱이여"이지만 히브리서 7장에서는 "너는 멜기세덱의 서열을 따라 영원한 제사장이라"를 뜻하는 헬라어로 기록되어 있는 경우이다. 바울의 인용 역시 이와 비슷한 경우로도 볼 수 있다.

## - 하나님이 세우신 여성 지도자들

성서는 고대의 다른 신화들과 달리 여성 통치자들과 지도자들을 언급한다. 역대상 7:24은 요셉의 아들 에브라임의 딸 세에라를 벧호론과 우센세에라라는 도시를 세운 창건자였다고 기록하는데, 이 두 도시는 이스라엘의 주요 도시였으며, 세에라의 이야기가 역대상 7:20-22의 가드 사람들의 가축을 빼앗으려다 죽임을 당한 에브라임의 아들들의 이야기에 이어서 바로 등장한다는 것은 그녀가 에브라임의 아들들과 대조적으로 아버지인 에브라임에게 명예를 세워 준 인물이었음을 보여 준다. 그녀의 도시인 우센세에라의 이름의 뜻이 '세에라의 말을 들어라'라는 것은 그녀의 권위가 상당하였음을 보여 주며, 역대상에서 남편에 대한 언급 없이 독립적으로 여러 족장들과 함께 기록되었다는 것은 그녀 역시 족장이었음을 보여 준다.

세에라 외에도 출애굽기 15:20에서는 선지자 모세의 누이 미리암을 모세와 마찬가지로 선지자로서 기록하는데, 미가 6:4의 "내가 너를 애굽 땅에서 인도해 내어 종 노릇하는 집에서 속량하였고 모세와 아론과 미리암을 네 앞에 보냈느니라"라는 말씀은 그녀가 모세와 대제사장 아론과 지위가 동등하였음을 보여 준다. 민수기 12:10-15에서 그녀는 모세의 아내가 이스라엘 사람이 아니라는 것을 비난하다가 나병에 걸렸다가 나았지만, 출애굽기 4:6-7을 보면 알 수 있듯이 모세는 출애굽 이전에 이미 하나님에 의해서 먼저 나병에 걸렸다가 나았었다. 바빌로니안 탈무드(Shabbat 97a)에서는 아론도 미리암과 함께 나병에 걸렸다고 기록한다. "여호와께서 그들을 향하여 진노하시고 떠나시매"라는 구절에서 '그들'은 아론과 미리암을 모두 가리키며, '진노하시고'는 이들 모두에게 나병을 주셨음을 보여 준다. 이후 이어지는 구절의 "아론이 미리암을 본즉 문둥병이 들었는지라"는 원어에서 "아론이 돌이켰더니, 미리암에게는, 보라 그녀가 나병이 있었더라"

인데, '돌이켰다'는 아론이 나병에서 '돌이켰다'는 뜻, 곧 나병에서 나았다는 뜻으로 해석된다고 한다.

다음으로, 성서는 사사이자 선지자였던 드보라를 언급하는데, 사사들은 모세의 후계자 여호수아의 뒤를 이어 이스라엘을 이끈 지도자들로 정치 지도자이자 종교 지도자였다. 특히, 사사기 4-5장에서 그녀가 겐 족속인 야엘과 함께 등장한다는 것은 모세가 겐 족속인 이드로와, 여호수아가 겐(그니스) 족속인 갈렙과 함께 등장하는 것을 연상시킨다. 또한, 그녀는 랍비돗의 아내로 기록되는데, 이는 번역 오류이며, 많은 학자들은 '랍비돗의 여자'라는 말이 '랍비돗의 아내'로 잘못 번역되었다고 주장한다. 여기서 '랍비드'는 '불꽃'. '횃불', '번개'를 의미하기에 '랍비돗의 여자'는 '불 같은 여자'를 의미했을 것이라고 추정한다(García Bachmann, Pilarski, and Reid 2018). 즉, 원래는 '랍비돗의 아내, 선지자 드보라'가 아니라 '불 같은 여자, 선지자 드보라'였다는 것이다.

그녀와 함께 언급되는 야엘은 '헤벨의 아내'로 기록되었지만, 히브리어 원어로는 '겐 족속(에 속하는) 부족의 여인'이라는 뜻이기에 결혼 관계에 대한 구절이 아니라 그녀의 부족이 겐족의 일파라는 구절이다(García Bachmann, Pilarski, and Reid 2018). 사사기 4:11에서 야엘의 부족이 남부 광야에 거하는 다른 겐족들과 달리 북부 게데스 인근까지 이주하였다는 것은 왜 야엘의 부족이 겐 족속이 아니라 겐 족속에 속하는 부족으로 불리게 되었는지를 설명하는 것으로 보인다. 야엘이 속한 북부의 겐족을 남부에 거주하는 겐족들과 구분하기 위한 것으로 보인다는 것이다. 이야기 내에서의 그녀의 지위가 이드로와 갈렙과 공유된다는 것을 고려하면, 그녀는 족장이었을 것으로 추정되는데, 그녀가 장막 문에 서서 나그네를 주라 부르고 대접한 것(사사기 4:17-20)은 창세기의 아브라함이 족장으로서

한 행위(창세기 18:1-5)와 정확히 일치한다. 그녀의 행위는 여종이 아니라 족장의 행위였다. 겐족은 대장장이 부족으로, 구리 광산이 대규모로 분포한 팀나 계곡 등 남부 광야 지역을 중심으로 활동하며 가나안의 도시 국가들과 교류하였다(Tebes 2021). 이러한 역사적 배경을 고려한다면 사사기 4:17의 가나안 왕 야빈과 야엘의 부족 사이에 화평이 있었다는 말씀은 그녀가 야빈과 동맹 관계인 것뿐 아니라 야빈의 무기들의 근원이었음을 보여준다. 그런 그녀는 사사기 4-5장의 말씀대로 야빈과의 동맹을 저버리고 이스라엘의 편에 붙게 되었다. 겐족이 가나안이 아니라 이스라엘에게 무기들을 제공하기 시작한 것이다.

역사적으로도 이스라엘은 기원전 12/10세기 무렵 겐족과 교류하기 시작하면서 가나안의 신흥 강자로 떠올라 다른 모든 세력들을 제압하는 위치에 오르게 되었다. 세에라, 미리암, 드보라, 야엘 외에도 열왕기하 22:14-20에서는 유다 왕 요시야의 책사로 선지자 훌다를 기록한다.

이스라엘의 역사에는 위대하고 의로운 여왕 역시 존재했었다. 기원전 2~1세기 무렵 유다 지방을 통치했던 레위 지파가 세운 왕조인 하스몬 왕조에는 슐롬시온('시온의 평화'라는 뜻) 알렉산드라라는 여왕이 있었으며, 그녀는 말씀을 보존하고 나라를 황금기로 이끌었다. 요한복음 10:22에서 예수님께서 수전절을 기념하셨다는 것에서 알 수 있듯이, 하스몬 왕조의 정통성은 예수님을 포함한 유대인들이 인정하였다. 그녀는 레위 지파의 일원뿐 아니라 유다 지파의 다윗의 후손이었을 수도 있을 것으로 보이는데, 이는 그녀가 결혼 이전에는 하스몬 왕가의 일원이 아니었으며, 랍비 문헌에서 그녀의 형제로 언급되는 시몬 벤 셰타흐는 유다 지파와 다윗의 후손들이 다수였던 유대 지방에서 저명한 랍비였기에 다윗의 후손으로 추정되고, 이에 따라 그런 그의 자매인 그녀 역시 마찬가지로 다윗의 후손이었을 가능성이 존재하는 것으로 보인다.

 사해문서로 다시 보는 **에녹서**

이외에도 창세기 25:13에서 언급되는 이스마엘의 후손 게달 족속은 기원전 8세기부터 7세기까지 여성 군주만이 통치하는 독특한 역사를 보여 주었으며, 이는 아시리아 기록을 통해서 증명된다. 첫 여왕인 자비베(Zabibe)를 시작으로 하여 샴시(Šamši), 야티에(Yati'e), 테엘후누(Te'elḫunu)라는 여왕들이 있었으며, 이들은 신아시리아 제국의 티글라트-필레세르 3세, 아슈르바니팔의 기록에 아랍인들의 왕이자 군주로 기록되며, 그들에게 남편이 있었다는 기록은 없다. 오로지 그들만이 아랍인들의 군주로서 군림하였다. 그들은 또한 동맹국들과 함께 아시리아를 상대로 전쟁을 벌이기도 하였다.

## - 신약 시대도 마찬가지

신약 성서에는 잘 알려진 브리스길라, 뵈뵈 외에도 여러 여성들이 있었다. 먼저는 사도 유니아가 있다. 그녀를 언급하는 로마서 16:7의 헬라어 원문은 다음과 같다: "ἀσπάσασθε Ἀνδρόνικον καὶ Ἰουνίαν τοὺς συγγενεῖς μου καὶ συναιχμαλώτους μου, οἵτινές εἰσιν ἐπίσημοι ἐν τοῖς ἀποστόλοις, οἳ καὶ πρὸ ἐμοῦ γέγονεν ἐν Χριστῷ."

이를 번역하면 다음과 같다: "내 친척이요 나와 함께 갇혔던 안드로니고와 유니아에게 문안하라 그들은 '사도들 가운데 뛰어난 사람들이며' 또한 나보다 먼저 그리스도 안에 있는 자라."

초기 기독교의 교부이자 제37대 콘스탄티누폴리스 대주교였던 서기 4세기의 요한네스 크리소스토모스(John Chrysostom)는 그녀에 대해 다음과 같이 기록했다: "'사도들 가운데 뛰어난 안드로니고와 유니아에게 문안하라 사도들 가운데 뛰어난 사람들이라': 사도가 된다는 것은 위대한 일입니다. 하지만 사도들 가운데 뛰어난다는 것은 얼마나 놀라운 찬양의 노래인지 생각해 보세요! 그들은 그들의 행위와 덕행으로 탁월했습니다. 참으로, 이 여인의 지혜가 얼마나 뛰어났기에 사도라는 칭호를 받을 자격이 있었을

지 상상해 보세요(Epistolanum ad Romanos 31.2, PG 60:669-70)."

　다음으로는 교회의 지도자인 에클렉테(Eclecte)가 있다. 그녀는 요한 2서 1:1에서 '택하심을 받은 부녀'로 번역되었지만, 현대에 이르러서야 이것이 번역 오류였다는 것이 밝혀지면서 그녀의 존재가 세상에 다시 드러나게 되었다. 요한 2서의 헬라어 사본 서두는 원래 띄어쓰기가 없이 "ὁπρεσβύτεροςἐκλέκτητῆκυρία(ὁ πρεσβύτερος Ἐκλέκτη τῆ κυρία)"로 적혀 있었고, '장로가 에클렉테 부인에게(The elder to Eclecte the Lady)'라는 의미였다(Blumell 2025). '에클렉테(ἐκλέκτη)'라는 여성 이름 뒤의 τη가 바로 이어지는 'the(τῆ)'와 붙어 적혀 있었는데, 필사 과정에서 두 τη 중 하나가 생략되면서 '에클렉테'가 이름에서 형용사로 오역되게 되고 단순히 '택하심을 받은 부녀(ἐκλεκτῆ κυρία)'로 잘못 읽히게 되었다(Blumell 2025). 이 때문에 천 년이 넘는 세월 동안 에클렉테는 존재하지 않는 사람이 되고, 그녀를 가리킨 요한 2서 1:1은 그녀가 아니라 교회에 대한 비유나 마르다 또는 그리스도의 어머니인 마리아를 가리키는 것으로 해석되어 왔었다(Blumell 2025). 에클렉테라는 이름은 당시에 상당히 흔한 이름이기도 하였다(Blumell 2025). 이번 연구를 통해 에클렉테의 존재를 밝혀 낸 BYU 연구진은 그리스어와 라틴어 묘비 비문에서 이 이름이 사용된 사례를 18개나 발견했다. Julia Eclecte, Claudia Eclecte, Cuspia Eclecte, Livia Eclecte, Munatia Eclecte처럼 두 번째 이름으로 쓰인 사례도 다수 확인되었다(Blumell 2025). 로마 시대에 이 이름은 신약 성경 속 여성 이름인 루이스(Lois)나 루디아(Lydia)보다 더 많이 확인되어 있을 뿐 아니라, 신약 여성 이름의 약 25%보다 널리 쓰였던 것으로 드러났다(Blumell 2025).

　연구진에 따르면, 요한 2서가 그녀에게 직접 보내졌다는 것은 그녀가 어떤 형태의 권위를 가지고 있었음을 분명히 보여 준다고 한다. 그리고 그녀의 집은 초기 기독교 네트워크의 일부로서 사도들과 교인들이 머물 수 있

　　　　　　　　사해문서로 다시 보는 **에녹서**

는 가정 교회 역할을 했을 가능성이 있으며, 이러한 맥락에서 그녀는 공동
체 내에서 중요한 지도자적 위치를 갖고 있었던 것으로 추정된다(Blumell
2025). 또한, '부인(lady)'이라는 표현을 사용한 것은 요한 2서의 저자인
장로(요한 2서 1:1)가 에클렉테의 권위를 은근히 드러내기 위한 것으로, 그
녀가 '집의 여성 주인(female master of the house)'으로서 지닌 지위가
그 집에 모이던 그리스도인들 사이에서도 어느 정도의 권위로 이어졌음을
시사한다고 한다(Blumell 2025).

## - 성경에 나온 적 없는 허상의 악녀

그렇다면 '악한 여성 지도자'에 대한 주장은 어떨까? 대표적으로는 세미
라미스가 있다. 어떤 이들은 성서가 세미라미스라는 악한 여왕을 언급한다
고 주장하지만, 세미라미스는 성서에 등장조차 하지 않으며, 그녀가 등장
하는 것은 헤로도토스나 디오도로스 시켈로스의 기록 등 성서 외의 기록
들이다. 더군다나 이 기록들 역시 문제가 많은데, 이는 해당 기록들이 그녀
를 아시리아와 바빌론의 창건자로 기록하기 때문이다. 아시리아나 바빌론
은 실제 역사적 인물인 삼무라마트(Shammuramat)가 활동한 기원전 9~8
세기(성서의 유다 왕국 시절)보다 천 년은 더 전에 세워졌었다. 해당 기록
들은 니누스와 세미라미스의 아들 니느야스를 아시리아의 시조로, 사르다
나팔루스를 아시리아의 마지막 왕으로 기록하지만, 두 인물 모두 허구적인
인물들이다.

아시리아 왕명록에 따르면, 아시리아의 첫 왕은 투디야(Tudiya)이고 그
의 계승자는 아다무(Adamu)였으며, 아시리아의 마지막 왕은 아슈르-우
발리트 2세(Ashur-uballit II)였다. 니누스는 투디야보다 천 년은 더 이후
의 사람인 기원전 9세기의 샴시-아다드 5세(Shamshi-Adad V)로부터, 니
느야스는 그의 아들 아다드-니라리 3세(Adad-nirari III)로부터 파생되었

으며, 사르다나팔루스는 아시리아의 마지막 왕인 아슈르-우발리트 2세가
아니라 기원전 7세기의 아슈르바니팔(Ashurbanipal)과 그의 형제이자 바
빌론의 왕이었던 샤마쉬-슘-우킨으로부터 파생되었다. 그리스 역사가들
의 기록에 등장하는 사르다나팔루스의 이야기는 실제 아시리아의 멸망이
아니라, 그보다 이전인 아슈르바니팔의 치세 때 있었던 바빌론 왕 샤마쉬-
슘-우킨의 반란과 그의 최후로부터 영감을 받아 만들어진 소설이라 할 수
있다.

　게다가 세미라미스는 악한 여왕도 아니었다. 그녀는 유능한 군주로서 나
라를 잘 운영했지만, 고대 남성 그리스 역사가들의 눈에 이는 좋게 보이지
않았고, 그들은 철저히 그녀를 폄하하는 기록들을 만들어 내 그녀의 평판
을 짓밟으려 했다. 그 역사가들은 사욕을 위해서는 얼마든지 역사를 왜곡
할 수 있었다. 한 가지 예로 그들은 세미라미스뿐 아니라 기원전 9세기의
인물인 카르타고의 엘리사 여왕을, 실존했다면 그녀보다 300년은 더 전에
살았을 트로이 전쟁의 영웅 아이네이아스에게 빠져 자살한 여왕으로 기록
해 놓았다. 역사적으로 그녀가 자살하지 않았음에도 말이다. 그들은 뛰어
난 여성 지도자가 있으면, 요부나 창녀로 기록하거나 비극적인 최후를 맞
이한 것으로 기록한다. 이러한 예시를 통해서 헤로도토스와 같은 후대의
역사가들이 남긴 기록들이 얼마나 왜곡되어 있는지 알 수 있을 것이다.

　　　　　　　　　　　　사해문서로 다시 보는 **에녹서**

## [70] 에녹서의 베헤못과 리워야단의 정체

에녹 1서에서의 리워야단과 베헤못은 욥기의 리워야단과 베헤못과는 다르다. 욥기의 리워야단은 시편 104:26의 리워야단과 마찬가지로 자연의 동물이지만, 에녹 1서의 리워야단은 영적 존재로서 악령에 해당한다. 성서에서 뱀이 실제 동물을 가리킬 때도 있지만, 민수기 21장에서는 예수 그리스도의 상징으로, 다른 구절들에서는 마귀의 상징으로 사용된 것과 유사하다.

이는 베헤못도 마찬가지이다. '짐승들'을 뜻하는 베헤못 역시 에녹 1서에서는 악령을 가리키는 것으로 보인다. 우가리트의 『바알 주기』에서는 폭풍의 신 바알과 싸운 악의 신들로, 바다의 신 로탄(리워야단의 우가리트어 발음)과 그에게 동조한 신인 엘의 송아지 아틱(아르슈의 다른 이름)을 언급한다. 신화에서는 바알이 7일에 걸쳐 자신의 왕궁을 건설하기 전에 죽임을 당한 것으로 묘사되지만, 마지막 부분에서는 이들이 여전히 바다에 존재하여 위협이 되며, 코싸루와 하시수라는 신이 이들을 제압할 것이라 한다. 이러한 내용은 리워야단과 베헤못에 대한 에녹 1서의 기록과 유사하다.

## [71] 욥기의 베헤못과 리워야단의 정체와 지구의 연대

동물로서의 리워야단과 베헤못은 일반적으로 악어와 하마, 혹은 해양 파충류(e.g. 모사사우루스)와 용각류 공룡(e.g. 디플로도쿠스)으로 해석된다. 하나님께서 온 우주를 6일 만에 창조하셨다고 보는 젊은 지구론이 있는가 하면, '일(日)'로 번역된 히브리어 יוֹם이 하루보다는 정확한 기간을 알 수 없는 기간, 시대, 시간 등 여러 뜻을 가졌다는 것을 근거로 하여 그 6일이 인간이 아닌 하나님을 기준으로 한 6일(베드로후서 3:8)이라 보고 138억 년에 걸쳐 우주를 창조하셨다고 보는 오랜 지구론(날-시대 이론)도 있는데,

흥미로운 점은 전자뿐 아니라 후자 역시 리워야단과 베헤못을 모사사우루
스와 디플로도쿠스로 해석하기도 한다는 것이다. 이는 욥기에서 하나님께
서 공룡의 모습을 환상을 통해 보여 주셨거나, 용에 대한 이야기가 고대인
들이 공룡이나 다른 선사 시대 동물들의 화석을 발견하고 영감을 받아 만
들어진 것과 마찬가지로 후대의 사람들이 화석에서 영감을 얻어 만든 이야
기로 볼 수 있음을 시사한다.

참고로, 오랜 지구론에서는 창조 1일에 태양과 달을 포함한 하늘이 이미
창조되었으나 대기가 불투명하여 빛이 지구 표면에 도달하지 못했다고 보
고, 이후 창조 4일에 대기가 천체를 볼 수 있을 정도로 투명해져 창세기의
이야기대로 징조와 계절, 날과 해의 기능을 수행할 수 있게 되었다고 해석
하며, 창세기 1장의 식물을 산소를 생성하는 미생물로 이해하고, 공룡 등
의 생물들은 창조 5일에 창조된 것으로 본다(Ross 2014, 223-24). 또한,
새가 분류학적으로 공룡에 포함된다는 점과 창세기에 '땅의 새들'이 기록
된 것, 그리고 창세기에서 '큰 바다 짐승'으로 번역된 히브리어 תַּנִּין이 용이
나 악어를 의미하는 것을 고려하면, 물의 생물과 용으로 불릴 만한 생물,
그리고 새를 포함한 날짐승 등이 창조된 창조 5일에 공룡 등의 생물 역시
창조되었다고 볼 수도 있다.

 

## [103] 멜기세덱

후기 랍비 문학에서는 멜기세덱을 노아의 아들 셈으로 식별한다. 심지어 기독교인들 중에도 이를 지지하는 이들이 있지만, 이는 모두 사해 문서와 신약 시대의 유대인들의 시각에 모두 반대되는 해석이라고 할 수 있다.

사해 문서의 멜기세덱 문서(11Q13)는 이사야 61장과 같은 내용을 담고 있으며, 이에 따르면 마지막 날에 지상에 강림할 기름 부음을 받은 자, 곧 왕(다니엘 9:25) 멜기세덱은 마음이 상한 자를 고치며 포로된 자에게 자유를, 갇힌 자에게 놓임을 선포할 것이고 하늘 군대를 이끌어 벨리알(사탄)의 군대와 싸워 이기고 세상을 심판하고 구원할 것이고, 복음과 구원을 선포하며 고통당한 자들을 위로하실 것이라고 한다. 멜기세덱은 사해 문서에서 세상을 구원할 메시아로서 기록되며, 그에 대한 묘사는 신약 성서 속 예수님에 정확히 부합하기에 당시의 사람들이 멜기세덱을 셈으로 보았을 가능성은 현저히 낮다. 그들은 모두 멜기세덱을 앞으로 올 메시아이자 마지막 날에 세상을 심판하고 구원할 존재로서 인식하고 있었다. 더군다나, 이 문서는 멜기세덱을 기록하는 가장 오래된 문서이다. 사해 문서는 성서의 가장 오래된 사본이며, 그 사본 가운데 멜기세덱을 언급하는 것이 바로 이 문서이니 말이다.

참고로, 히브리서 7장에서는 "너는 멜기세덱의 서열을 따라 영원한 제사장이라"를 뜻하는 헬라어로 기록되어 있지만, 이는 번역 오류이며, 해당 구절이 인용한 시편 110편의 "너는 멜기세덱의 서열을 따라 영원한 제사장이라"는 표현은 히브리어 원어로 "너는 내 명령에 따라 영원한 제사장이라, 멜기세덱이여"이고 이렇게 번역하는 성경 번역본들도 존재한다.

다음은 사해문서 11Q13이다:

그리고 그가 말한 바 "[이] 희년에는 [너희가 각기 자기의 소유지로 돌아 갈지라](레위기 25:13)." [또 그것과 관련하여 그가 말하기를,] "[면제의 규 례는] 이러하니라 [그의 이웃에게] 꾸어준 모든 채주는 그것을 면제하고 [그의 이웃에게나 그 형제에게 독촉하지 말지니 이는] 여호와를 위하여 면 제를 [선포하였음이라](신명기 15:2)" 하였다. [그 해석은] 마지막 날들에 대하여 말한 것이며, 이는 포로된 자들에 관한 것이다. 그들은 [⋯] 하였고, 그들의 스승들은 감추어져 비밀리에 있었다. 그리고 멜기세덱의 유업에서 [⋯] ⋯ [그들은 멜기세]덱의 [유]업에 속한 자들이며, 그가 그들을 돌아오게 할 것이다. 그리고 그들에게 자유가 선포될 것이니, 이는 그들의 모든 불의 [의 빚]에서 그들이 놓임을 받게 하려는 것이다(이사야 61:1). 그리고 이것 은 아[홉] 희년 뒤에 오는 희년의 첫 번째 이레(週)에 [일어날 것이다.] 그리 고 [속]죄의 날은 열 번째 [희]년의 끝이며, 그때에 모든 [빛]의 아들들[과] 멜[기]세덱의 몫에 속한 사람들을 위해 속죄가 이루어질 것이다. [⋯] ⋯ [그]들 위에 ⋯ 그들의 모든 [행]위에 따[라] ⋯ [⋯] 이는 멜기세덱의 '은혜 의 해'와 [그의] 군[대,] 곧 하나님의 거룩한 자들의 [나]라와 심판의 통치를 위한 때이기 때문이다. 이는 그에 관하여 다윗의 노래들에 기록된 바와 같 으니, 그가 말하기를, "하나님(엘로힘)은 [신들의] 모임 가운데에 [서]시며 하나님은 신들 가운데에서 재판하시느니라(시편 82:1)." 그리고 그에 대하 여 또 말하되, "[그] 위 높은 자리에 돌아오소서, 하나님께서 만민에게 심판 을 행하소서(시편 7:7-8)." 또 그가 말한 [바] "[너희가] 불공평한 판단을 하 며 악인에게 편[애를 보이는 것]을 언제까지 하려느냐? [셀]라(시편 82:2)." 그 해석은 벨리알과 그의 무리의 영들에 관한 것이며, 그[들은 ⋯] 하나님 의 계명에서 벗[어나 악을 행하였다.] 그러나 멜기세덱은 하나[님]의 심판 들의 복수를 실행할 것이며, [그날에 그는 벨리알의 손과 그의 무리의 모 든 영들의 손에서 그들을 해]방[시킬 것이다.] 그의 도움에는 모든 '[정의]

　사해문서로 다시 보는 **에녹서**

의 신들'이 (올 것이며), [그]는 모든 하나님의 아들들을 … […] 이는 […] 평화의 날이며, 이에 대해 선지자 [이사]야를 [통해] 말씀하셨으니, 그가 말하기를, "평화를 공포하며 [복된 좋은 소식을 가져오며 구원을 공포하며] 시온을 향하여 [이]르기를 네 하나님이 [통치하신다 하는] 사자(使者)의 산들을 넘는 발이 [어찌] 그리 아름다운가(이사야 52:7)" 하였다. 그 해석은 이러하다: 산들은 선지자[들을 의미하며 …] … […] 모든 … […] 그리고 그 사자(使者)는 영으로 기름 부음을 받은 자이며, 다니[엘]이 그에 대해 말한 바와 같이 "[기름 부음을 받은 자 곧 왕이 일어나기까지 일곱 이레니라(다니엘 9:25).]" [그리고 구원을] 공포[하는] 좋은 소식의 사자는 "… [고통 받는 자]를 위[로]하되(이사야 61:2)"라 기록된 바 있는 자이니, [그 해석은 이러하니라:] 세상의 모든 시대에 진리 안에서 그들을 가르치기 위해 … […] … […] […] 벨리알에게서 돌아섰으며, […] 돌아올 것이다 […] 하나님[의] 심판[들]에서 […] 그에 관하여 기록된 바 "[시]온[을 향하여 이르기를] 네 하나님이 통치하신다(이사야 52:7)" 하였다. ["시]온"은 [모든 정의의 아들들의 회중, 곧] 언약을 세우고 백성의 [길을] 따르는 것을 피하는 자들을 의미한다. 그리고 "너희 하나님"은 [… 멜기세덱은] 벨리알의 손[에서 그들을 해]방[시킬 것이다.] 그리고 그가 말한 바와 같이 "너는 뿔나[팔] 소리를 내되 전국에서 … (레위기 25:9)." […] … […] 알고 있으리라 … […] 하나님 … […] 그리고 많은 […] […] … […] 율법을 그들 위에 […] 그리고 그는 공포할 것이다 […] [그]들이 불로 벨리알을 멸할 것이며 […] 벨리알[의 …]가 반역할 것이니, […] 그들의 마음속 음모와 함께 […]. … 유다의 성벽[들] … […] 예루[살렘]의 성벽 […] 벽 […] 기둥을 들어올리며 … […] 정해진 때에 […] […] … […] […] 희[년]의 끝에 […] … […] … […그가] 그것을 실행할 것이다 […] 이백(200) […] 그 […]에 […] 그 주간 […] … […] [때들]의 [구]분들 […] […] … […]

출애굽기의 10가지 재앙 중 흑암 재앙은 일식을 가리켰을 것으로 추정된다. 출애굽기 10:23의 '삼 일 동안'이라는 부분은 원문에서 יוֹם의 복수인데, יוֹם은 하루보다는 정확한 기간을 알 수 없는 기간, 시대, 시간 등 여러 뜻을 가졌기에 하루라고 해석하기는 어려우며, 이 때문에 해당 부분은 시간들, 또는 기간들로 해석이 되고, 이에 따라 흑암 재앙의 기간 역시 삼 일이 아니라 평균적인 일식의 지속 기간 정도로 볼 수 있다.

일식은 성서의 다른 이야기들에서도 등장한다. 여호수아의 기브온 전투 이야기에서 해와 달이 멈추었다는 기록은 일식에 대한 기록으로 여겨진다. 여호수아 10:13의 히브리어 원문에서 멈추었다가 דָּמַם이기에 '멈추다'보다는 '일을 그만두다', 즉, 해와 달의 원래 평소에 하던 일인 빛나기를 멈추거나 그만둔다라는 뜻이며, 그렇기에 달이 해를 가려 두 천체가 빛나지 않는 현상으로 해석된다(Boissoneault 2017). '그날 종일토록'이라는 부분은 원문에서 출애굽기와 마찬가지로 '욤'이기에 하루보다는 기간으로 해석되며, 그렇기에 평균적인 일식의 지속 기간 정도였을 것으로 해석된다.

히스기야의 해시계 이야기 또한 일식에 대한 이야기였을 것으로 여겨진다. 해시계가 일식으로 인한 어둠에 휩싸였다가 다시 밝아졌다면, 그림자는 물러가는 것처럼 보였을 것이며, 또는 일식으로 인해 생긴 그림자의 물결이 그림자가 물러가는 것처럼 보였을 수도 있을 것으로 추정된다(Baltz 2018).

10가지 재앙 중 다른 재앙인 강이 피가 되는 재앙은 적조 현상으로 식별된다.

한 가지 덧붙이자면, 만나는 지의류의 한 종류였을 것으로도 추정된다 (Australian National Botanic Gardens, "Manna Lichens"). 만나를 언급하는 성경 외에도 다른 기록들에서 역시 지의류가 공중에서 떨어지는 현상에 대해 언급된다. 지의류들 가운데 토양을 덮는 정도가 커서 두꺼운 층을 형성하는 Lecanora esculenta가 성서 속 만나의 후보로서 지목되었다. 또한, 지의류는 공기를 통해 포자를 퍼뜨릴 수 있는데, 지의류는 미세한 포자를 방출하며, 이 포자들은 바람에 의해 먼 거리까지 이동할 수 있다. 이러한 맥락에서 하늘에서 만나가 내렸다는 이야기를 해석할 수 있을 것으로 보인다. 출애굽기 16:13에서는 만나를 이야기하기 전에 메추라기가 진을 덮었으며, 이어서 만나가 진 주위에 있었다고 기록되어 있는데, 이는 메추라기와 마찬가지로 만나 역시 다른 지역에서 바람과 함께 이동하였음을 보여 주는 것으로 보인다.

## [110] 소돔과 고모라에 대해서

### - 소금 기둥이 된 롯의 아내

성서의 과학과 관련한 또 다른 논쟁으로는 롯의 아내가 있다. 창세기는 그녀가 소금 기둥으로 변했다고 기록하는데, "롯의 아내는 뒤를 돌아보았으므로 소금 기둥이 되었더라"라는 구절은 사건이 즉시 일어나지 않음을 보여 주는 것으로도 보이는데, 오히려 그녀가 소금 기둥이 된 이유가 뒤를 돌아보았기 때문이라는 설명에 대한 구절이라고 할 수 있다. 소돔, 고모라, 소알 등의 도시들은 모두 사해 남부의 유황과 천연가스와 역청이 풍부한 지역에 위치해 있다. 이곳에서 지진 등이 일어나거나 가스가 지상으로 유출될 때 화재가 일어난다면 일대가 초토화된다. 롯의 아내는 이러한 화염에 휩쓸려 사망한 후, 그녀의 시신에 사해의 암염과 모래 입자 등이 바람에 흩날리며 후에 그녀의 시신이 거의 소금 기둥처럼 보이게 만들었을 것으로 추정된다. 대규모 화재가 아니더라도 작은 불씨가 그녀의 옷에 붙고 바로 번져 그녀를 사망에 이르게 하였고, 그녀의 시신이 이러한 과정을 거치게 되었다고 볼 수도 있을 것으로 보인다. 이러한 관점에서는 그녀가 소금 기둥이 되었다는 성서의 이야기를 자연스럽게 설명할 수 있을 것으로 보인다.

## - 소돔과 고모라의 위치

성서의 소돔과 고모라를 비롯한 창세기의 하나님께 멸망을 당한 사해 인근의 도시들에는 여러 후보들이 있어 왔다. 기원전 18~16세기의 사해 북부의 도시 탈 엘함맘이 후보로 제기되었지만, 운석으로 파괴되었다는 주장은 많은 과학자들과 고고학자들에 의해 반박되었으며, 사해 북부에 위치하였기에 지리적으로 성서의 묘사와 모순되고, 연대 역시 아브라함의 활동 시기보다 훨씬 후대라는 문제점이 있다.

이외에도 밤 에드드라와 누메이라 등의 도시들 역시 그 후보로 제시되었으며, 사해 남부에 위치하였기에 지리적으로 성서의 묘사에 부합한다. 운석에 의한 파괴는 아니지만 하늘에서 낙뢰 등이 내려 도시에 화재를 일으키고, 이렇게 일어난 화재는 도시들이 유황과 천연가스 지대에 위치하였기에 더욱더 파괴적인 규모로 변했다고 볼 수 있어 성서의 소돔과 고모라의 멸망의 묘사에 부합하게 해석할 수 있을 것으로 보인다. 그러나, 각각 기원전 24세기와 기원전 26세기에 파괴되었기에 서로 다른 시기에 파괴되었다는 연대기적 문제점이 존재하며, 파괴의 규모 역시 그렇게 크지 않다는 단점이 존재한다.



사해문서로 다시 보는 **에녹서**

성서 속 사해 남부의 도시들이 발견되지 않았을 수도 있다는 가능성이 있지만, 다른 방식으로 해석할 수도 있을 것으로 보인다. 창세기 18장과 19장에서 '도시'나 '성읍'으로 번역된 히브리어 עיר는 도시뿐 아니라 '마을' 그리고 '진영'이나 '사람들이 모이는 장소'를 뜻한다. 즉, 성벽과 건축물이 있는 도시가 아니라 천막들이 모여 있는 오늘날 베두인들의 집단 거주지와 비슷한 곳으로 볼 수 있다는 것이다. 특히, 창세기 19:1의 '성문'으로 번역된 שער는 '문', '입구'라는 뜻이기에 도시의 문이 아니라 천막의 입구로도 해석할 수 있다. 소돔과 고모라뿐 아니라 창세기와 여호수아서의 여러 도시들은 당시에 존재하지 않았다는 고고학적 문제점들이 있는데, 이렇게 도시가 아니라 유목민들의 거주지로, 천막들이 모여 있는 곳으로 해석한다면 그런 고고학적 문제점들은 모두 해결할 수 있을 것으로 보인다.

롯이 천사들을 마주한 소돔의 성문은 성문이 아니라 소돔 진영의 입구로, 롯이 소돔의 사람들과 실랑이를 벌인 곳은 자신의 집 문 앞이 아니라 진영 내 자신의 천막의 입구로 볼 수 있을 것으로 보인다. 소돔, 고모라, 아드마, 스보임, 소알은 모두 사해 남부의 유목민들의 진영들이며, 해당 진영들은 낙뢰로 인한 집단 화재 또는 천연 가스 유출과 낙뢰가 모두 동시에 일어난 집단 화재로 멸망한 것으로 추정한다면, 도시가 아니라 천막은 화재를 경험하더라도 그 흔적을 남기기 어렵기에 소돔을 포함한 이러한 장소들이 멸망을 경험했어도 고고학적 증거가 남지 않음을 설명할 수 있을 것이며, 또한 이러한 장소들을 반드시 요단 동편 사해 남부뿐 아니라 요단 서편 이스라엘 쪽의 사해 남부 마사다나 소돔 산 인근 지역으로 보아도 큰 문제가 없을 것으로 보인다.

## [111] 출애굽의 시기

가나안에서 태어난 이삭의 아들 야곱(이스라엘)이 그러했듯이, 기원전 3000~1000년경의 가나안의 셈족 유목민들은 메소포타미아와 이집트를 오가며 생활했으며 이는 역사적으로도 증명된다. 그렇기에 족장들의 이야기와 출애굽 이야기는 이 시기의 어느 때여도 큰 문제가 없을 것으로 보인다. 학계 대부분의 학자들은 출애굽의 역사성을 인정하지 않으며, 고고학적 근거들을 바탕으로 이스라엘 민족이 가나안의 원주민들로부터 파생되었고, 출애굽 전승은 애굽과 가나인을 오가던 소수 유목민의 이야기들이 시대를 거쳐 쌓이고 쌓여 형성된 것으로 보고 있다. 하지만, 성서의 이삭과 야곱은 모두 가나안에서 태어났으며, 여호수아와 사사기는 이스라엘 민족이 가나안에서 소수였고, 다수였던 가나안의 원주민들에게 완전히 동화되었다고 묘사한다. 즉, 고고학적 근거들이 이스라엘 민족이 가나안에서 기원하였음을 보여 준다고 주장해도, 이스라엘 민족이 실제로 가나안인들에게 동화되었기에 그러한 근거들이나 주장이 출애굽의 역사성을 부정할 수는 없다는 것이다.

기원전 20세기에 세워진 아바리스와 카훈 등의 도시가 버려진 것을 출애굽의 근거로 삼고 이를 기초로 출애굽의 시기를 구하는 경우도 있지만, 해당 도시들은 여러 차례 버려지고 점유되기를 반복하였기에 출애굽의 근거로 보기는 어렵다. 해당 도시들이 버려졌다는 것이 출애굽과 관련되었다는 문헌학적 증거도 없다. 오히려 이보다는 셈족 유목민들이 이집트를 오갔다는 사실을 근거로 출애굽을 역사적으로 보는 편이 더 합리적일 것이다.

# - 출애굽 사건은 통념보다 더 오래전에 일어났을지도 모른다

통일 이스라엘 왕국의 다윗 왕이 이집트 21왕조와 22왕조 시절인 기원전 10세기(기원전 1000~900년)의 인물이었다는 것과 이스라엘 왕국의 마지막 왕인 르호보암의 치세 때 예루살렘을 침공한 파라오 시삭이 22왕조의 셰숑크 1세라는 것, 그리고 북이스라엘 왕 아합이 신아시리아 제국의 살만에셀 3세와 카르카르에서 전투를 벌였다는 것은 역사적 사실이며, 성서의 연대와 고고학적 유물을 비롯한 여러 증거들의 연대가 서로 정확히 일치한다. 이와 달리 출애굽의 시기에 대해서는 여러 가설들이 존재하며, 아직까지 많은 논쟁이 있어 확답을 내리기는 어렵다.

일반적으로 출애굽은 이집트의 신왕국 시대인 18왕조(아마르나 시대 직전의 파라오인 아멘호테프 2세) 또는 19왕조(중기 아시리아 제국이 미탄니 왕국을 멸망시켰을 무렵의 파라오인 람세스 2세)의 사건으로 추정되지만, 이를 고왕국 시대의 사건으로 보는 이들도 있다. 일부 학자들은 출애굽부터 성전의 건립일까지의 기간이 480년이 아니라 1,480년(Aardsma 2008), 또는 그 이상으로 보아 출애굽을 기원전 26~25세기 무렵, 즉, 고왕국 시대의 사건으로 보고 있다. 성서 사본 간 차이에서 그러한 주장의 가능성을 엿볼 수 있는데, 예를 들어 70인역 사본과 사마리아 오경과 요세푸스의 창세기 11장의 족보 속 인물들이 자녀들을 낳은 나이가 후대의 마소라 사본과 달리 30대가 아니라 130대로 기록되어 있다. 사본의 필사 과정에서 기존의 숫자가 빠지거나 변화하였을 가능성이 있다는 것이다.. 뿐만 아니라 사사들의 통치 기간 등을 이스라엘 초기 왕들의 통치 시기에 더하면 480년보다 크며, 또 사사기의 사사들 사이나 이야기들 사이에 정확히 몇 년의 공백이 있는지 확실하지 않기에 이렇게 연대기를 길게 보는 방향 역시 불가능하지 않을 것으로 보인다. 이외에도 예리코와 아이(Et

Tell)가 기원전 26~25세기에 파괴를 경험했다는 것(Nigro 2020, 190), 아이의 경우, 기원전 24세기의 파괴가 마지막이었으며, 이후 기원전 12세기까지 폐허로 있었다는 것, 하솔 역시 기원전 2500년 무렵부터 기원전 2300~2200년까지 버려져 있었다는 것(Lev, Bechar, and Boaretto 2021, 1453), 그리고 'MacGregor plaque', 제1왕조의 파라오 카아의 Abydos ivory tablet를 통해 고왕국 시대 이전부터 셈족 유목민들이 이집트로 노예나 포로로 끌려왔었다는 것 등도 근거로 작용할 수 있다.

또 다른 근거로는 베냐민 부족(Binu-Jamina)이 이집트 11~12왕조 시절인 고바빌로니아 왕국 시절(기원전 2000~1595년) 초기의 기록에서 메소포타미아를 위협하는 강력한 유목민 부족으로 등장한다는 것을 들 수 있다. 심지어 우루크의 왕인 신카시드 왕(기원전 1801~1771년)이 해당 부족 출신으로 기록되는데(Edzard 1965, 170), 이는 적어도 출애굽이 기원전 2000년대 무렵보다는 이전에 발생했음을 나타내는 것으로 볼 여지가 있다.

### - 출애굽과 드보라

사사 드보라는 일반적으로 히타이트 제국과 카시트 바빌로니아 왕국을 비롯한 여러 왕국들이 역사 속으로 사라진 후기 청동기 붕괴기 시절의 인물, 곧 20왕조의 람세스 3세의 치세 무렵의 인물로(Albright 1937; Northen Magill and Moose 2003; Niesiolowski-Spanò and Kantor 2015), 기원전 12세기의 하솔의 파괴는 그녀에 의한 것으로 추정된다(기원전 12세기설). 출애굽이 기원전 26세기의 사건이라면 가나안 정착 이후 초기 사사들의 시대로부터 사사 드보라의 시대까지 약 1,300년(기원전 12세기 설) 또는 1,500년(기원전 10세기 설) 이상에 달하는 공백이 생기게 된다. 기원전 14세기의 아마르나 서신 속 하비루(아피루)가 히브리인, 곧 이스라엘을 가리킨다고 보는 이들도 있지만, 하비루는 사회적 명칭으로 하층민을 가리키는 표현이었고 너무나 광범위한 표현이기에 학계에서는 이러한 연결이 거부된다(Rainey 1995, 481, 483). 이와 비슷하게 기원전 13세기 초나 중엽의 베를린 비문(Berlin Pedestal Relief)이 이스라엘이라는 지명을 언급하며 이를 사사 시대의 이스라엘에 대한 기록으로 보는 이들도 있지만, 해당 기록이 언급하는 지명은 이스라엘로 발음되지 않으며, 후대에 이스라엘 왕국으로 발전하게 된 가나안 중부 고원 지대의 정착지들은 이 시기가 아니라 기원전 12세기부터 확인되기에 학계에서는 이러한 연결이 완전히 거부된다(Ritner 2020, 38-53). 학계에서는 이스라엘은 기원전 12세기부터 역사에 등장했으며, 이스라엘에 대한 가장 오래된 기록은 기원전 1207년경의 메르넵타 석비로 여겨진다(Stiebing and Helft 2023, 302). 이 때문에 기원전 25세기와 12세기 사이의 공백을 채울 만한 요소는 더더욱 없게 된다. 하지만, 그럼에도 불구하고, 이는 성경적으로 문제가 될 것으로 보이지는 않는다.

사사기 19~21장의 레위인의 첩 사건과 이에 따른 베냐민 지파를 상대로 한 내전에 대한 이야기는 아론의 손자 비느하스(사사기 20:28)를 언급하는데, 비느하스는 출애굽 이후 광야에서 행음한 이스라엘 남자의 배를 창으로 뚫어 이스라엘에 임한 역병을 그치게 한 인물이다(민수기 25:7-8). 사사기의 베냐민 지파와의 전쟁 이야기에서 그를 언급한다는 것은 해당 이야기의 배경이 이스라엘의 가나안 정착으로부터 그리 멀지 않은 시점에 일어난 사건임을 보여 준다. 사사기에서는 가장 마지막에 배치된 이야기이지만 역사적인 순서상으로는 마지막이 아니라 앞에 배치되어야 하는 이야기라는 것이다. 해당 이야기는 성서 전체를 통틀어 가장 충격적인 이야기로 사사 시대 이스라엘의 타락의 정점을 보여 주기도 하는데, 이를 고려하면, 이러한 타락으로 인해 사사 드보라의 시대까지 공백이 생기게 되었다고 생각할 수도 있을 것으로 보인다.

　그리고 성서의 사사기 5장의 드보라의 노래는 드보라가 이스라엘을 하나로 모은 것에 대해 이야기하며, 각 지파들이 어떻게 하나가 되었는지에 대해 다루는데, 이는 기원전 25세기부터 이어진 천 년을 훨씬 넘는 공백이 끝났음을 보여 주는 것으로 생각된다. 각 지파들은 분열된 세력들이었으며, 그들은 율법은 물론 이스라엘로서의 정체성을 완전히 잃었다. 이들의 조상은 이스라엘이 아니라 므낫세 같은 자신의 가문 또는 지파의 시조였으며, 이들은 자신들의 뿌리가 출애굽을 한 것이 아니라 가나안에서 태어났다는 정체성을 가지고 있었다. 이들에게 야훼 신앙은 당연히 없었다. 고고학적으로 실로에서마저 야훼 신앙에 대한 근거가 없다(Finkelstein 2023). David Ilan 교수의 시카고 대학 강연(2019)에 따르면, 여호수아 21장의 레위인들의 성읍은 모두 역사적으로 중왕국 시대(11~13 왕조)와 신왕국 시대(18~20 왕조) 동안 가나안을 식민지로 관리해 오던 이집트의 군대가 주둔하던 요새들이자 이집트인 감독관들의 거주지였다. 성서의 역사성을 부정하는 비평적인 학자들과 현대의 유대인들은 가드 림몬(Tel Gerisa)과 같은 레위인들의 성읍과 가나안의 이집트 식민지 요새의 위치가 동일하다는 것, 후기 청동기 붕괴기 동안 이집트 군대가 가나안에서 철군할 때 떠나지 않고 남은 이집트인들이 있었으며 이러한 사실이 유물을 통해서 고고학적으로 증명된다는 것, '레위'라는 이름이 '덧붙여진' 또는 '결합한'을 뜻한다는 것, 모세, 미리암, 아론, 홉니, 비느하스 등 레위 지파 출신의 인물들의 이름들이 이집트어 이름이라는 것을 근거로 레위 지파가 사실 이스라엘인이 아니라 가나안에 남은 이집트인들과 그들의 후손들이었다고 보고 있다(Ilan 2019, 48:00-1:05:00; Aronow 2021, 10:00-11:00). 성서적인 관점에서 바라보자면 이러한 고고학적 근거들이 레위인들이 후대에 이곳으로 오게 된 이집트인들과 섞이며 그들에게 동화되었음을 보여 준다고 할 수 있다. 말씀을 보존해야 할 레위인들이 이집트인이 된 것이었다. 출애굽

　　　　　　　　　　　사해문서로 다시 보는 **에녹서**

세대인 모세, 미리암, 아론의 이름이 이집트어 이름인 것은 누구나 납득할 수 있지만, 사울 왕과 다윗 왕을 세운 선지자 사무엘 시대 대제사장 엘리의 두 아들의 이름이 이집트어인 홉니와 비느하스라는 것은 레위인들이 이집트인들에게 동화되었음을 보여 주는 예 중 하나라고 할 수 있다. 후술하겠지만, 단, 아셀, 잇사갈, 스불론은 후기 청동기 붕괴기인 기원전 12세기에 가나안으로 이주한 그리스계 해상 민족으로 추정되는데(Korpman 2020, 490-99; Niesiołowski-Spanò 2014, 93), 성서적인 관점에서 보자면 해상 무역을 하던 지파들이 그리스인에게 완전히 흡수되어 버려 그리스인이 되어 후대인 기원전 12세기에 가나안을 그리스인으로서 침공했다고 볼 수 있을 것이다.

그런데, 이러한 상황에서 기름 부음 받은, 하나님이 세우신 사사 드보라는 이들 모두를 다시 하나로 모으고 이스라엘이라는 정체성을 일깨워 주었다. 가나안을 침공하던 단, 아셀, 잇사갈, 스불론 지파로 다시 깨어나 그리스인이 아니라 이스라엘인이 되게 하였다. 레위인들로 다시 깨어나 이집트인이 아니라 제사장이 되게 하였다. 오랜 세월이 지나 소실되어 없어진 성막과 성소의 기물들이나 제사장과 대제사장의 의복 및 의복과 관련된 여러 것들을 다시 만들어지게 하였을 것이다. 먼 훗날, 제2성전 시대인 기원전 2세기에 소실된 성소의 기물들이 다시 만들어져 성소 안에 들여다 놓여진 것처럼 말이다(마카베오상 4:49). 말씀 역시 완전히 잊힌 시대에 그녀는 신의 계시를 받은 선지자로서 말씀을 다시 복원하고 보존하였을 것이다. 먼 훗날 기원전 7세기의 유다 왕 요시야가 모두가 말씀을 잊은 시대에 다시 말씀을 복원했던 것처럼 말이다. 그녀가 아니고서야 이스라엘 왕국 시절의 오경의 기원을 설명할 인물은 없다. 고 히브리 문자(기원전 10세기)와 페니키아 문자의 시조인 원시 시나이 문자(기원전 19세기)가 등장조차 하지 않은 시절(기원전 26세기)의 이야기라 기록이나 사본도 안 남고, 구전도 안

남았을 오경을, 율법을 그녀는 계시받은 선지자로서 복원하였다. 그녀는
우상 숭배에 빠진 북부 지파들이 조상신으로 섬기던 야곱과 헤브론의 사람
들이 조상신으로 섬기던 아브라함과 브엘세바 사람들이 이삭의 산당에서
조상신으로 섬기던 이삭(아모스 7:9)을, 각 지역에서 숭배받던 그 조상신들
을(Finkelstein and Römer 2014), 하나로 모으고 그들이 사실 가족이었
으며, 이스라엘 모든 족속의 시조였음을 밝혀 냈을 것이다. 그녀에 의해 이
스라엘이 다시 태어난 것이었다.

그리고 그녀는 이스라엘을 다시 여호와께 인도하였다. 이스라엘이 기원
전 12세기 이전에 야훼를 따랐다는 근거는 전무하다(Moore and Kelle
2011, 113-14, 126-27). 기원전 14세기의 아멘호테프 3세의 기록 속 '야
후의 샤수'는 미디안의 겐 족속을 가리키며 이스라엘은 물론 가나안과는
아예 무관한 기록이고(Hasel 2003, 27-36; Stager 2001, 92), 대부분의
학자들은 이스라엘이 기원전 12/10세기 무렵부터 겐족과 교류하며 야훼
신앙을 받아들이게 되었다고 보고 있다. 학자들 중에는 사사기 4장보다 더
이전의 기록이자 성서에서 가장 오래된 기록인 5장에서 하솔이 아니라 므
깃도를 언급한다는 것(사사기 5:19)과 이야기의 전체적인 배경이 므깃도
지역이라는 것을 근거로 드보라를 기원전 12세기의 하솔의 파괴가 아니라
기원전 10세기 초의 므깃도의 파괴와 연관 짓고(Finkelstein 2017, 36),
야훼 신앙의 전파 시기를 기원전 12세기(Dever 2003b, 125)가 아니라 기
원전 10세기 초로 보는 이들도 있지만(Tebes 2021), 그렇다고 해서 이스
라엘이 야훼 신앙을 드보라의 때에 받아들이게 되었다는 것은 부정하지 못
한다. 드보라는 모세가 미디안의 제사장(출 18:1)이자 겐족인 이드로와 함
께 거하며 여호와를 만났고 이스라엘을 여호와께로 인도했던 것처럼 겐족
의 족장인 야엘과 동맹을 맺고 이스라엘로 다시 여호와께로 인도하였다.

성서의 역사성을 부정하는 비평적인 학자들마저도 드보라의 존재와 역사성을 인정한다. 그들이 인정하는 성서 속 가장 오래된 인물들은 드보라와 다윗인데, 이는 그들 이전의 인물들은 증거가 아예 없지만, 적어도 이 두 인물은 증거가 차고 넘치기 때문이다.

비평적인 학자들의 관점에서는 드보라는 이스라엘이라는 부족 연합을 세운 첫 지도자였으며 그녀의 집권 동안 야훼 신앙이 이스라엘로 전파된 것이겠지만, 성서적인 관점에서 보면 그녀는 가나안 사람들에게 완전히 동화되어 정체성을 잃어버린 이스라엘을 다시 일으키고 이스라엘로 다시 야훼 신앙을 따르게 가르치고 이끈 것이다. 그녀가 이스라엘의 어머니(사사기 5:7)로 기록된 것은 그녀가 공백을 깨고 이스라엘로 다시 등장할 수 있게, 다시 태어날 수 있게 하였기 때문이라고 생각해 볼 수 있다.


### - 드보라와 기원전 10세기설

세겜과 실로의 파괴 시기는 각각 기원전 12세기와 11세기로 추정되지만, 모두 11세기 말, 곧 기원전 1000년경 무렵으로도 추정되며(Albright Live 2021b, 21:00-21:40; Finkelstein 2019, 11; Finkelstein 2013, 27), 해당 파괴는 사사기 9장의 아비멜렉 이야기와 연관 지어진다(Finkelstein 2013, 27). 드보라와 연관 지어지는 므깃도(Stratum VIA; 철기 I 시대에서 II 시대로의 전환)의 파괴 시기는 기원전 999~974년으로, 세겜-실로가 파괴된 시기 직후이다(Ben-Dor Evian and Finkelstein 2023). 더 정확히는 기원전 986~983년에 파괴된 것으로 추정된다(Gil Orduña 2024, 151).

세겜-실로의 파괴 이후, 기원전 11세기 말(c. 1000 BC)부터 기브온, 기브아, 벧엘의 번영이 시작되었는데(Finkelstein 2019, 11; Finkelstein 2013, 44-46), 사울 왕조는 기원전 10세기(c. 1000-900 BC) 내에서 기

브온 인근인 벧엘과 라마 사이에서 활동한 선지자 드보라의 므깃도 파괴(c. 985 BC) 이후에 등장한 것으로 여겨진다. 성서의 사사기가 드보라 이후의 입다, 삼손, 엘리(대제사장), 사무엘 등 여러 사사들을 기록하는 것을 고려하면, 그녀와 사울 사이의 기간은 짧았지만, 그 사이에는 여러 사사들이 있었을 것으로 추정된다. 40년 등의 연대기적인 요소들은 일반적으로는 상징적인 것으로 해석되기에 이들의 통치 기간은 실제로는 성서의 기록보다 훨씬 짧았을 것으로 보인다.

물론, 아비멜렉이 드보라 이전의 인물이기에 문제가 된다고 생각할 수도 있을 테지만, 성서의 기록상 아비멜렉의 부친 사사 기드온은 드보라처럼 12지파를 모두 모으지는 않았기에 기원전 10세기설의 관점에서도 지파들을 모두 모아 이스라엘의 정체성을 회복시킨 것은 드보라가 최초이며 유일하다고 할 수 있다. 그리고 그녀 이전에 사사가 있었다고 한들 당시 이스라엘에는 야훼 신앙이 없었으며, 그들에게는 족장 전승이나 출애굽 전승은 물론 율법조차 없었다.

다음으로, 이스라엘을 언급하는 메르넵타 석비가 기원전 12세기의 기록이기에 문제가 된다고 생각할 수도 있지만, 이는 12지파의 완전한 이스라엘을 가리킨 것이 아니라고 볼 수 있다. 학자들 중에는 유다 지역의 유적지들이 대체로 기원전 10세기는 되어서야 세워졌으며 이 지역의 인구가 성장한 것이 이 시기부터였다는 것을 근거로 유다 지파가 남부 광야의 유목민 부족 연합으로서 기원전 10세기가 되어서야 출현했다고 보는 이들도 있으며(Weinfeld 1993, 395; Lipiński 2006, 367; Ofer 1994, 103-104), 기원전 9세기의 메사 석비의 기록을 근거로 갓 지파가 모압인의 일파라고 보는 이들도 있다(Koller 2013). 기원전 13세기의 람세스 2세의 기록 속 무압(Mw-i-bw)이 모압과는 무관한 북부 지역의 지명으로 추정된다는 것(Na'aman 2006, 63-69), 모압의 초기 정착지들이 기원전 11세기 말에서 10세기부터 점유되기 시작했다는 것을 근거로 학자들은 모압의 역사가 기원전 13세기가 아니라 10세기부터 시작되었다고 보기도 한다(Finkelstein and Römer 2018).

이처럼 유다 지파와 갓 지파가 기원전 10세기에 등장했다면, 이들까지 포함한 이스라엘은 기원전 12세기가 아니라 기원전 10세기가 되어서야 등장했다고 볼 수 있을 것이다. 해상 민족들이 기원전 12세기에 바로 이스라엘에 동화되지 않았을 가능성도 어느 정도 있기에 이들 역시 기원전 10세기는 되어서야 이스라엘이 되었다고 볼 수 있다. 기원전 12세기의 이스라엘은 므낫세나 에브라임 지파만 있는 이스라엘로, 정체성은 없고 이름, 곧 껍데기만 남은 이스라엘로 해석할 수 있을 것이다. 혹은 드보라 이전의 누군가가 기원전 13세기 말(c. 1210 BC)에 최소한 자신들(요셉 지파)이 이스라엘이라는 것만큼은 기억해 냈거나 영감을 받아 다시 깨우치게 되었다고 해석할 수 있을 것이다. 이러한 관점에서는 기원전 10세기가 되어서야 이스라엘(요셉 지파)의 드보라가 이스라엘 12지파를 모두 모으고 그들의 정체성을 일깨우고 그들을 야훼 신앙으로 인도한 것이라고 볼 수 있을 것이다.

또한, 야훼 신앙은 기원전 10세기부터 이스라엘로 전파되었을 것으로 추정되는데, 이는 네게브 지역 등 남부 광야 지역의 인구 유입과 정착지 건립이 기원전 10세기부터라는 것과 가장 오래되고 확실한 이스라엘과 겐족의 교류의 증거가 기원전 10세기 텔 마소스(Tel Masos) 유적지의 II 층의 유물들이라는 것, 그리고 이스라엘이 야훼 신앙을 따른다는 가장 오래된 문헌학적 증거가 기원전 9세기의 메사 석비라는 것을 근거로 한다(Tebes 2021). 참고로, 텔 마소스의 기원전 10세기의 유적지에서는 겐족들이 활동한 팀나 지역의 하토르 신전의 봉헌용 유물과 유사한 석상들과 고고학적으로 겐족과 연결되는 쿠라야(Qurayyah) 도자기 파편들이 발견되었다(Tebes 2021).

어떤 이들은 예레미야 7:12-14과 26:6-9의 실로의 파괴에 대한 기록이 기원전 11세기의 파괴를 가리키며, 이는 당시의 실로가 야훼 신앙과 관련되어 있음을 간접적으로 입증한다고 주장하지만, 이는 기원전 11세기의 파괴가 아니라 기원전 9세기에 재점유되었다가 북이스라엘의 멸망과 함께 폐허가 된 것을 가리킨다(Albright Live 2021b, 21:00-24:30). 이스라엘의 야훼 신앙에 대한 가장 오래된 고고학적 근거가 기원전 10세기부터 확인된다는 것은 이를 뒷받침한다(Tebes 2021).

### - 통일 왕국의 시기

대부분의 학자들은 이스라엘 통일 왕정의 역사성을 부정하며, 기원전 9세기의 오므리 왕조 시절부터의 역사만을 인정한다. 기브온, 기브아, 벧엘은 기원전 10세기에 번영했는데(Finkelstein 2013, 44-46), 그나마 성서에 우호적이어서 통일 왕정의 역사성을 부정하지만 사울 왕조와 여로보암 1세의 왕조의 역사성은 인정하는 학자들은 사울 왕조가 이러한 기브온의 번영기 중에 등장한 것으로 보고 있으며, 파라오 셰숑크 1세의 침공으로 쇠퇴한 기브온을 뒤이은 디르사의 번영을 여로보암 1세와 연결한다(Finkelstein 2019, 8-15).

에크론은 기원전 11세기와 기원전 10세기 초(c. 1000-950 BC)의 블레셋의 중심이었으며, 에크론이 파괴된 후(Albright Live 2021a, 16:30-18:27), 기원전 10세기 중엽(c. 950 BC)부터는 다윗 이야기에 자주 등장하는 가드가 블레셋의 중심이 되어 기원전 9세기에 아람 왕 하사엘에 의해 파괴될 때까지 그 지위를 유지했었다. 학자들은 이를 근거로 다윗 이야기의 배경을 기원전 10세기 중엽에서 9세기 사이, 곧, 여로보암 1세와 오므리 왕조 시대 무렵으로 보고, 다윗과 솔로몬이 당시 이스라엘과 경쟁한 독립 왕국인 유다의 왕들이었다고 추정하고 있다(Albright Live 2021a,

 사해문서로 다시 보는 **에녹서**

16:30-18:27; Finkelstein 2013, 125, 137).

성서적인 관점을 위해서는 다윗과 가드 사람 골리앗의 전투부터 다윗의 손자 르호보암의 치세 때 일어난 셰숑크 1세의 예루살렘 침공까지의 기간을 기존의 연대기보다 짧게 보아 기원전 950~930년 무렵으로 볼 수 있다. 셰숑크 1세의 침공으로 인한 기브온의 쇠퇴를 사울 왕조의 몰락과 관련짓지 않고, 사울 왕조는 기브온이 쇠퇴하기 전에 이미 몰락하였으며, 셰숑크 1세의 침공까지 기브온이 쇠퇴하지 않은 것은 성서에서 솔로몬이 성전을 세우기 전 기브온의 산당에서 일천 번제를 지냈고 기브온의 산당이 크다고 묘사하는 것(열왕기상 3:4)과 연결하여 설명할 수 있을 것으로 생각된다. 이러한 방식으로 통일 왕조의 역사성을 인정하는 해석을 취할 수 있을 것이다.

한 가지 덧붙이자면, 솔로몬과 연관 지어지던 므깃도(Stratum VA-IVB), 하솔, 게셀의 마병장은 연대가 재측정되어 셰숑크 1세가 아니라 하사엘에 의해 파괴되었다는 것과 솔로몬이 아니라 기원전 9세기의 오므리 왕조의 건축물이었다는 것이 밝혀졌다(Finkelstein and Silberman 2001, 141-142). 건축 양식 역시 오므리 왕조의 것임이 너무나 명확하였기에 현대 학계의 그 누구도 이를 솔로몬의 건축물로 보고 있지 않으며, 이에 따라 해당 건축물들을 솔로몬의 통치 시기에 대한 근거로 사용하기는 어려울 것으로 보인다. 이외에도 다윗의 활동 시기를 특정하는 근거로 자주 다루어지는 키르벳 케이야파(Khirbet Qeiyafa)가 다윗과 관련이 있다는 주장은 아직 학계에서 정설로 받아들여지지는 않는 가설이며, 다윗과의 연관성이 어느 정도 부족하기에 다윗의 활동 시기에 대한 근거로 보기는 어렵다 (Finkelstein and Fantalkin 2012, 38-63).

## - 언약궤

사사 시대와 이스라엘 왕국 시대 초기의 성막과 언약궤는 실로에 있는 것으로 묘사되지만(삼상 1), 실로는 사사 아비멜렉의 때(드보라 이전)에 파괴되었다. 사사기 20:26-27은 베냐민 지파와 이스라엘의 내전 당시 언약궤가 사무엘상과 달리 실로가 아니라 기브온과 인접한 벧엘에 있었다고 기록하며, 역대하 1:1은 성막이 기브온에 있다고 기록하고 사무엘상 21:1은 성막과 제사장들이 기브아-기브온 지역인 놉에 있다고 묘사하는데, 이를 고려하여 성막과 언약궤가 실제로는 기브온이나 그 인근 지역에 있었지만 성서 사본의 전승 과정에서 변하게 된 것으로 볼 수 있을 것으로 보인다. 언약궤가 실로에서 기브아 지역(기럇 여아림; 삼상 7:1)으로 간 것보다는 기브아 지역에서 다시 기브아 지역으로 돌아왔다는 것이 더 자연스럽기도 하다.

사무엘상 5-6장의 예루살렘의 성전이 세워지기 전을 배경으로 한 언약궤의 이동 이야기는 언약궤가 실로에서 블레셋의 아스돗으로, 그리고 그곳에서 다른 블레셋의 도시들을 거쳐 유다 벧세메스로 옮겨졌고, 이후 벧세메스의 많은 유다 사람들이 언약궤를 보았다가 죽었기에 기럇 여아림으로 옮겨졌다는 내용이다. 학자들은 기원전 8세기의 이스라엘 왕 여호아스의 치세 때 그의 왕국이 해상 진출을 위해 블레셋과, 남부 광야의 무역로를 위해 앞길을 막던 유다와 경쟁하였으며, 그가 유다의 벧세메스에서 많은 유다군을 죽였고(왕하 14:11-14), 그의 아들 여로보암 2세의 치세 때에는 기럇 여아림에 거대한 신전이 세워졌다는 것을 근거로 사무엘상 5-6장의 이야기가 실제로는 이 시기를 배경으로 하고 있다고 보고 있다(Albright Live 2021b, 26:00-37:00). 아스돗이 언약궤의 이동 이야기에서처럼 블레셋의 중심이 된 것이 기원전 8세기라는 것 역시 주요한 근거이다(Albright Live 2021b, 26:00-37:00). 역대하 35:3을 고려하여 학자들은 언약궤가 이스라엘 왕국의 멸망 이후 기원전 7세기의 유다 왕 요 시야의 치세가 되어서야 예루살렘으로 옮겨졌을 것으로 추정하기도 한다 (David 2017). 하지만, 이것이 성서적인 관점에서 크게 문제가 되지는 않 을 것으로 생각된다. 열왕기상 14:25-26은 셰숑크 1세(시삭)가 유다를 침 공하여 예루살렘의 성전을 약탈했다고 기록하는데, 셰숑크 1세는 이스라 엘 왕 여로보암 1세가 솔로몬의 위협을 받을 때 보호해 준 인물이었다(왕 상 11:40). 이를 고려하면, 그가 성전에서 언약궤를 약탈하여 여로보암 1 세에게 하사했고, 그때부터 요시야의 때까지 언약궤는 유다가 아니라 이스 라엘에 있었다고 볼 수 있다.

실로는 기원전 11세기의 파괴 이후 기원전 9~8세기에 다시 종교적 장소 로서 점유되었다(Albright Live 2021b, 21:00-24:30). 텔 아비브 대학교 의 Israel Finkelstein 교수는 기원전 11세기의 파괴와 기원전 9세기의 재 점유 사이에 실로가 가나안의 토착신 엘의 성소에서 야훼의 성소로 변하 였을 것으로 보고 있다(Finkelstein 2023). 그는 엘의 언약궤와 야훼의 언 약궤를 구분 짓고, 예루살렘으로 옮겨지게 된 기럇 여아림의 언약궤를 기 원전 9세기의 실로의 언약궤, 곧 야훼의 언약궤로 추정한다(Albright Live 2021b, 21:00-24:30). 성서적인 관점에서 보자면, 기존에 알려진 대로 언 약궤가 실로에 있었다고 본다면 문제가 되지만, 앞서 언급한 대로 기브온 지역에 있었다고 본다면 이는 문제가 되지 않을 것으로 보인다. 실로는 기 원전 9세기부터 야훼의 성소로서 기능하게 되었고, 기원전 9세기 전까지는 그저 가나안 신 엘을 위한 성소였다(Finkelstein 2023). 언약궤가 실로가 파괴된 기원전 11세기보다 훨씬 이전에 이미 다른 곳으로 옮겨졌고(사사기 20:26-27), 기원전 10세기가 되어서야 이스라엘이 이를 되찾아 기브온 지 역으로 옮기게 되었다고 보아 기원전 9세기 이전까지 실로가 야훼, 성막, 언약궤와는 무관한 곳이었다는 것과 조화시킬 수 있을 것으로 생각된다.

정리하자면, 기원전 10세기 무렵, 사사 드보라와 이스라엘 왕 사울과 다윗의 시대에 성막과 언약궤는 기브온 지역에 있었다. 언약궤는 그곳에서 블레셋의 도시들과 유다의 벧세메스를 거쳐 기브온 지역인 기럇 여아림에 이르렀고, 기럇 여아림에서는 예루살렘으로 옮겨졌다. 예루살렘으로 옮겨진 언약궤는 셰숑크 1세에 의해 북 이스라엘 왕국으로 옮겨졌다. 기원전 9세기 무렵, 북이스라엘 왕국 어딘가에서 언약궤는 실로로 옮겨지게 되었다. 기원전 8세기가 되자 언약궤는 기럇 여아림에 세워진 여로보암 2세의 신전으로 이동되었고, 기원전 7세기의 요시야의 치세 동안에는 예루살렘 성전으로 옮겨졌다.

## - 출애굽과 해안가의 지파들

한편 출애굽을 부정하는 학자들은 일반적으로 이스라엘 민족이 가나안 원주민들에게서 기원하였다고 보고, 단 지파는 텔 단의 유적지의 사원 유적과 에게해 양식의 토기 등 유적지의 구조와 유물들이 에게해 양식이라는 것과 고고학적으로 성서에서 가장 오래된 부분으로 밝혀진 드보라의 노래에서 단 지파가 아셀 지파와 함께 해상 민족으로 묘사된다는 것(삿 5:17) 등을 근거로 덴옌/다누나라는, 후기 청동기 붕괴기 때 이집트와 가나안을 침공한 바다 민족(그리스계 해상 민족)에게서 기원하였다고 주장한다(Korpman 2020, 490-99; Niesiołowski-Spanò 2014, 93). 후기 청동기 붕괴기인 기원전 12세기의 트로이의 멸망(기원전 1180년)을 다루는 호메로스의 『일리아스(Iliad)』에서는 그리스인들을 다나오이(Danaoi)로 부르는데, 덴옌은 이 다나오이의 이집트어 발음으로 추정된다. 덴옌이 단 지파의 기원이 된 것이 아니라 그 반대라면, 단 지파가 해상 무역을 하며 인도유럽어족이나 미케네 문명을 세운 이들과 섞여 덴옌이라는 이름의 기원이 되어 주었다면, 그리스의 미케네 문명은 기원전 18세기부터 시작되었고 이들의 뿌리가 되는 원시 인도유럽어족은 기원전 2000년경 무렵에 원주민

 사해문서로 다시 보는 **에녹서**

들이 있던 그리스로 이주하였기에 출애굽은 시기상 적어도 기원전 2000년 경보다 이전에 발생해야 한다.

　이외에도 기원전 12세기의 기록인 고대 이집트의 『아메네모프의 오노마스티콘』 속 등장하는, 후기 청동기 붕괴기 때 가나안으로 이주한 해상 민족들 중 하나인 아셀('šr)과 스부리(sbrj)는 성서의 아셀 지파와 스불론 지파와 동일한 민족들이다. 이들이 가나안에 정착하여 이스라엘에 흡수되었을 것으로 추정되며, 『일리아스』의 다나오이의 적 테우크리아인(Teucrian; 트로이인)으로 추정되는 민족이자 이집트 20왕조의 기록들에서 블레셋과 함께 언급되는 해상 민족인 체커/티예커(Tjeker; '체커의 사람들'이라는 뜻의 '잇체컬': Iš-Tjekker)는 잇사갈 지파와 동일한 민족이었을 것으로 추정된다(Niesiołowski-Spanò 2014, 93). 특별히 기원전 11세기의 기록인 고대 이집트의 『웬아문의 여행기』에서 가나안에 정착한 체커의 영토로 기록되는 돌(Dor)이 여호수아 17:11에서는 잇사갈 지파의 영토로 나온다는 것이 이러한 추정의 강한 근거로서 작용한다. 만약 이들이 성서의 아셀, 스불론, 잇사갈 지파의 기원이 된 것이 아니라 단 지파의 경우처럼 오히려 무역 도중 이들의 조상들과 섞여 이들의 이름의 기원이 되어 주었다면, 트로이(윌루사)에 사람이 살기 시작한 시기와 별개로 윌루사가 역사에 처음 등장한 것은 기원전 15세기의 히타이트의 기록이라는 것을 고려하여, 마찬가지로 출애굽이 그보다 이전 시기에 일어났다고 보아야 할 것이다.

한 가지 덧붙이자면, 그리스 신화의 카두세우스 지팡이는 메소포타미아의 닌기쉬지다의 상징으로부터 기원했을 것으로 추정되는데, 닌기쉬지다의 상징은 기원전 22~21세기의 구데아의 병 장식에서 확인되며, 닌기쉬지다 신앙은 초기 왕조 III 시대(기원전 25~23세기)부터 시작되었다(Wiggermann 1998, 372). 카두세우스 지팡이가 모세의 지팡이로부터 기원했다면, 이 경우엔 출애굽은 적어도 기원전 25세기보다는 이전에 일어나야 한다.

### - 요셉

출애굽을 고왕국 시대의 사건으로 보는 이들은 요셉을 3왕조의 조세르의 재상이자 최초의 피라미드를 세운 임호텝과 동일시한다(Aardsma 2008). 기원전 3~2세기의 기근 석비는 상당히 후대의 기록이며, 해당 기록이 언급하는 7년의 기근은 1중간기와 중왕국 시대의 기록인 이푸웨르 파피루스의 강이 피로 변한다는 이야기가 이집트의 세크메트 신화와 수메르의 『인안나와 슈칼레투다』 신화에도 언급되는 것처럼 근동 지역 신화에서 상당히 흔히 발견되는 요소이지만, 이러한 기근 석비는 임호텝이 이집트를 덮친 7년의 기근을 끝냈다고 기록한다. 하지만, 기원전 5~4세기의 다른 기록들(Papyrus Berlin 23071, Papyrus Wien D 6319)에서는 기근 석비 속 이야기가 2왕조의 파라오 네페르카소카르의 치세 때의 사건이자 임호텝과는 무관한 더 고대의 사건으로 묘사된다. 그렇기에 요셉은 3왕조의 임호텝보다는 임호텝 신화에 영향을 주었을 2왕조의 인물이었을 것으로 보인다. 참고로, 대부분의 학자들은 요셉 이야기가 페르시아 제국과 헬레니즘 시대의 유대인들이 기근 석비나 해당 기록과 같은 이집트 문학을 바탕으로 만든 이야기로 보고 있다.

아랍 전통에서는 출애굽 당시 바로의 신하의 이름을 에스더의 하만과 유사한 발음의 하만으로 언급하며, 그는 주로 기원전 26세기의 파라오인 4왕조의 쿠푸의 신하이자 기자의 대피라미드를 세운 건축가 헤몬/헤미우누(Hemon/Hemiunu)로 식별되곤 하는데, 이를 바탕으로 보면, 출애굽은 쿠푸의 치세 동안 발생한 사건으로 볼 수 있을 것으로 보인다.

물론, 요셉이 2왕조의 인물이고 출애굽이 4왕조의 파라오 쿠푸 치세의 사건이라면 연대기적으로 문제가 된다고 생각할 수도 있다. 하지만 사마리아 오경과 마소라 사본보다 9세기 이전의 사본인 70인역 사본에 따르면 이스라엘 자손이 애굽에 430년 동안 거주한 것이 아니라 애굽과 가나안에 430년 동안 거주했다고 나와있다. 갈라디아서 3:17에서 바울은 아브라함이 언약을 맺은 때로부터 출애굽까지의 기간을 430년이라 기록했으며, 사해문서와 외경인 희년서는 아브라함이 창세기 15장의 언약을 맺은 때로부터 출애굽까지의 기간이 430년이라 기록하고, 현대의 유대인들 역시 이를 430년이라 믿는데, 이는 그들의 달력에서도 확인된다. 아브라함이 언약을 맺은 때로부터 야곱이 애굽에 들어간 때까지 약 215년이 지났기에 이로부터 출애굽까지의 기간은 215년이 된다. 네페르카소카르부터 쿠푸까지는 약 197년으로(네페르카소카르-8년, 후제파-11년, 카세켐위-18년, 조세르-28년, 세켐케트-7년, 사나크테/네브카-18년, 카바-6년, 후니-24년, 스네페루-48년, 쿠푸-29년), 215년에 근접하다.

여담으로, 2왕조와 4왕조 모두 아직 이집트에 전차나 말이 없었던 시절이지만, 성서 속 전차, 병거, 말, 낙타 등에 대한 언급은 중세나 르네상스 시대의 성서 명화에서 성서 속 인물들이 유럽인의 복장이나 아랍인의 복장 등 당시의 복장과 물건들과 함께 등장하는 것과 비슷한 경우로 볼 수 있다. 구전되던 전승이 사본에 적히게 되거나 이전부터 전해 내려오던 사본이 새로운 사본으로 옮겨지던 과정에서 시대에 맞춰 독자들과 청자들을 위해 기록된 것으로 볼 수 있다. 지명에서도 비슷한 사례가 여럿 확인된다.

또한, 그것이 요셉의 석상이라는 주장이 있는 12왕조 시절의 아바리스의 셈족 지도자 석상에 대해서는 학계의 그 누구도 요셉의 것으로 보지 않지만, 만약 요셉의 것으로 본다면 요셉 본인의 것이 아니라 후대의 이스라엘 민족이 고센 땅인 아바리스에 요셉을 기념하기 위해 세운 것으로 보아야 할 것이다. 성지순례는 고고학적으로, 그리고 문헌학적으로 성서 시대부터 확인되는 것이며, 학자들은 열왕기상 19장의 엘리야의 브엘세바를 거쳐 시내산(호렙산)에 이르는 여정에 대해서 성지순례에 대한 기록으로 추정한다(Tebes 2021). 이를 고려하면, 고대 이스라엘인들이 오늘날의 사람들처럼 성지순례를 가거나 성지순례의 장소에서 성서 속 인물을 기념했을 가능성은 상당히 높을 것으로 보인다.

### – 이름들

족장들을 허구적으로 보는 학계의 대부분의 학자들은 기원전 7세기에 블레셋의 아스돗 왕 이히밀키(Ahimilki)가 존재했다는 것과 그랄(Tel Haror)이 이 시기의 도시라는 것을 근거로 창세기의 아브라함과 이삭 이야기가 이 시기인 유다 왕국 후기를 배경으로 하였을 것으로 보고 있으며, 기원전 7세기에 블레셋의 에크론 왕의 이름이 아기스(Achish)라는 것과 시글락(Tel Sera)이 이 시기의 도시라는 것을 근거로 성서의 아기스, 시글락, 다윗과 관련한 이야기들이 이 시기를 배경으로 하고 있을 것으로 추정한다(Finkelstein 2002). 고고학적으로 증명된 가장 오래된 히람은 기원전 8세기의 두로 왕 히람이기에 솔로몬과 두로 왕 히람의 이야기는 기원전 8세기의 유다 왕 아하스와 히람 사이의 일화로부터 파생되었을 것으로 추정되며(Lipiński 2006, 185-188), 발람에 대한 가장 오래된 기록이 기원전 8세기의 Deir Alla Inscription이기에 발람의 역사성을 떠나서 성서의 발람 이야기는 이 시기를 배경으로 하는 것으로 추정된다. 하지만, 인명과 지명,

   사해문서로 다시 보는 **에녹서**

도시의 존재에 대해서는 앞서 다룬 병거, 지명 등의 사례나 주석 109의 창세기의 사해 남부의 도시들에 대한 해석과 비슷하게 볼 수 있을 것으로 보인다. 창세기 14장의 그돌라오멜을 비롯한 여러 왕들과 나머지 성서의 시기 착오적인 부분들에 대해서도 이처럼 해석할 수 있을 것으로 생각된다.

### - 출애굽의 연대와 블레셋

이처럼 출애굽이 기원전 26세기에 일어났다면, 시기상 블레셋 족속은 기원전 12세기부터 가나안에 정착한 그리스계 해상 민족이기에 문제가 있다고 생각할 수 있지만, 성서 내에서 기원전 12세기 이전의 블레셋 족속은 블레셋 족속이 아니라 후대에 블레셋인들이 정착한 가나안 남부 해안 지대의 원주민들을 가리켰다고 보면 이러한 문제를 해결할 수 있을 것으로 보인다. 오늘날의 미국인들과 그들 이전에 북미 대륙에 거주하던 원주민들과의 관계와 비슷하게 볼 수 있다는 것이다.

## - 출애굽의 규모

출애굽의 규모는 장정만 60만(출애굽기 12:37)이라 알려졌는데, 이는 히브리어 원문에서 600 אלף이다. 출애굽기 12:37, 1차 인구 조사에 대한 민수기 1:21-46과 2차 인구 조사에 대한 민수기 26:14-51의 히브리어 אלף는 집안, 씨족, 부족, 가족, 가문, 지파라는 뜻을 가지며, 여호수아 22:14에서는 씨족, 사사기 6:15에서는 집안이라는 의미로 사용되었다. 일반적으로는 약 12명 정도로 구성된 씨족이나 부대를 뜻한다. 그렇기에 출애굽기 12:37의 600 אלף는 60만 명이 아니라 약 7,200명 정도였을 것으로 추정된다. 실제로 당시 애굽과 근동 지역의 인구를 다 합치더라도 겨우 100에서 200만을 넘을까 말까 하는 수준이었으며, 중왕국 시대와 2중간기 시절의 이집트 내 셈족 도시인 아바리스의 최대 인구가 3만 명 정도였기에 애굽 내에서의 주류가 아닌 소수 민족인 히브리인들의 규모가 장정만 60만이었을 가능성은 매우 낮다.

이 때문에 학계에서 출애굽을 역사적으로 보는 학자들은 그 규모를 200만이 아니라 대략 1만 명에서 2만 명 사이였을 것으로 추정한다. 중왕국 시대보다 이집트 내 셈족 인구가 훨씬 적었을 고왕국 시대에 출애굽이 있었다면, 당연히 그 규모는 중왕국 시대의 아바리스의 인구보다 더 적었을 것이다. 이에 따라 אלף가 12명이 아니라 더 적은 규모인 2명이나 4명으로 이루어진 부대나 조였다면, 출애굽기 12:37의 600 אלף는 1,200~2,400명이 될 것이다. 물론, 몇만 명이나 몇천 명이나 모두 최대치라고 할 수 있다. 비평적인 학자들은 그 규모를 수백에서 수십 명까지로 낮춰 보니 말이다. 출애굽기의 규모가 시간이 흐르며 과장되었을 가능성은 매우 높기에 실제 그 규모는 수천 명보다도 훨씬 적은 수백 명이었을 수도, 심지어는 수십 명이었을 수도 있다. 그렇다고 해서 실망할 필요는 없다. 출애굽기의 핵심은 애굽으로부터 하나님의 구원하심이지 출애굽의 규모가 아니니 말이다.

　사해문서로 다시 보는 **에녹서**

어떤 이들은 다른 신화 등 성경보다 연대기적으로 앞서는 것으로 보이면 그것을 가져와 성경의 권위를 깎는다. 하지만, 하나하나 비교하면 오히려 성경의 권위에 압도될 것이다.

먼저, 길가메시 이전의 메소포타미아의 왕들은 모두 후대의 기록들에서만 확인되는 허구적이고 신화적인 왕들로, 학계의 그 누구도 그들을 역사적으로 보지 않는다. 엔메르카르가 『Ad-gi4 list』라는 길가메시 이전 시대의 기록에서 언급된다고는 하나, 여기서의 엔메르카르는 도시의 신화적 창건자이다. 어떻게 보면, 엔메르카르는 실존 인물이 아니며, 우루크에서 숭배받던 신화적 시조로, 후대 사람들의 인식 속에서 역사적인 인물로 변형되어 우루크의 왕이 된 경우이다. 그렇기에 그는 허구적인 존재일 수밖에 없다는 것이다. 그리고 이렇게 수메르 역사상 최초의 왕인 길가메시는 기원전 2800~2500년 무렵의 인물이며(Dalley 1989, 40), 기원전 2500년 무렵의 우르 1왕조의 유물들에서부터 확인되기에 그는 기원전 2500년 무렵의 인물이었을 가능성이 가장 크다. 그리고 출애굽이 고왕국 시대의 사건이라면 그런 길가메시가 왕이 되기 수십 년 전에 일어난 사건이 된다. 홍수 신화를 포함하여 수메르의 가장 오래된 신화들이 모두 그의 치세 또는 그의 치세보다 후대에 형성된 것을 고려하면 출애굽이 얼마나 고대의 사건인지 감이 올 것이다. 성서가 길가메시 서사시를 베꼈다거나 기원전 23세기의 사르곤의 탄생 신화를 베꼈다거나 기원전 20세기의 시누헤의 이야기를 베꼈다는 주장은 이제 할 수 없을지도 모른다. 수메르의 지우수드라의 슈루팍 홍수(c. 2750 BC)가 요셉의 시대의 사건이 되며 길가메시가 모세보다 수십 년 후의 사람이 되니 말이다.

다음으로, 20세기 작가들에게 영감을 주어 무, 레무리아 등 새로운 이야기들을 만들게 한 원천인 플라톤의 아틀란티스 신화는 일반적으로 기원전 5세기의 아테네의 시칠리아 원정의 영감을 받아 만들어진 것으로 추정되지만, 일부는 그리스의 산토리니섬이 아틀란티스이며, 이집트 18왕조 초기(기원전 16~15세기)에 있었던 이곳의 화산 폭발이 신화의 기원이었다고 주장한다. 설령 기원이 그것이 맞더라도, 만약 출애굽이 고왕국 시대에 일어났다면 출애굽은 해당 신화보다 천 년이나 전에 일어난 사건이니 선후 관계상 출애굽이 더 앞선다.

이외에도 어떤 이들은 인더스 문명이 가장 오래되었다고 주장하지만, 그것은 문명과 문화를 구분하지 못함에서 비롯되는 것이다. 세계 신석기 문화들의 대부분은 인더스 지역의 문화와 비슷하게 오래되었거나 그보다도 더 오래되었다. 기원전 30세기에 인더스 문명이 시작되었다고 하지만, 그건 소규모 거주지와 토기 조각이 전부인 시절이었으며, 기원전 25세기는 되어서야 정착지의 규모가 성장했고, 도시기 세워진 깃은 로딜의 유적에서 알 수 있듯이 기원전 23세기부터였다(Kulke 2004, 25). 인더스 문명의 상징과도 같은 모헨조다로의 인장 유물들은 모두 기원전 20~15세기 사이의 것들이다. 인더스 문명은 출애굽으로부터 수백 년 후에야 등장한 것이다.

아브라함의 아들 이삭의 아들 야곱의 자손인 이스라엘 족속은 출애굽 이후 다시 가나안에 정착하였고, 이후 사사들이 이스라엘을 지도하는 시대를 거쳐 베냐민 지파의 사울을 초대 왕으로 왕정 시대에 진입하였다. 이후 유다 지파의 다윗이 왕위에 올랐고 그의 아들 솔로몬은 수도 예루살렘에 성전을 세웠다. 솔로몬의 아들 르호보암 때 왕국은 북이스라엘 왕국과 남유다 왕국으로 분열되었는데, 북이스라엘 왕국은 기원전 722년에 신아시리아 제국의 사르곤 2세에게 멸망당했으며, 남유다 왕국은 기원전 586년에 신바빌로니아 제국의 네부카드네자르 2세에게 멸망당했다. 이후 남유다의 유민들은 페르시아 제국의 고레스의 치세까지 바빌론에서 유수기를 보내다가 유다 땅으로 돌아와 성전을 다시 건축하였다. 알렉산더 대왕이 페르시아 제국을 정복하고 그의 제국이 프톨레마이오스 왕국과 셀레우코스 제국을 포함한 네 개의 왕국으로 분열되면서 유다 땅은 이들의 지배를 받게 되었다. 특히, 셀레우코스 제국의 지배는 악독했으며, 안티오코스 4세(175-164 BC)은 율법을 찢고 태우며 돼지 피를 성전에 뿌리고 그리스 종교를 강압하기까지 하였는데, 이때 레위 지파 제사장 마타디아와 유다 마카베오를 포함한 그의 자녀들은 마카베오 전쟁을 일으키고 성전을 다시 거룩하게 하였다. 그리고 이들은 하스몬 왕조, 곧 레위인이자 대제사장이 왕을 겸직한 제사장-왕의 왕조를 세웠다. 이후 로마의 개입으로 기원전 37년경 하스몬 왕조가 막을 내렸고, 유다 지방은 예수님께서 탄생하셨을 때 베들레헴의 유아들을 학살한 헤롯 대왕(37-4 BC)의 통치를 받게 되었다.

## [118] 마지막 때에 대해서

90장은 마카베오 전쟁, 하스몬 왕조의 수립, 그리고 최후 심판에 대해 이야기한다. 90장의 "나는 큰 칼이 양들에게 주어질 때까지 보았더라"라는 구절부터 요한계시록의 최후 심판으로 이어지는 이야기는 마카베오 혁명과 제사장-왕의 왕조인 하스몬 왕조의 수립까지에 대해서라고 보기는 어렵다. 이 때문에 해당 구절부터는 마카베오 혁명과 하스몬 왕조의 수립뿐 아니라 제사장-왕인 메시아의 초림, 그리고 그의 재림과 이어지는 그의 영원한 왕국의 수립에 대한 이야기라고 볼 수 있다. 이사야서의 임마누엘이 기원전 8~7세기의 유다 왕 히스기야뿐 아니라 메시아를 가리켰다고 해석하는 것과 비슷하다.

또한, 이러한 에녹서 90장의 최후 심판 내용은 요한계시록의 예언의 권위성과 관련하여 굉장히 중요하다고 할 수 있다. 일반적으로 요한계시록은 로마 제국의 네로의 치세에 국한하여 해석된다. 하지만, 로마 제국의 네로가 등장하기 훨씬 이전의 문서에서 이미 요한계시록과 거의 동일한 최후 심판에 대한 예언이 등장한다는 것은 요한계시록이 네로의 치세에 국한되어 해석되어서는 안 됨을 보여 준다.

물론, 이밖에도 요한계시록에서 곡과 마곡이 등장한다는 것 역시 비슷한 역할을 한다고 할 수 있다. 곡과 마곡은 구약 성서에도 등장하며, '곡'은 리디아의 왕 '구구(그리스어 발음으로 기게스; 기원전 680~644년)'의 이름에서, '마곡'은 아시리아어로 '기게스의 땅'을 뜻하는 '마구구'로부터 유래했을 것으로 추정된다. 기게스는 신아시리아 제국과 동맹을 맺기 거부하였고, 신아시리아 제국과 독립적으로 이집트 26왕조의 파라오 프삼티크 1세를 군사적으로 지원하였는데, 아시리아인들은 기게스의 이러한 행동을 오만함의 행위로 해석하였으며, 그를 신(아시리아의 신 아슈르)의 뜻을 거역한 자로 보았다. 기게스는 킴메르족의 침공을 받아 전사하였으며, 아시리아인들은 이를 신을 배신한 자의 교만에 대한 응징으로 기록에 남겼다. 이렇듯, 기게스는 당시 근동 지역에서 교만과 오만함의 상징이 되었으며, 신을 배신한 자들의 최후가 어떠한지를 보여 주는 상징이 되었다.

네로보다 600년도 더 전에 살았던 기게스가 언급된다는 것은 요한계시록이 네로의 시대에 국한된 기록이 아님을 보여 준다고 할 수 있다. 네로와 관련된 여러 상징들과 기게스와 그의 땅을 언급하는 요한계시록은 네로나 그보다 훨씬 이전인 기게스의 시대에 대한 예언서가 아니라 이들을 상징으로 사용한 예언서로 보아야 할 것이다. 네로, 기게스 모두 하나님을 거역한 교만한 인물들이기에 그들 본인을 가리켰다기보다는 상징으로서 사용되었다고 보아야 할 것으로 보인다.


추가로, 에녹서에서 언급되는 70명의 목자들은 전통적으로 70명의 천사들로 해석된다. 흥미롭게도, 우가리트 신화(KTU 1.4; The Ba'lu Myth)에서는 최고신 엘 엘리욘('지극히 높으신 하나님'이라는 뜻)과 아세라의 70 아들들, 곧 70명의 하나님의 아들들을 기록한다(Weinfeld 1995, 441). 사해 문서(4Q37 Deuteronomy-j)와 70인역 사본의 신명기 32:8-9의 원문은 "'엘리욘'께서 '사람의 아들들'을 나누실 때에 '하나님의 아들들'의 수효대로 백성들의 경계를 정하셨도다. 여호와의 분깃은 자기 백성이라 야곱은 그가 택하신 기업이로다."인데, 엘리욘(여호와)께서 세상의 민족들을 나누시고 하나님의 아들들로 각각 담당하게 하셨으며, 그 민족들 가운데 야곱의 자손, 즉 이스라엘은 자신이 담당한다는 이야기이다. 이는 에녹서의 70명의 목자들과 우가리트 신화의 70명의 엘리욘의 아들들을 연상시킨다.

노아와 그의 아들들은 아담과 하와처럼 인류의 새로운 조상으로 해석되기도 하는데, 젊은 지구론에서는 성서의 연대기를 따라 홍수의 시기를 기원전 32세기(70인역 사본과 사마리아 오경의 족보 기반) 또는 기원전 25세기(마소라 사본의 족보 기반) 무렵으로 보고 있다. 오랜 지구론은 어떠할까? 현대인(호모 사피엔스)은 약 30만 년 전에 지구에 처음 등장했으며, 현대인을 포함하여 현대인의 유전자에서 확인되는 네안데르탈인과 데니소바인과 같은 사람속 내의 고인류 종들의 공통 조상이자 최초의 인류로 여겨지는 초기 사람속이나 호모 에렉투스는 약 200~300만 년 전에 등장했다. 오랜 지구론에서는 현대인만을 인간으로 간주하며, 유신진화론에서는 지구 역사의 어느 시점에 하나님이 개입하여 인류에게 영혼이 생겼다고 보고 있고(창세기 2:7), 유신진화론 단체인 바이오로고스(BioLogos)에서는 아담과 이브는 이 초기 인류의 영적 대표자였을 것으로 해석한다. 이에 따라 노아가 현대인의 조상이라면, 홍수는 30만 년 전 무렵의 사건이 된다. 창조주의 개입과 영혼 창조를 지지하는 해석이기에 괜찮은 해석 같지만, 호모 사피엔스만을 인간으로 간주한다는 점에서는 우생학적인 해석으로 보인다. 오히려 젊은 지구론처럼 현대인, 네안데르탈인, 호모 에렉투스 모두 같은 인간으로 보는 시각이 더 자연스럽다. 이는 현대인이 아닌 사람속 내의 다른 고인류 역시 문화와 감정을 지닌 존재였음을 인정하기 때문이다. 이러한 관점을 오랜 지구론에 적용하면, 홍수의 시기는 노아가 이들 모두의 시조여야 하기에 약 200~300만 년 전쯤으로 추정할 수 있다. 창세기의 노아부터 아브라함까지의 족보에서 가이난(누가복음 3:36)이 빠진 것을 보면, 족보에 실제로 더 많은 사람들이 있었고 노아부터 아브라함까지의 기간이 훨씬 더 길었다고 볼 수 있다.

# 사해 문서로 다시 보는 에녹서

**1판 1쇄 발행** 2026년 01월 07일

**지은이** Daniel

**교정** 신선미  **편집** 차민정  **마케팅·지원** 이창민

**펴낸곳** 하움출판사  **펴낸이** 문현광
**이메일** haum1000@naver.com  **홈페이지** haum.kr

**블로그** blog.naver.com/haum1000  **인스타** @haum1007

**ISBN** 979-11-7374-266-8(03230)